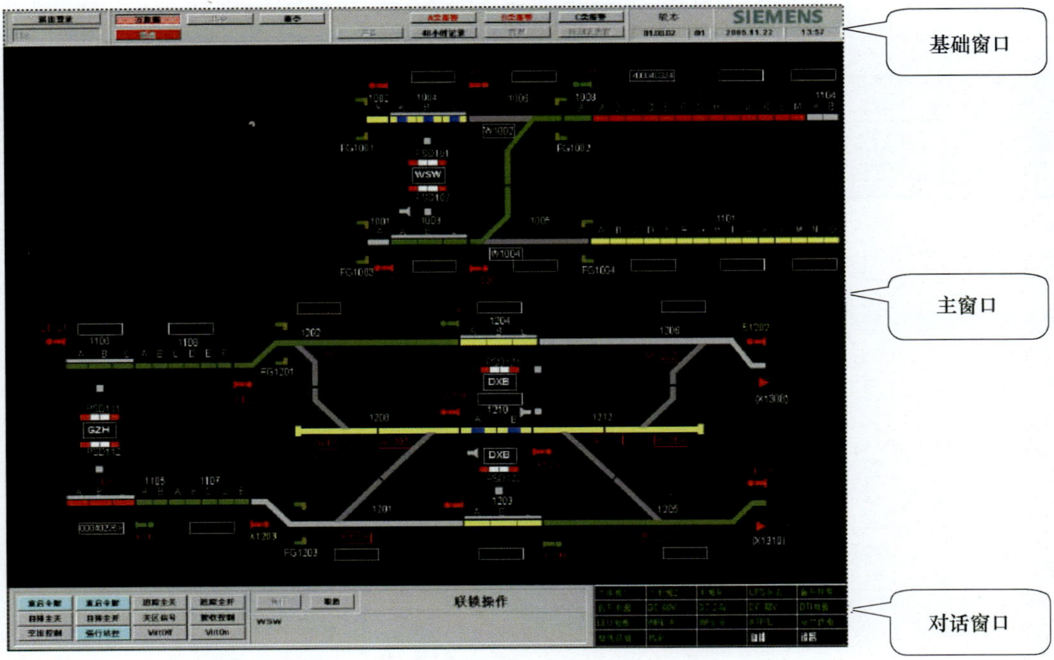

图 6-4　显示器屏幕实物图

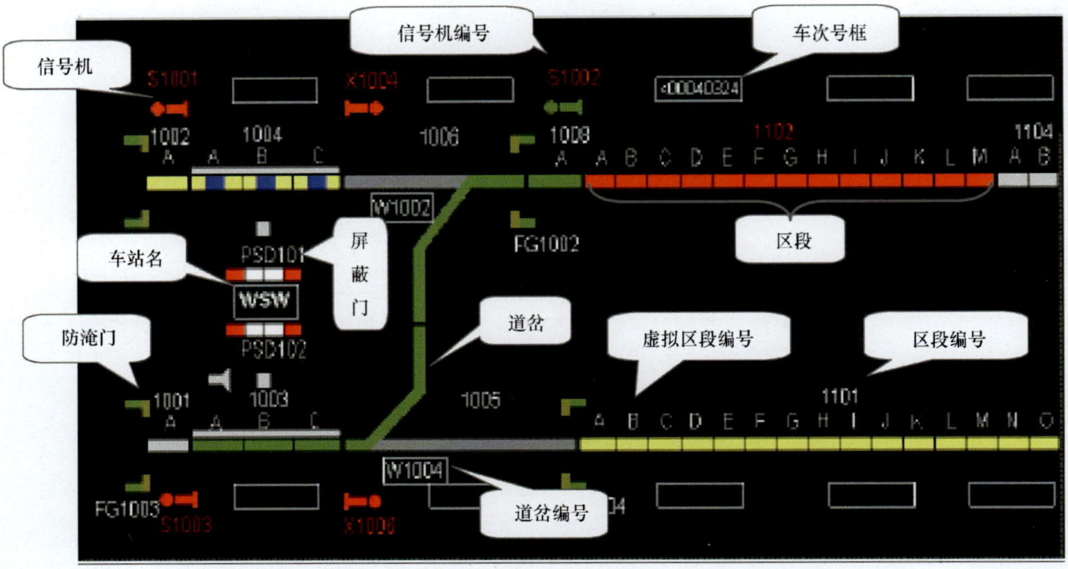

图 6-8　站场主窗口

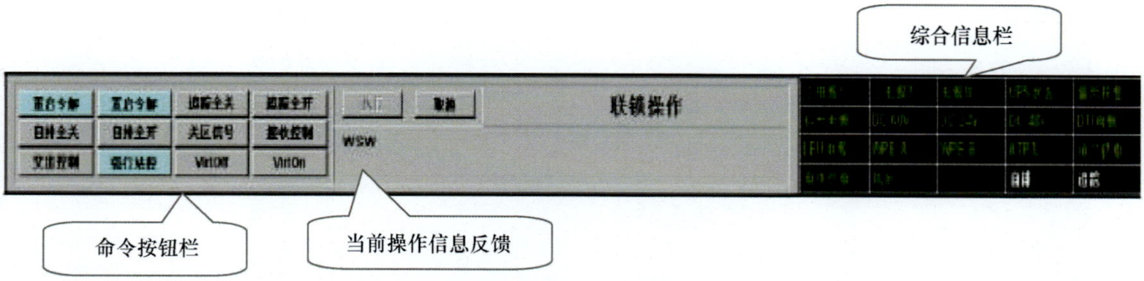

图 6-9　对话窗口图解

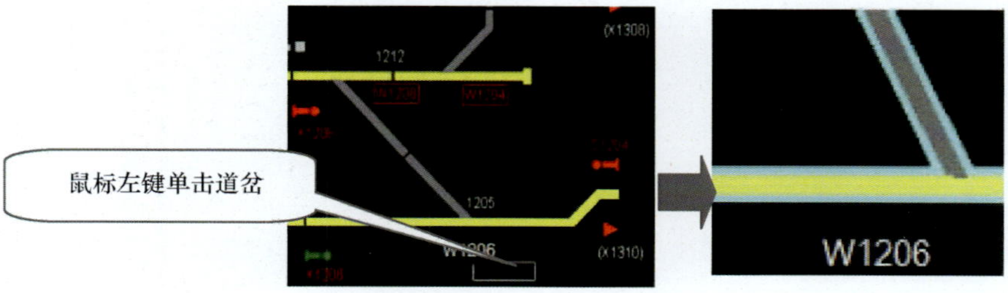

图 6-11　左键点选所需要控制的联锁元件图

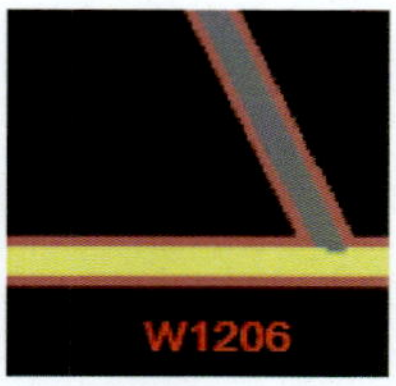

图 6-16　安全相关命令按钮后框住
所选元件的蓝色框变为橙色框

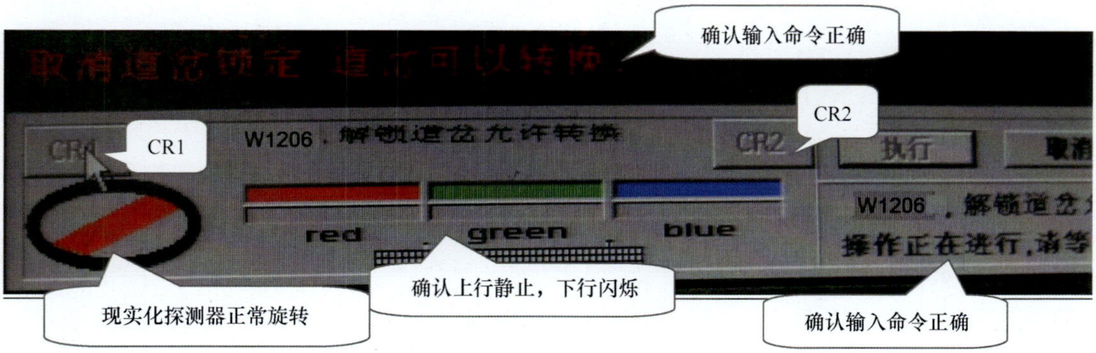

图 6-17　需要用户检查所想要的安全操作图

图 6-18　计轴区段的所有虚拟区段进路被征用状态图

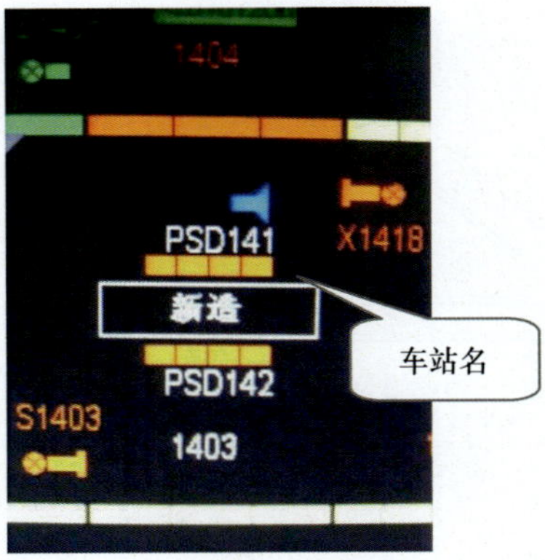

图 6-21　控制权的所属情况主要通过车站名不同的颜色和状态表示图

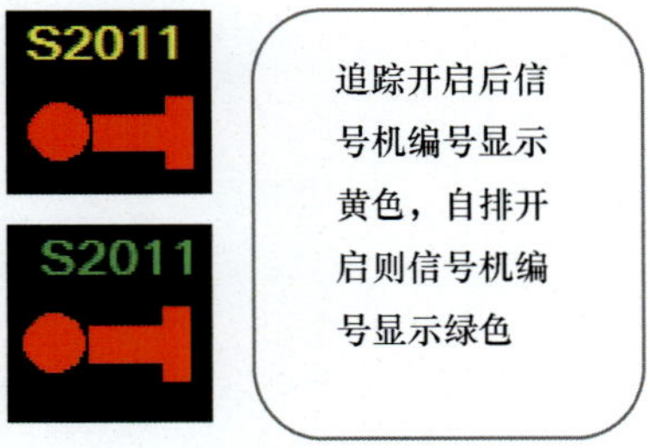

图 6-22　追踪开启、自排开启信号机颜色变化图

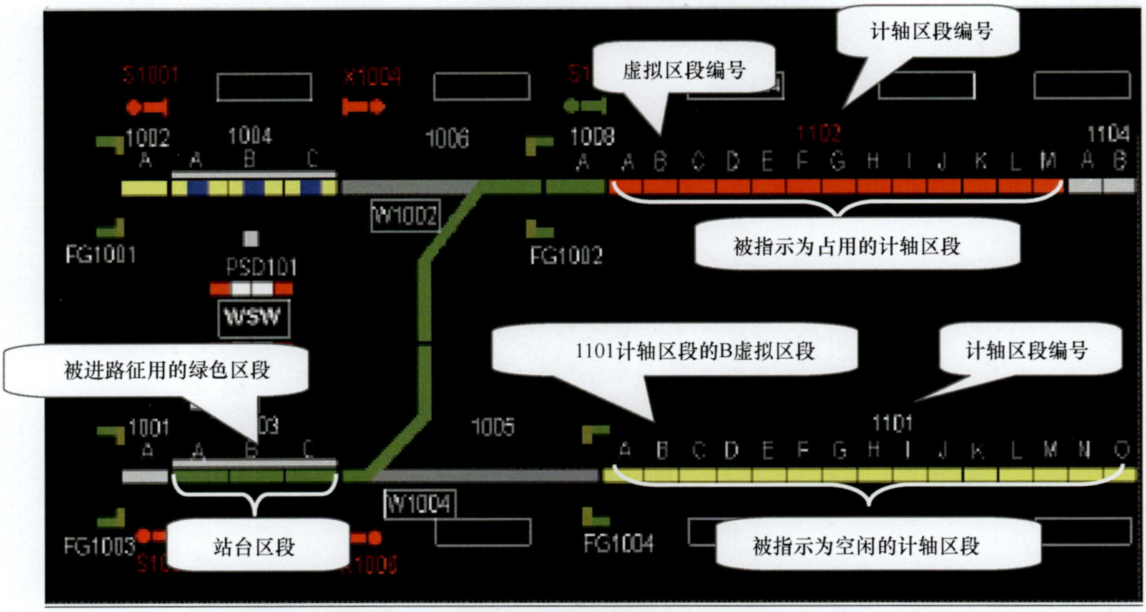

图 6-24　区段各部分的显示

图 6-25　计轴轨道区段在 LOW 上的颜色显示图

图 6-26　有进路的情况下执行封锁显示中部蓝色闪烁图

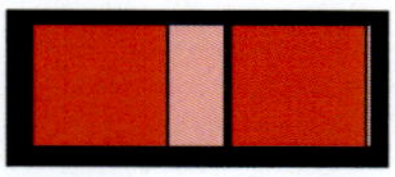

图 6-27　计轴器区间特殊的占用指示图

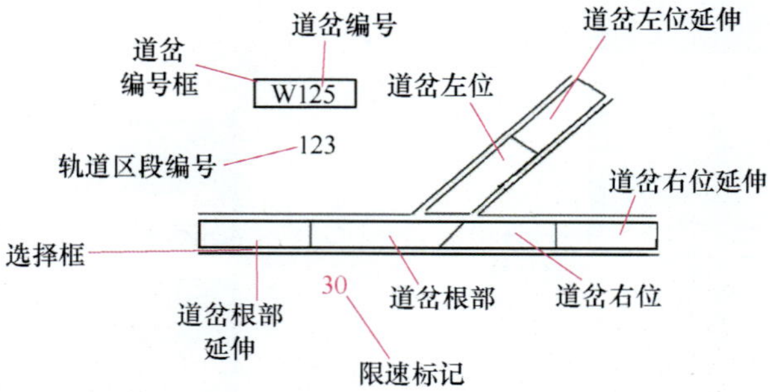

图 6-29　道岔的特殊轨道区段道岔的颜色显示图

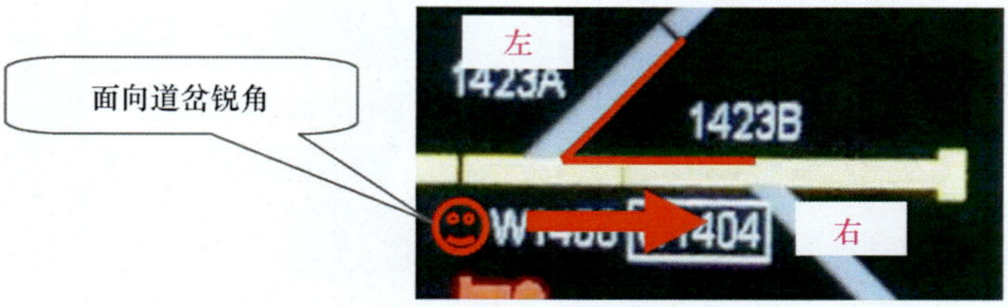

图 6-30　道岔显示为开通右位图

图 6-31　道岔显示为开通左位图

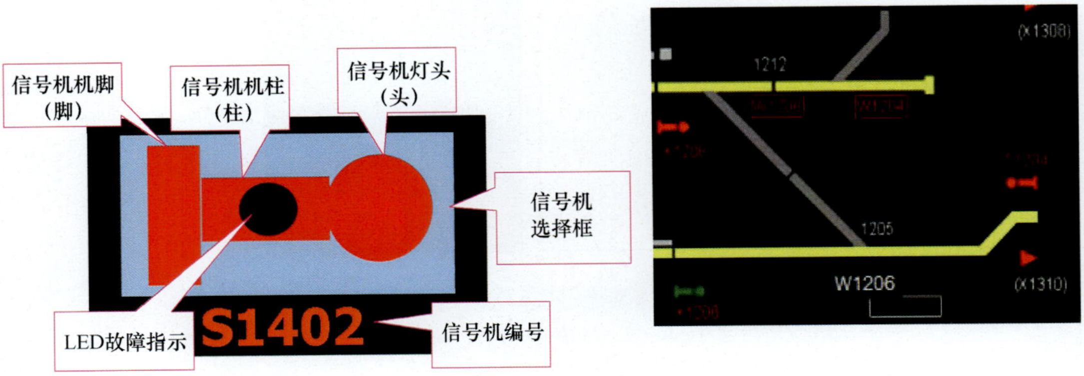

图 6-35　信号机在 LOW 上的显示图

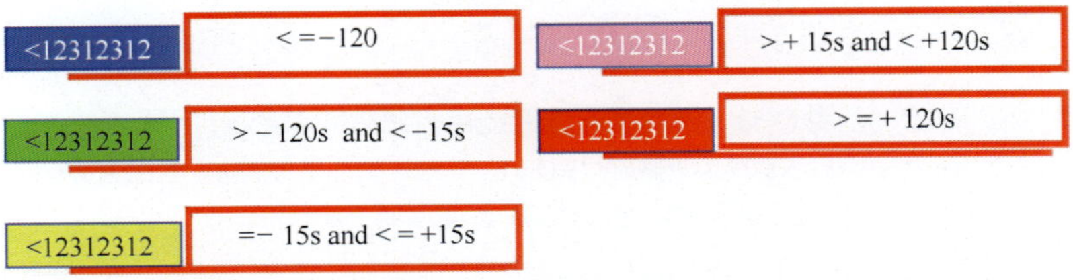

图 6-38　车次号背景颜色的五级变化图

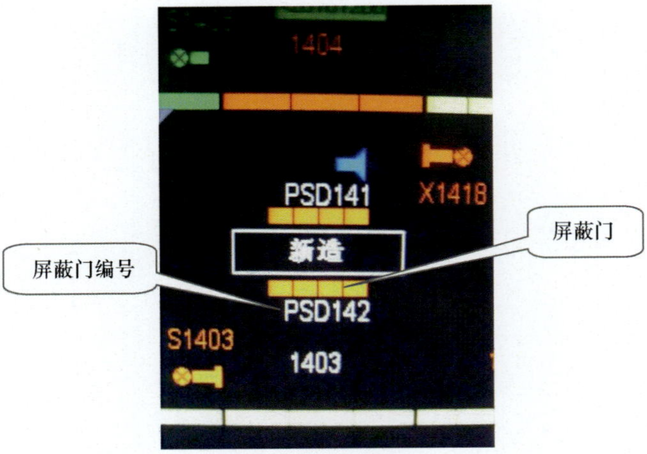

图 6-47　屏蔽门在 LOW 上的显示

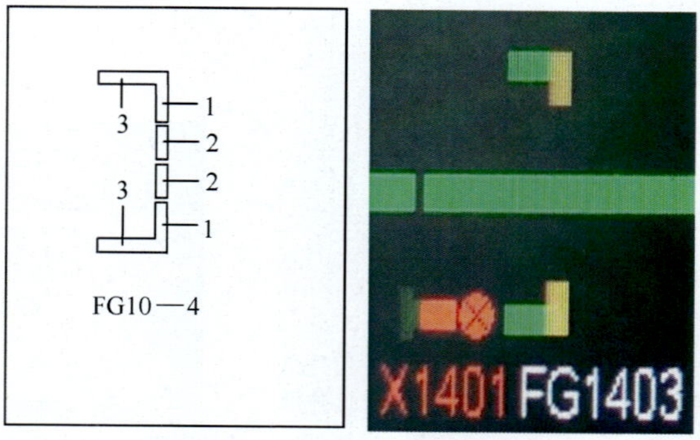

图 6-48　防淹门在 LOW 上的显示图

1—墙　2—门关　3—门开　4—标号

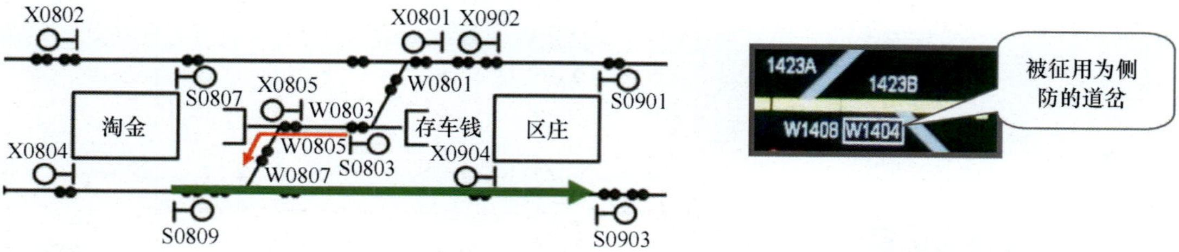

图 6-53　道岔能被进路征用为侧防的示意图

注：左图为 S0809～S0903 为进路时，W0807、W0805 被征用为侧防。右图为 W1404 被征用为侧防的道岔和在 LOW 屏幕上的显示。

职业教育城市轨道交通专业系列教材

城市轨道交通站务工作组织

主　编　朱济龙

副主编　詹思阳　刘　斌

参　编　彭建武　秦　亮　胡　鹏
张　生　姚汝龙　聂　辉
廖海峰　陈　超　李维美

主　审　王树立

机 械 工 业 出 版 社

本书是职业教育城市轨道交通专业系列教材。本书注重理论和实际相结合，按照目标教学方法进行教材设计，强调以学生为中心，突出职业特色。本书主要内容包括：城市轨道交通车站，城市轨道交通运作基础，车站站务员基本要求与工作制度，车站站长、值班站长、客运值班员基本要求与工作制度，车站行车值班员基本要求与作业方法，局域操作员工作站（LOW）及其操作，施工组织，车站突发事件应急处理等。

本书可作为职业教育城市轨道交通专业教材，也可作为从事城市轨道交通运用管理、站务、技术或管理人员的参考读物。

为方便教学，本书配有电子课件，凡选用本书作为授课教材的老师均可登录 www. cmpedu. com 免费注册下载电子课件。编辑咨询电话：010-88379865。

图书在版编目（CIP）数据

城市轨道交通站务工作组织/朱济龙主编. —北京：机械工业出版社，2013.7（2025.5 重印）
职业教育城市轨道交通专业系列教材
ISBN 978-7-111-43748-2

Ⅰ.①城… Ⅱ.①朱 Ⅲ.①城市铁路-车站作业-职业教育-教材
Ⅳ.①U239.5

中国版本图书馆 CIP 数据核字（2013）第 196961 号

机械工业出版社（北京市百万庄大街 22 号 邮政编码 100037）
策划编辑：曹新宇 责任编辑：曹新宇 崔利平
版式设计：霍永明 责任校对：潘 蕊
封面设计：陈 沛 责任印制：张 博
北京建宏印刷有限公司印刷
2025 年 5 月第 1 版第 11 次印刷
184mm×260mm · 13 印张 · 4 插页 · 331 千字
标准书号：ISBN 978-7-111-43748-2
定价：39.00 元

电话服务
客服电话：010-88361066
010-88379833
010-68326294

网络服务
机 工 官 网：www. cmpbook. com
机 工 官 博：weibo. com/cmp1952
金 书 网：www. golden-book. com
机工教育服务网：www. cmpedu. com

前　言

车站既是轨道交通系统对外提供客运服务的窗口，又是系统内部最主要的生产基地；它是城市轨道交通客运服务的起始点，也是客运服务的终止点。同时，城市轨道交通车站是供乘客上下车和换乘、候车的场所。车站包括供乘客使用、运营管理、安装技术设备和提供生活辅助设施以及服务的场所。无论是车站运营管理还是车站设备配备都应以满足乘客出行需求为基本条件，需要相应的基建设备和服务设备配套，以满足车站向乘客提供满意服务的要求。

城市轨道交通车站运作是直接或凭借车站设施、设备、工具、媒体等为乘客所做的工作或进行的一种服务活动，是向乘客提供的，旨在满足乘客出行特定需求的一种活动，其生产可能与物质产品有关，也可能无关，是对乘客、商品或服务增加价值，并主要以运输形式表现的使用价值或效用。

在本书的编写过程中，注意了理论和实际动手相结合，突破了以往教科书的编写模式，按照目标教学方法进行教材设计，强调以学生为中心，循序渐进，突出职业教育特点，培养学生动手和参与能力，在操作过程中学习，在学习过程中锻炼和提升自我能力。故而在每个单元设置了“问题导入”、“学习目标”、“教学建议”、“理论知识”、“实践操作”、“评价跟进”等模块。

本书是以满足城市轨道交通实际工作岗位职业能力需求为基本出发点编写的职业性教材。依据城市轨道交通车站站务人员工作任务进行阐述。一方面向学生传授车站的类型、工作态度和方法等基本知识，同时，另一方面通过工作人员运作、故障处理、检查巡视等实际内容培养学生的岗位技能，将岗位的工作任务融入课堂的教学当中，提高学生的职业素养，以满足城市轨道交通行业对高素质、高技能型人才的迫切需求。

本书由朱济龙任主编，詹思阳、刘斌任副主编，由王树立任主审。彭建武、秦亮、胡鹏、张生、姚汝龙、聂辉、廖海峰、陈超、李维美参加了编写。

由于编者水平有限，错误在所难免，恳请各位读者指正。

编　者

目 录

第1章

城市轨道交通车站

【问题导入】

城市轨道交通的车站是供乘客出入的场所，乘客在此购票、上车、下车或换乘。

【学习目标】

1. 能掌握车站的分类。
2. 能说出各类型车站的功能。

【教学建议】

1. 教学场地：在普通教室、能连接互联网的多媒体教室及城市轨道交通系统的各种模型实训室中进行，课后可实地参观。

2. 设备要求：各种城市轨道交通车站的仿真模型1套，或能播放视频投影的设备及相关课件、视频。

3. 课时要求：共8课时，其中课堂讲授8课时。

【理论知识】

1.1 城市轨道交通车站类型

城市轨道交通车站是对外提供客运服务的窗口，又是地铁系统内部最主要的生产基地。

车站相对于地面道路的位置而言，可以是地面、高架或地下，相应的车站分别称为地面站、高架站及地下站。

车站主要由出入口、通道、站厅、站台、服务设施，以及运营管理用房、设备用房组成。其功能应满足乘客出行需求。

1. 车站的分类

根据车站客运作业的不同，可分为中间站、换乘站、折返站、越行站、接轨站和终点站等类型。

（1）中间站 仅供乘客乘降车之用的车站，其设施比其他各类型车站都要简单。

（2）换乘站 能够使乘客实现从一线换乘到另一线的车站。它除了配备供乘客乘降车的站台、楼梯或自动扶梯之外，还要配备供乘客由一线站台至另一线站台的换乘设施。

（3）折返站 在车站内有尽端折返设备的中间站，能使列车在站内折返或停车。在该站到达的折返列车上的全部到达乘客都要下车，列车掉头后从本站出发的乘客再上车。

（4）越行站 每个行车方向具有一条以上站线（含正线）的中间站，其中，靠近站台的站线供本站停靠的列车使用，离站台稍远的站线供非本站停靠的越行列车使用。

（5）接轨站 位于轨道交通线路分岔处的车站，可以在两个方向上接车和发车。

（6）终点站 位于线路起、终点处的车站。在终点站，所有乘客必须全部下车；该站除了供乘客乘降车外，还用于列车折返或停留，因此终点站一般设有多股停车线。如果线路需要延长时，则终点站可作为中间站或折返站来使用。

车站分类如图1-1所示。

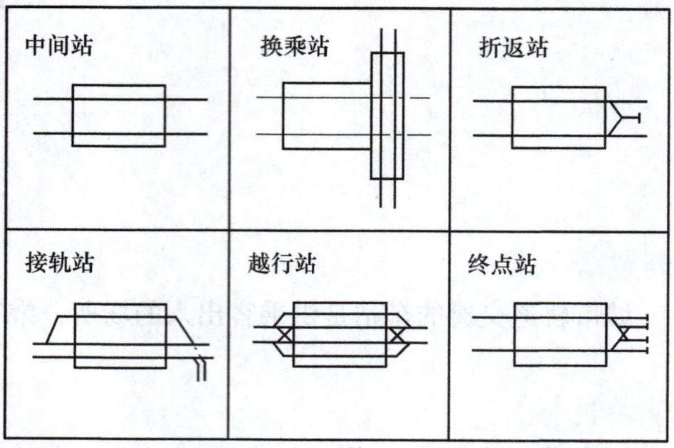

图1-1 车站分类示意图

2. 车站的功能

车站是地铁系统的重要组成部分，是办理列车到发、乘客集散、购票候车、上下车及列车折返作业的地方。车站同时又是地铁运营设备集中设置的场所。车站设备主要包括线路、道岔、通信、信号、环控、自动售检票、自动扶梯、电梯、低压配电、动力照明、屏蔽门、给排水、消防、防灾报警（FAS）和设备监控（EMCS）等设备系统。

（1）出入口 出入口要设在客流集散量大的地方。

1）在车站500m服务半径内，合理设置地铁标志牌，以引导乘客。

2）出入口的地铁标志应有照明。

3）出入口的数量及宽度应满足远期客流量的需要，但不得少于2个。

4）出入口应考虑防洪。

（2）联络通道 地铁车站的出入口、站厅层、站台层以联络通道连通，联络通道可以由步行道、楼梯和自动扶梯构成。联络通道应满足以下要求：

1）尽可能直达，避免过多的转折。

2）各部位的通过能力，应满足远期客流所需的宽度和数量。

3）设置必要的照明。

（3）自动扶梯

1）自动扶梯设置位置，应使乘客汇集面积尽可能相等。

2）自动扶梯应设置就地控制的设施，以便在发生意外时，能及时停止运作。

3）每个车站至少有一个出入口设置自动扶梯。

（4）楼梯 各楼层之间至少设一处楼梯，以便自动扶梯因故障而停止运作时供乘客使用。

（5）导向系统 导向系统为乘客提供相关信息，帮助乘客安全、便捷地完成地铁乘坐过程。主要有如下要求：

1）导向系统由进站乘车导向、下车出站导向与换乘导向三个系列组成。

2）导向系统主要分为系统线路标志、引导式标志、资讯标志、辅助性标志、禁止和警告性标志等形式。

3）车站地面500m范围内和车站通道、站厅、站台均设有相应的导向，引导乘客进站、购票、进闸、上车，以及乘客下车、选择正确的出入口出站。

4）导向系统除了具有引导、警示功能外，还能通过色彩、企业商标等突出地铁公司形象。

（6）非付费区与付费区 非付费区是乘客购票、检票和集散的场所，设有为乘客服务的设施，如售票机、询问售票处、公用电话、银行和商业场所等，各种设施应合理安排，以减少客流交叉。站厅非付费区与付费区的比例要适当，一般应尽可能扩大非付费区的面积，并使非付费区成为一个贯通的空间。付费区是旅客集散和乘车的过渡地区，应有一定的活动空间和导向设备。它包括部分站厅和站台。付费区应注意：站厅通往站台的通道口的布置，要尽可能使乘客较均匀地分布在站台上；站台的乘客候车面积应满足远期客流量的需要；站台要有明确指示行车方向和出站方向的导向系统。

1）售票机。采用自动售票机售票，乘客可在售票机上购买单程票，自动售票机的设置要求如下：

① 设在非付费区，乘客人流不交叉处，并留有足够空间。

② 设在进站检票口附近。

③ 每个站厅至少有两处设自动售票机的场所。

2）检票机。采用封闭式管理系统，以检票机分隔非付费区和付费区，乘客均需通过检票机检验方可进入付费区。检票机的设置要求如下：

① 进站检票机设在进站的客流路线上，出站检票机设在出站的客流路线上。

② 检票口设于付费区与非付费区的交界处，并大致垂直于人流方向。

③ 检票机位置应避开人流交叉的地方，并有足够的空间供客流集散。

④ 进出站检票机应尽量分开设置，并与出入口保持一定的净距。

3）票亭。乘客需要购贮值票或因车票出现损坏、延时和丢失等原因，不能出付费区时，需到售票厅办理有关手续。票亭的设置要求如下：

① 设置在付费区与非付费区的交界处，可同时服务于两边。

② 售票亭前考虑有排队的空间。

③ 不宜太靠近检票机，以免人流交叉干扰。

（7）公用电话 一般为IC卡或磁卡电话，设置时应避开进出站客流路线。

（8）栅栏 栅栏用来分隔付费区与非付费区，并设置两至三个栅栏门，以备特殊情况下使用。

（9）商业设施 在非付费区有富余空间的情况下，可适当考虑商业设施。

（10）管理、生活用房 它们主要包括：车控室、站长室、票务室、站务室、会议室、更衣室、备品库、公安值班室、清扫间和洗手间等。其面积大小、位置根据人员配置及功能需要确定。

3. 中间站

（1）功能与构成 中间站的基本功能是为城市轨道交通中的乘客提供乘（上）车、降（下）车服务。此外，根据车站所处位置的不同，中间站还具有购物、城市景观等其他功能要求。

中间站通常由5个基本部分构成。

1）站台。

2）车站大厅或广场。

3）售票厅。

4）轨道交通企业专用空间。

5）出入口通道。当车站位于地下时，还会有自动扶梯、楼梯、通风道、风亭和其他附属设施。

（2）总体布局 城市轨道交通中的乘客在车站逗留时间较短，且没有行李积存与货物运输等业务。在中间站上，客流只有往返两个方向，因而乘客在站内活动形成的客流线及车站服务设施都比较简单。

车站总体布局应按照乘客进出车站的活动顺序，合理地布置进出站的流线。流线宜简捷、顺畅，尽可能使流线不相互干扰，为乘客创造便捷的乘降环境。乘客进、出站活动流线如图1-2所示。

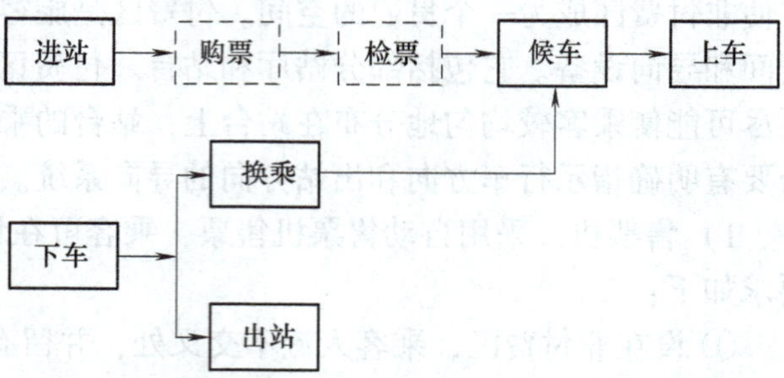

图1-2 乘客进、出站活动流线示意图

（3）平面布局形式 中间站的平面布局主要取决于站台形式。站台是车站中最基本的部分，不论车站的类型、性质有何不同，都必须设置；其余各部分在特殊情况下，在满足功能需求的前提下，可能会被省略或部分省略。

车站按站台位置形式分为岛式车站和侧式车站两种基本类型，两种车站平面布局如图1-3所示。对应形式的站台分别称为岛式站台和侧式站台。岛式站台位于上下行线路之间，侧式站台则是将线路夹在站台之间。

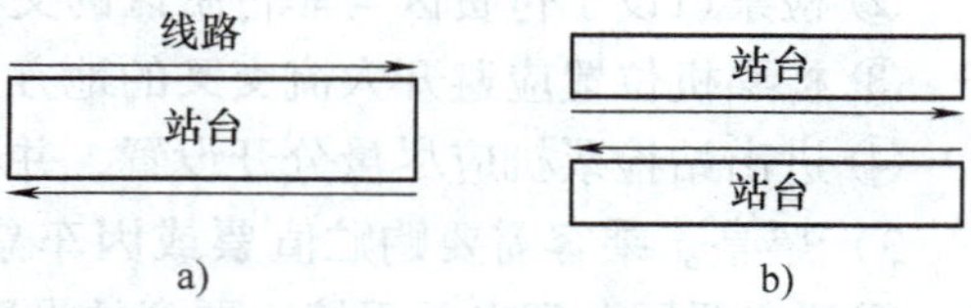

图1-3 不同站台形式的车站示意图

a）岛式车站 b）侧式车站

1）岛式站台。岛式站台位于上、下行线路之间，可供上、下行线路同时使用。在站台两端或中部有供旅客上、下的楼梯通至地面或站厅层。当升降高度大于5.5m时，一般要设自动扶梯。

当区间线路为深埋（埋设深度在12m以上）时，通常采取盾构等施工方法将一条线建成两条独立的单线隧道。如果车站采用岛式站台，则车辆宽度为2.8m，车站上线间距（M）由站台宽度（B）决定，$M=B+2.9$（m），如图1-4（左）所示。区间线路的线间距一般等于车站处的线间距，以使区间隧道与车站隧道顺接。

当区间线路为浅埋（埋设深度在12m以内）时，区间隧道一般采用明挖或盖挖等施工方法建成双线隧道，这就要求区间采用线间距最小值。如果车站采用岛式站台，则靠近车站的地段必须将线间距加宽，形成一个喇叭状，如图1-4（右）所示。

2）侧式站台。站台位于线路两侧，线路一般采用最小间距在两站台之间通过。当区间线路为浅埋或高架时，因区间和车站处的线间距相同，故不需修建喇叭口，如图1-5（右）所示。当区间线路为深埋时，由于区间两条单线隧道间要保持一定间距，此间距大于站上线

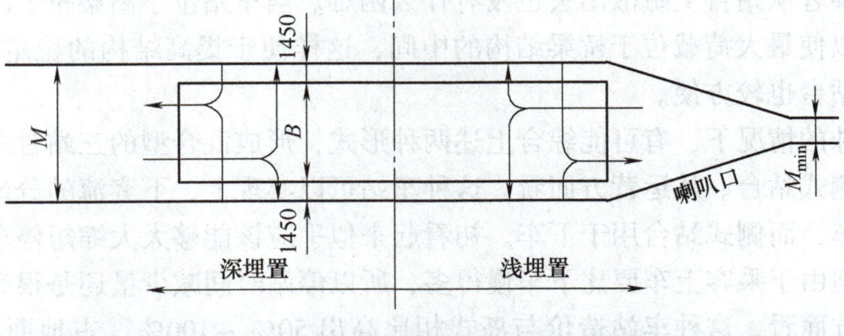

图1-4 岛式站台与区间线路连接示意图（尺寸单位：mm）

间距，所以在车站两端需要修建渡线室，用来把车站处的最小线间距加宽到区间线间距，如图1-5（左）所示。

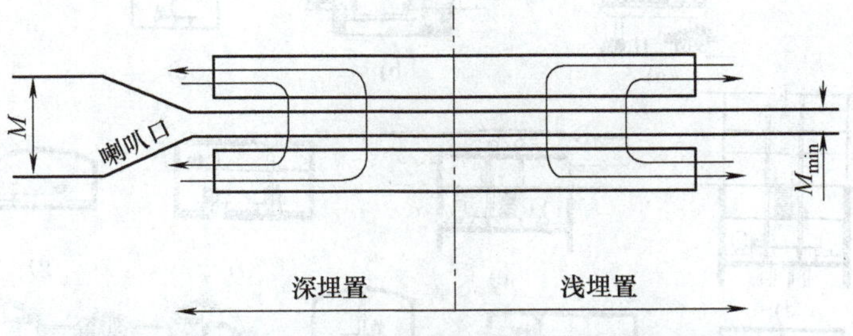

图1-5 侧式站台与区间线路连接示意图

侧式站台的最小宽度视其上有无立柱而定，一般为4~6m。因站台宽度较小，故不能在站台设置自动扶梯。因此，必须在车站的一端设置前厅，站台与前厅用楼梯相连，前厅的出口用自动扶梯与地面相连；必要时，也可在站台中部设置出入口。

岛式站台与侧式站台相比较，在运营方面有以下优点：

① 站台面积可以更充分地利用，因为当一个方向的乘客很多时，岛式站台可以将乘客分散到整个站台宽度上；而侧式站台则不然，它会出现一个方向的站台很拥挤，另一个方向的站台却尚未充分利用的失衡情况。因此，两个侧式站台的宽度之和一般大于一个岛式站台的宽度。

② 因所有的行车控制都集中在同一个站台上，故运营管理比较方便。

③ 在站台的端部可借助于自动扶梯或楼梯直接通至地面，使得乘客上、下都很方便。

④ 对于乘错方向的乘客的折返也较为方便，若为侧式站台，则乘客折返时必须通过前厅或跨线设施转换。

⑤ 当车站的天花板为拱形时，站厅的最高部分正好在站台的上方，故站厅在建筑艺术处理上较好；而用侧式站台时，站厅的最高部分位于线路上方，视觉效果会受到影响。

由于岛式站台优点较多，因此国外现有的地下车站绝大多数都采用这种形式。例如，莫斯科地铁中除1座侧式站台以外，其余车站都采用了岛式站台。北京地铁1、2号线及上海轨道交通的绝大部分车站也都采用岛式站台。

然而，当车站位于地面或高架桥上时，修建侧式站台则是有利的。当车站位于地面时，站台上必须安装雨棚，站台外必须设围墙。在这种情况下，没有必要修建过渡线间距的喇叭口，同时，将乘客从站台上疏散出去也没有什么困难。当车站位于高架桥上时，将两条线路放在当中，可以使最大荷载位于桥梁结构的中间，这样便于提高结构的稳定性和节省造价，旅客从两侧去站台也较方便。

在某些特殊的情况下，有可能综合上述两种形式，形成混合型的三站台式车站，即既有岛式站台又有侧式站台。从运营方面看，这种车站可以实现上、下客流的分流，即中央的岛式站台用于上车，而侧式站台用于下车。初看起来似乎应该能够大大缩短停车时间而提高线路通行能力，但由于乘客上车要比下车慢得多，所以停站时间减少量还是很有限，效果并不明显。从工程方面看，这种车站造价与岛式相比高出 50% ~100%，占地面积也明显增加，乘客的竖向输送设备布置尤其复杂。因此，三站台式车站用得极少。

（4）横断面形式 中间站横断面形式多种多样，如图 1-6 所示。

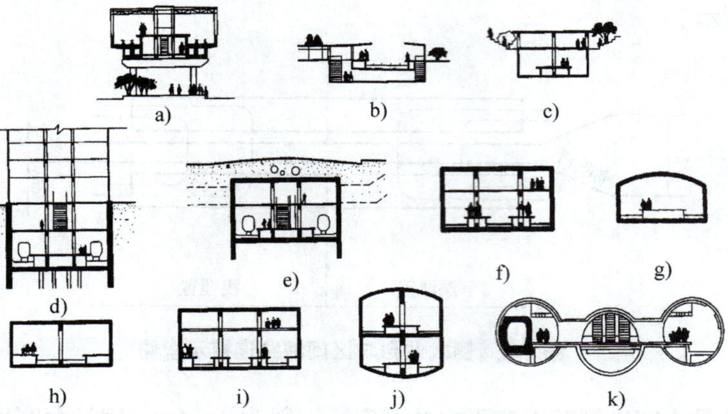

图 1-6 中间站横断面形式

a）高架式 b）地面式 c）半地下式单桩双跨 d）浅埋式 e）深埋，双柱三跨岛式 f）双柱三跨双岛式 g）单拱岛式 h）单层单柱、双跨侧式 i）双柱三跨岛侧混合式 j）双层单柱双跨岛式 k）塔柱式

地下中间站常用的两种横断面形式是矩形箱式和椭圆形，如图 1-7 所示。

高架车站的横断面形式一般要结合所在的道路及周围建筑物的情况综合设计。道路中央高架车站站台平面及横断面图如图 1-8 所示。通常，为避免车站端部出现喇叭口和方便道路两侧乘客乘降，多采用侧式站台。

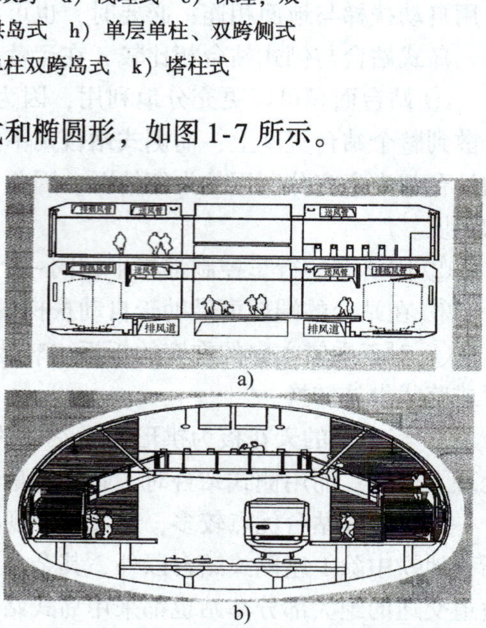

图 1-7 地下中间站常用的两种横断面形式

a）矩形箱式 b）椭圆形

（5）跨线设施及竖向交通

1）跨线设施。由于城市轨道交通列车的速度快、时间间隔小，所以要求整个线路封闭程度高。考虑到乘客候车的安全，在侧式站台的上、下行线间加防护栏杆隔开，因此上、下行有可能发生越线问题。行人过街也同样有可能发生越线问题。

对地面站来说，除了客流量特别小的情况

外，一般均需设跨线设施。地面站的跨线设施可以是天桥或地道两种方案。天桥方案较经济，施工方便，对交通干扰也少，应优先采用。

地下站一般为岛式车站，没有跨线问题。如果为侧式车站或岛侧组合车站，则利用地下一层设置跨线设施，也可以利用站厅解决各站台之间的联络问题。

高架站应该尽量利用高架桥面以下的结构空间来实现跨线功能，也可以在解决高架站的垂直交通时，同时解决跨线问题。但要注意避开道路的交会路口，以满足道路上空的限高要求。如果在高架桥上再设天桥，对于乘客来说会加重负担，安全感也差，又占用较多高架站台的面积，同时也增加了高架站结构的复杂性，提高了造价，还影响景观。

2）竖向交通。地下站和高架站与地面的联系必然通过竖向交通来疏导乘客，天桥或地道跨线设施也需要竖向交通。竖向交通的设计要求位置适宜，路线便捷，宽度合理。

竖向交通的设计要素有出入口、楼梯、自动扶梯以及连接它们的行人通道，如图1-8所示。

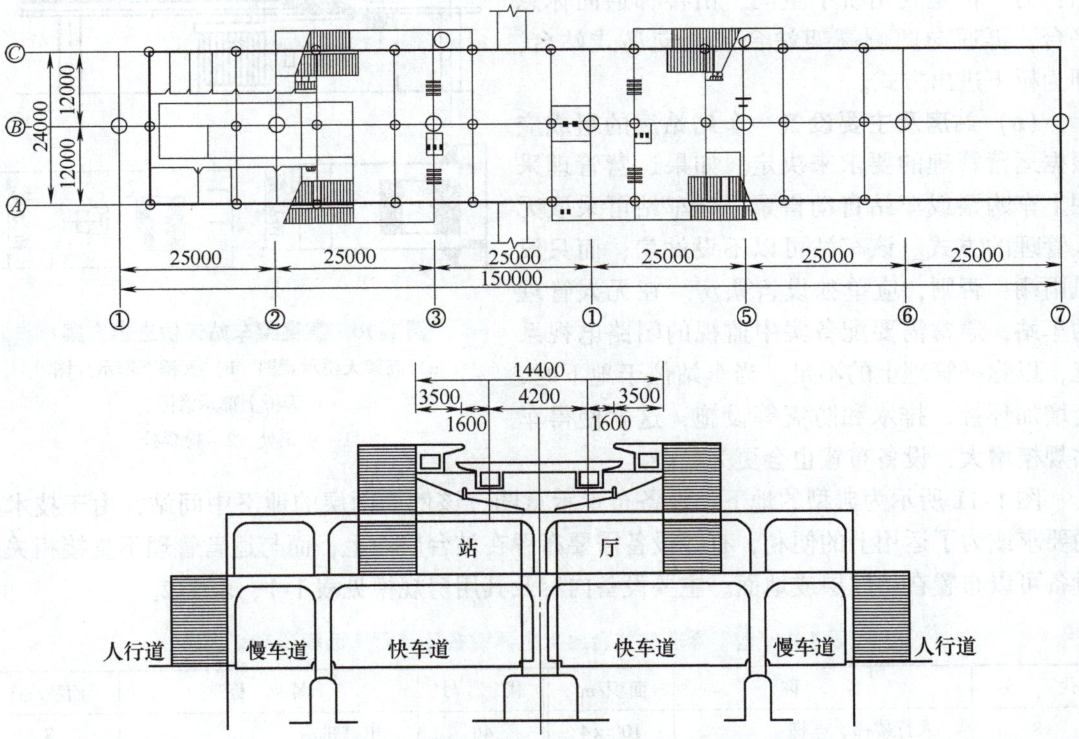

图1-8　道路中央高架车站站台平面及横断面图（尺寸单位：mm）

地下站的出入口位置，应根据车站位置的地形、地物等具体条件来设定，并满足城市规划和交通的要求，可设在人行道上、街道拐角处、街道中心广场和街心花园处、建筑物内和建筑物边。地下站的出入口及通道的数目和宽度，应根据该地区的具体条件和客流量来确定，并考虑在紧急情况下，站台的乘客和停在列车内的乘客必须在6min内全部疏散出地下站并上到地面。出入口及通道宽度，应根据高峰时的小时客流量来计算确定，采用宽度一般不小于2m，最小不得小于1.5m。地下通道净高一般为2.5m左右，如图1-9所示。

高架站的竖向交通布置，通常有两种方式：一种为街道两侧布置垂直交通，经天桥进入

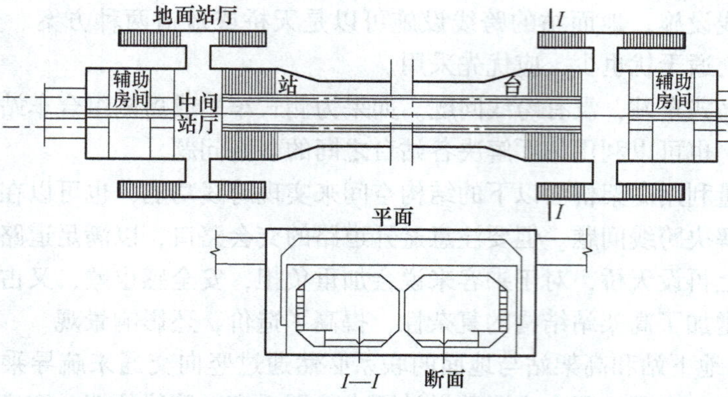

图 1-9　双跨地下侧式车站平面图（浅埋地铁车站）

高架车站，即为天桥进出方式，如图 1-10 所示；另一种是利用桥下空间，由楼梯通向休息平台，再通向两侧高架站台或通向岛式站台，即为桥下进出方式。

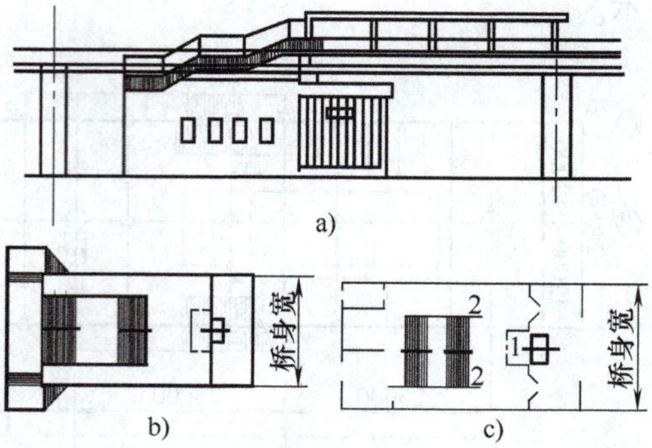

图 1-10　某高架车站天桥进出方案

a）高架天桥示意图　b）天桥下部示意图

c）天桥上部示意图

1—售票处　2—检票处

（6）站房及主要设备　车站站房的组成应根据运营管理的要求来决定。如果运营管理采用上车购票或车站自动售票，则车站可采取无人管理的方式。该车站可以不设站房，而只设风雨棚；否则，应单独设售票房。在无人管理的车站，通常需要配备集中监视的闭路电视系统，以弥补管理上的不足。当车站位于地下时，会增加环控、排水和防灾等设施，这就使得车站规模增大，设备布置也会更为复杂。

图 1-11 所示为典型的地下站设备布置示意图。该例为两层的地下中间站，由于技术上的要求或为了运用上的便利，有些设备需要布置在站台层面上，而与运营管理不直接相关的设备可以布置在站厅层或地面。主要设备内容及其用房规模见表 1-1、表 1-2。

表 1-1　地下标准站站台层上主要设备及其用房面积参考表

代　号	名　称	面积/m^2	代　号	名　称	面积/m^2
8	人行楼梯、电梯	100×4	46	电梯机房	7
25	1301（自动灭火系统）室	12×2	47	蓄电池室	30
26	配电室	12×2	48	SCADA（电力监控）室	12×4
35	清扫室	12	49	车站回排风室	30×2
40	库房	12	50	降压变电所	120+150
42	雨淋阀室	8×4	51	迂回风道断面	44×2
43	副值班室	20	53	废水泵房	30
44	站台服务室	20	54	残疾人专用电梯	5
45	污水泵房	25			

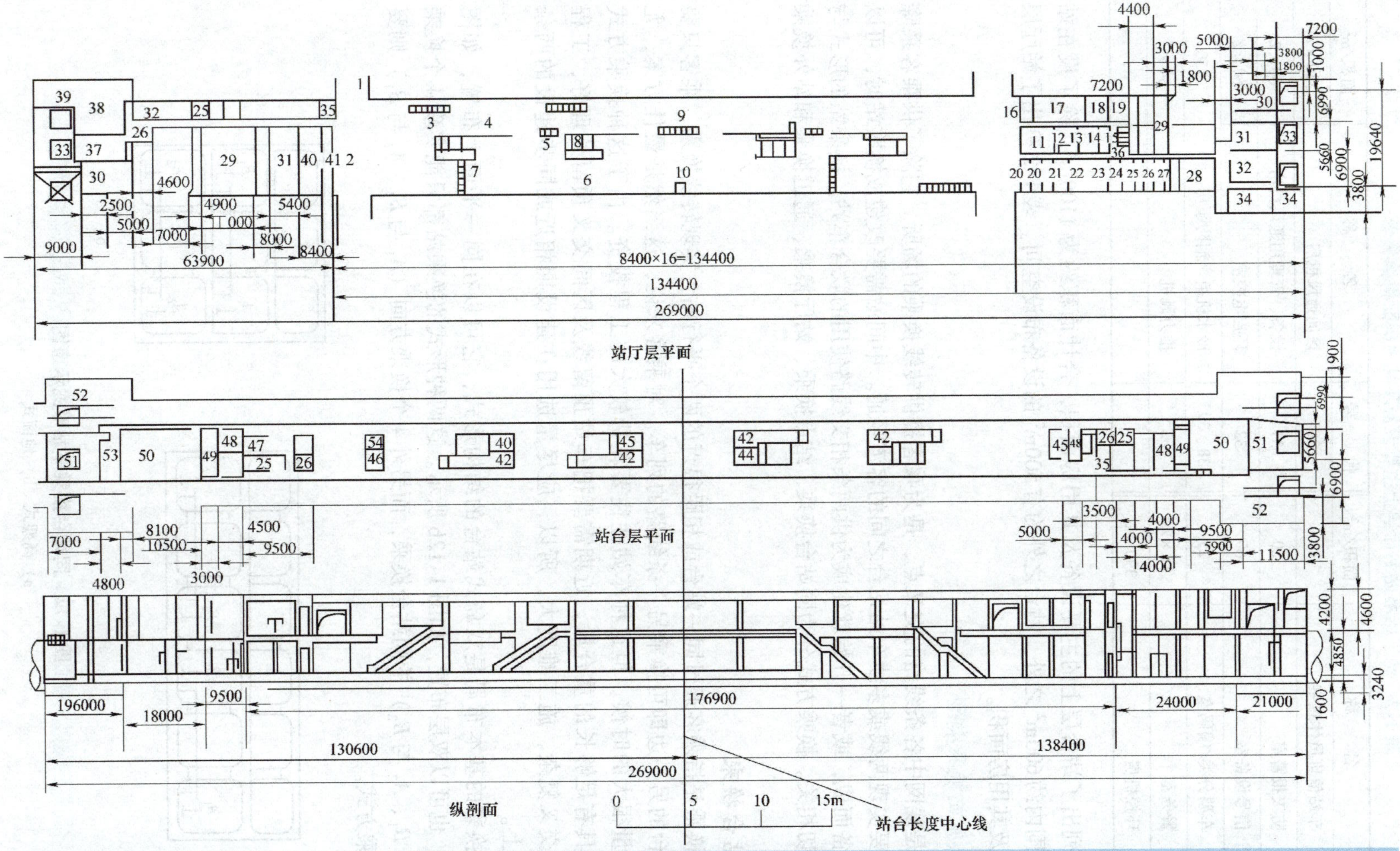

图 1-11　地下乙级标准站平面、纵断面示意图（尺寸单位：mm）

1—出入口通道　2—非付费区　3—自动售票亭　4—栅栏　5—自动检票机　6—付费区　7—自动扶梯　8—人行楼梯　9—监票厅　10—补票厅　11—车站控制室　12—站长室　13—车站值班员休息室　14—茶水　15—厕所　16—防灾报警室　17—信号设备室　18—车票分类/编码室　19—票务室　20—警务室　21—通信仪表　22—电源设备　23—通信设备　24—通信测试　25—1301 室　26—配电室　27—更衣室　28—会议、餐厅　29—环控机房　30—区间通风机房　31—设备、管理通风机房　32—环控电控室　33—吊装孔　34—站务　35—清扫室　36—管理人员专用电梯　37—消防泵房　38—冷水机组　39—水泵　40—库房　41—无障碍通道　42—雨淋阀室　43—副值班室　44—站台服务室　45—污水泵室　46—电梯机房　47—蓄电池室　48—SCADA 室　49—车站回排风室　50—降压变电所　51—迂回风道　52—推力风机　53—废水泵房

表 1-2　地下标准站站厅层上主要设备及其用房面积参考表

代　号	名　称	面积/m^2	代　号	名　称	面积/m^2
13	车站值班员休息室	12	30	区间通风机房	310×2
16	防灾报警室	20	31	设备、管理用通风机房	60×2
17	信号设备室	60	32	环控电控室	60×2
18	车票分类/编码室	25	38、39	冷水机组、消防泵房	150
20	警务室	12×2	52	推力风机	84×2
29	环控机房	390×2			

表 1-1 列出了站台层上的主要设备及其用房面积，合计面积约为 1100m^2，除了设在站台有效长范围内约 600m^2 之外，站台之外约有 500m^2 的设备布设空间。表 1-2 列出了站厅层的主要设备及其用房面积。

1.2　换乘站换乘类型

换乘站是线网中各条线路的交叉点，是为乘客提供转线换乘的场所。它除了供乘客乘降车之外，还要实现两线或多线车站站台之间的客流畅通。中间站需要改建成换乘站时，可以补充换乘设备而成，或者一开始就建成为供两条相交线路使用的联合车站。换乘站的形式与换乘方式密切相关。换乘方式分为同站台换乘、结点换乘、站厅换乘、通道换乘和站外换乘等类型。

1. 同站台换乘

同站台换乘是指乘客通过同一站台或相距很近的两个平行站台实现转线换乘，乘客只要走到车站站台的另一边即可换乘另一条线路的列车。对乘客来说，这当然是最佳方案，尤其是在客流量很大的时候。但这种车站往往要花费较大的工程投资。由于这种换乘方式要求两条线具有足够长的重合段，近期需要把车站预留线及区间交叉预留处理好，工程量大，线路交叉复杂，施工难度大，所以，应尽量选用在建设期相近或同步建设的两条线的换乘站上。

同站台换乘的基本布局是双岛式站台的结构形式，它可以在同一平面上布置，如图 1-12a 所示；也可以双层布置，如图 1-12b 所示。这两种形式的换乘站都只能实现 4 个换乘方向（A_1 与 B_1、A_2 与 B_2）的同站台换乘，而另外 4 个换乘方向（A_1 与 B_1、A_2 与 B_1）则要采用其他换乘方式。

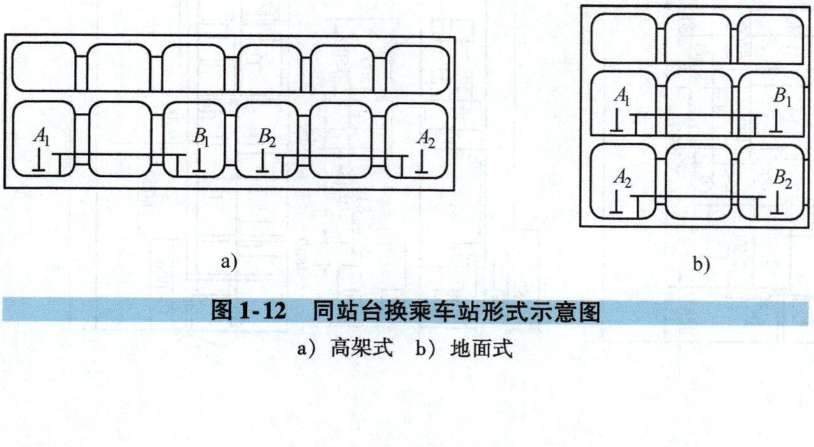

图 1-12　同站台换乘车站形式示意图

a）高架式　b）地面式

将两条交叉的线路在站上设于彼此平行的位置，且运营时不相互干扰，就要求在出站时两线之间立体交叉。线路交叉的方式不同，会对线路长度、曲线数目、交角和线路坡度等产生不同的影响。线路交叉的方式很多，下面列举较常遇到的4种情况（见图1-13）加以分析。

第一种情况：如图1-13a所示，若线路在车站两端交叉时，则*A*线及*D*线的两个隧道必须在两处且从*B*线、*C*线的下方穿过，穿过地点离车站较远，故使线路延长较多。然而，由于在同一方向的两股道是并列设置的，并且在它们之间设置站台，所以这样就可以极方便地在最可能的换乘方向*A*线与*B*线之间或*C*线与*D*线之间进行换乘。

第二种情况：如图1-13b所示，若线路在车站一端交叉时，则相交线路的展线较短，路线运营指标较好，但*A*线与*B*线之间及*C*线与*D*线之间换乘均不方便，因为在同一方向的两股道之间，夹有一条另一方向的线路，为要跨越，必须用天桥或通行隧道跨过这一股道，当客流很大时这样做是不合适的。

第三种情况：如图1-13c所示，*B*线及*C*线的两股道在车站范围内正好位于*A*线及*D*线两股道的上方，而且两个方向相同的股道正好位于同一竖直平面内。在这种方案中，线路在车站两端交叉没有任何困难，因为在车站上线路*A*、*D*及*B*、*C*的各股道之间高程差相当大，所以交叉点可在车站附近，展线不多。

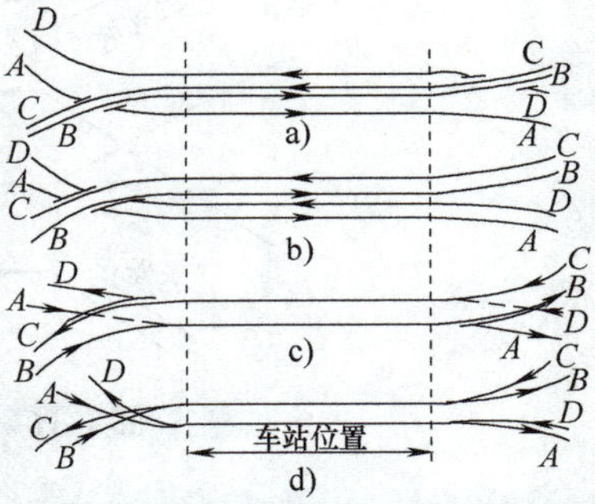

图1-13　两条线路站台平行布置的4种方式

朝最可能方向换乘的旅客，需要从车站的一层走行到另一层，但如果换乘设备布置得紧凑的话，也不会引起太大不便。

第四种情况：如图1-13d所示，如果上述第三种情况的线路在车站一端交叉，则同一方向的两股道均设在同一平面内，换乘较为方便。而将同一线路的两股道引入高低不同的两个水平面以及在车站线路交叉的一端上立体布置4条离站的股道，都是极端困难的。因此，这种交叉方式不予推荐。

两平行线路不构成交叉，但两线在某站处相距很近，如果两线之间存在大量换乘客流，则可将这两站拉近，并可设计成同站台换乘站。如日本东京地铁银座线与半藏门线的换乘站——表参道站，其布置形式如图1-14所示。俄罗斯的莫斯科诺金娜广场站、列宁格勒工学院站等也都属于该类换乘形式。

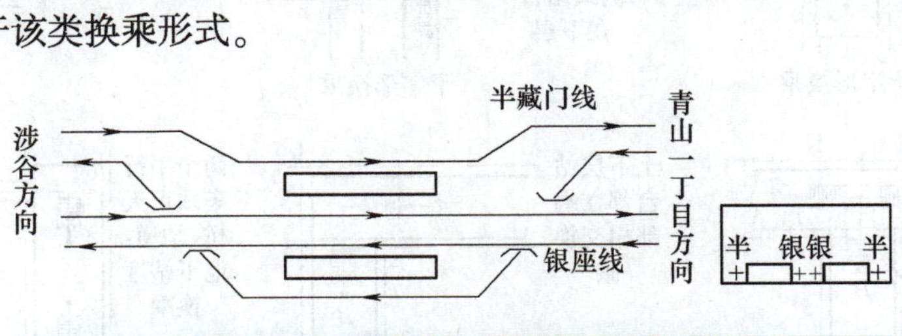

图1-14　东京地铁表参道换乘站布置示意图

由于每条轨道交通线路有上、下行两个方向，所以两条轨道交通线路之间的换乘组合有8个方向。在图1-14所示中，利用同站台可以实现的换乘方向只有4个，另外4个换乘方

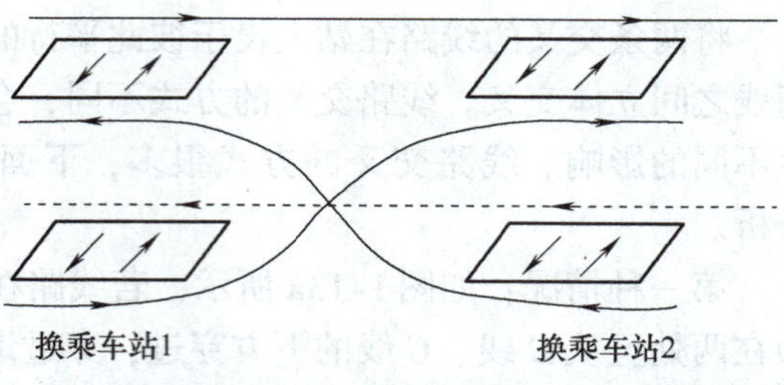

图 1-15　两个同站台换乘站的组合布置形式

向则需通过高架桥或地下通道来实现，走行距离较远。为了使 8 个换乘方向都能进行同站台换乘，可以将两个同站台换乘站组合起来使用。其布置可采用如图 1-15 所示的形式，让其中 4 个方向在一个车站同站台换乘，另外 4 个方向在下一个车站同站台换乘，这样 8 个换乘方向上的换乘距离都很短。例如，香港地铁荃湾线和观塘线，利用其共用的太子站和旺角站的组合实现了 8 个换乘方向的同站台换乘，其车站站台采用图 1-16 所示的布置形式，两条线路在站间设置立体交叉，从而使所有换乘方向都能实现同站台换乘。

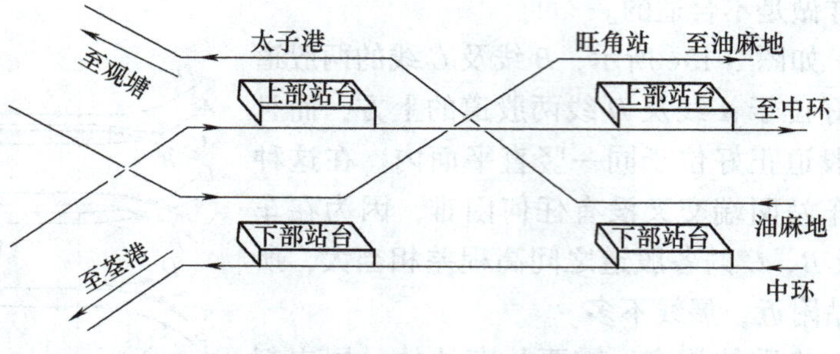

图 1-16　香港太子站、旺角站的换乘布置示意图

2. 结点换乘

结点换乘是指在两线交叉处，将两线隧道重叠部分的结构做成整体的结点，并采用楼梯将两座车站站台连通，乘客通过该楼梯进行换乘，换乘高差一般为 5～6m。

结点换乘方式依两线车站交叉位置，有十字形、T 形和 L 形三种布置形式，如图 1-17 所示。例如，北京西直门站为十字形，复兴门站为 T 形，积水潭站为 L 形。

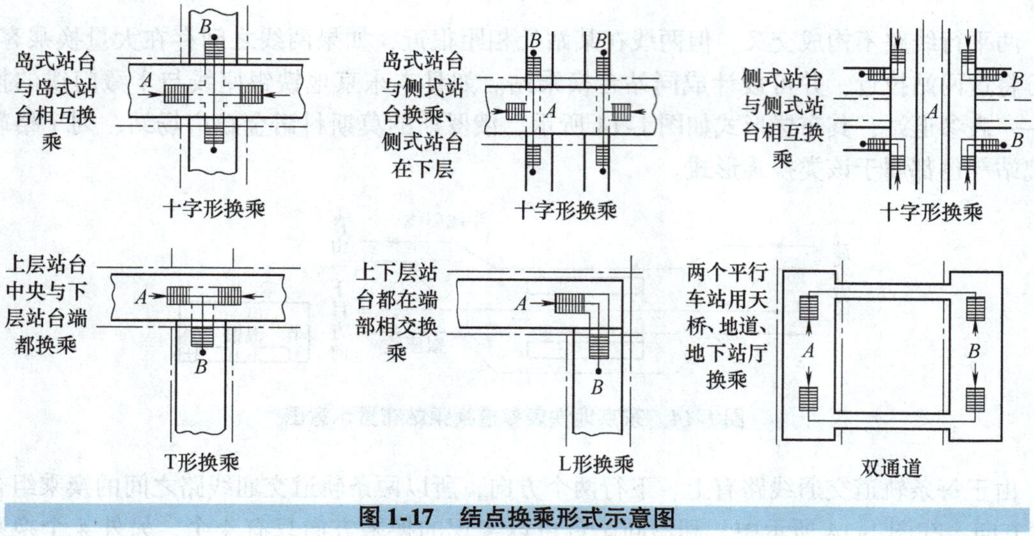

图 1-17　结点换乘形式示意图

结点换乘方式依两站的站台形式不同，有许多组合形式。以十字形换乘为例，常用的换乘站类型有：

（1）岛式与侧式换乘　如图 1-18a 所示，2 号线岛式站台与位于上层的 4 号线侧式站台换乘，形成 2 个小换乘厅。

（2）岛式与岛式换乘　如图 1-18b 所示，环线与规划线形成岛—岛换乘，只有一个小换乘厅，换乘能力较小。

（3）侧式与侧式换乘　如图 1-18c 所示，利用上、下两层侧式站台层的十字交叉点形成 4 个换乘厅及换乘通道，换乘能力比上述两种都大。

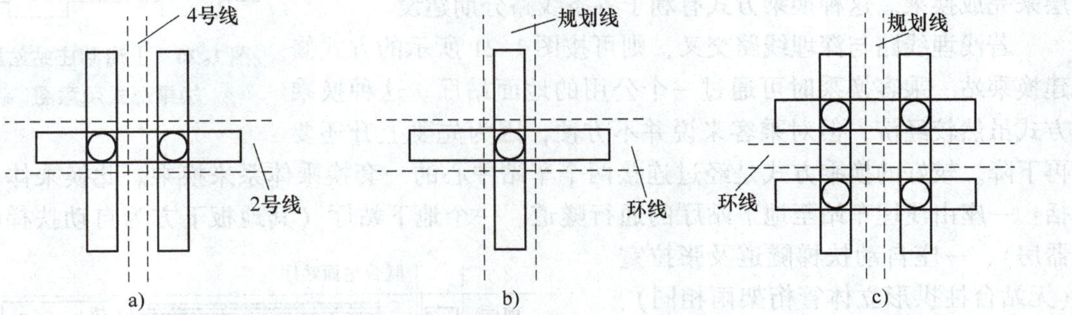

图 1-18　十字形结点换乘的三种形式示意图

a）岛式与侧式换成　b）岛式与岛式换乘　c）侧式与侧式换乘

一般结点换乘站的换乘能力较小，但是，换乘站布置设计合理，也能够达到较大的换乘能力，例如图 1-19 所示的柏林地铁的一个结点换乘站。该站为三层框架结构。地下一层设有 4 个通向地面的出入口，以吸引和疏散不同方向的客流，并设有直接通向地下二层站台和地下三层站台的自动扶梯。两条地铁线路呈十字形交叉，车站站台都采用岛式站台，两个岛式站台通过换乘楼梯相连接，实现不同线路之间的换乘。

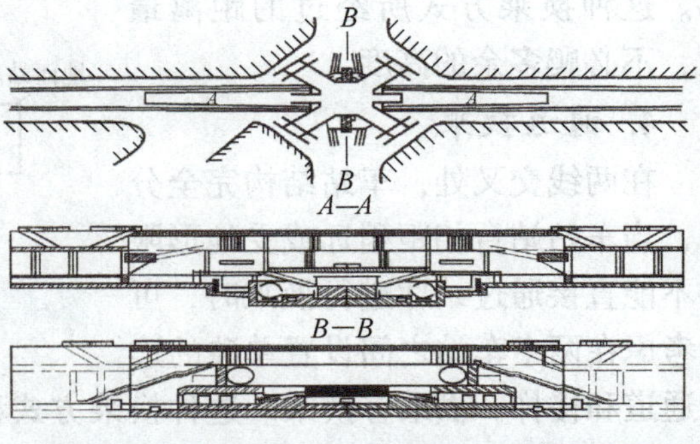

图 1-19　柏林地铁的一个结点换乘站示意图

结点换乘方式设计的关键是要注意上、下楼的客流组织，避免进、出站客流与换乘客流发生交叉，造成紊乱。该方式多应用于侧式站台间的换乘，或与其他换乘方式组合应用。

两个岛式站台之间采用这种换乘方式连接，因楼梯宽度往往受岛式站台总宽度的限制，而使其通行能力难以满足换乘客流的需求。如果两条交叉线路的高差足够大，那么可以采用两个车站十字形塔式交叉，两站台之间用双层式阶梯相连接。

结点换乘方式的结点要求一次做成，预留线路的限界净空及线路位置受到制约，这就要求预留线要有必要的研究设计深度，避免预留工程不到位或过剩等不良现象的产生。

3. 站厅换乘

站厅换乘是指乘客由一个车站的站台通过楼梯或自动扶梯经由另一个车站的站厅或两站的共用站厅到达另一车站站台的换乘方式。乘客下车后，无论是出站还是换乘，都必须经过站厅，再根据导向标志出站或进入另一站台继续乘车。由于下车客流只朝一个方向流动，所以减少了站台上人流交织，乘客行进速度快，在站台上的滞留时间减少，可避免站台拥挤，同时又可减少楼梯等升降设备的总数量，增加了站台的有效使用面积，有利于控制站台的宽度规模。

站厅换乘方式与前两种方式相比，乘客换乘路线通常要先上（或下）、再下（或上），换乘距离较大；若站台与站厅之间是自动扶梯连接，则可改善换乘条件。

上海轨道交通 1 号线及莘闵线（5 号线）的莘庄站，采用同层并列侧式站台形式，如图 1-20 所示，通过上一层共用站厅层来完成换乘。这种换乘方式有利于各条线路分期建设。

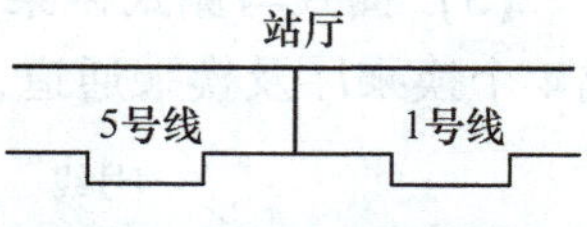

图 1-20　上海莘庄站站厅换乘形式示意图

若浅埋线路与深埋线路交叉，则可按图 1-21 所示的方式修建换乘站。乘客换乘时可通过一个公用的地面站厅。这种换乘方式虽然较经济，但对乘客来说并不方便，因为先要上升还要再下降。较好的换乘方式是经过连接两个车站中心的一套换乘体系来换乘。此换乘体系包括：一座由浅埋车站至地下站厅的通行隧道、一个地下站厅（其地板下方为自动扶梯的机器房）、一座自动扶梯隧道及张拉室（无站台柱拱形立体管桁架雨相同）、一个小集散厅、几个通至深埋车站的通行隧道和通到车站股道上方的天桥以及由天桥下至深埋车站站台的楼梯。这种换乘方式所经过的距离最短，不必爬多余的高度。

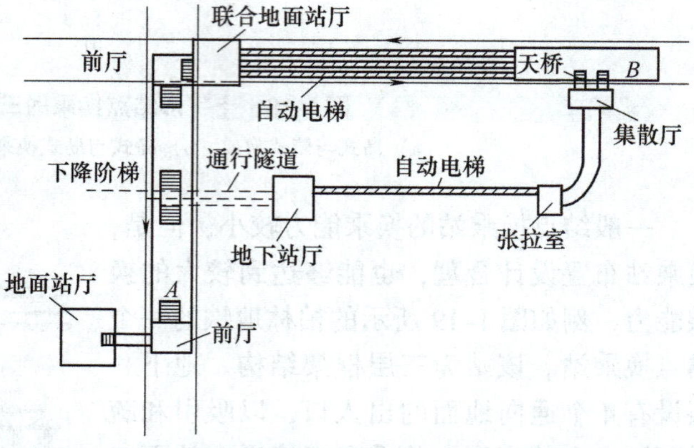

图 1-21　有联合地面站厅的换乘站

4. 通道换乘

在两线交叉处，车站结构完全分开，当车站站台相距稍远或受地形限制不能直接通过站厅进行换乘时，可以考虑在两个车站之间设置单独的连接通道和楼梯，供乘客换乘。这种换乘方式称为通道换乘。连接通道一般设于两站站厅之间，也可以从站台上直接设置。

通道换乘方式布置较为灵活，对两线交角及车站位置有较大的适应性，预留工程少，甚至可以不预留，容许预留线位置将来可以少许移动。通道宽度按换乘客流量的需要设计。换乘条件取决于通道长度，一般不宜超过 100m，这种换乘方式最有利于两条线工程分期实施，预留工程最少，后期线路位置调整的灵活性也大。

下面两种情况下常采用通道换乘方式。

1）当两条轨道交通线路在区间内相交时，构成 L 形，两线上的轨道交通车站均应靠近交叉点设置，并用专用的人行通道相连接。例如，上海 1 号线与 2 号线的人民广场站呈 L 形布置，2 号线的地下二层站厅层与 1 号线的地下一层站厅层通过 10m 宽的地下通道实现换乘。图 1-22 所示的是通道换乘方式的地下换乘站。在位置较高的车站 A 的站台中心安设双向阶梯或自动扶梯下降到人行隧道平面，该隧道在 A 站的站线下方穿过。供乘客双向走行的人行隧道，其宽度通常为 7～7.5m，长度不应超过 100m。人行隧道内应有斜坡，且应朝乘客走行较多的方向下坡。客流交叉的地点，人行隧道的断面应予加宽。此人行隧道在靠近位置较低的车站B的地方，通常分成两个断面较小的隧道，这两个隧道的出口处接有跨越站线的天桥，该天桥端部应设置楼梯通到站台地板面，楼梯则设在车站B的塔柱或立柱之间。在人行隧道分支的地方应设置一间不太大的集散厅，以便在其中将不同方向的客流分隔开来。

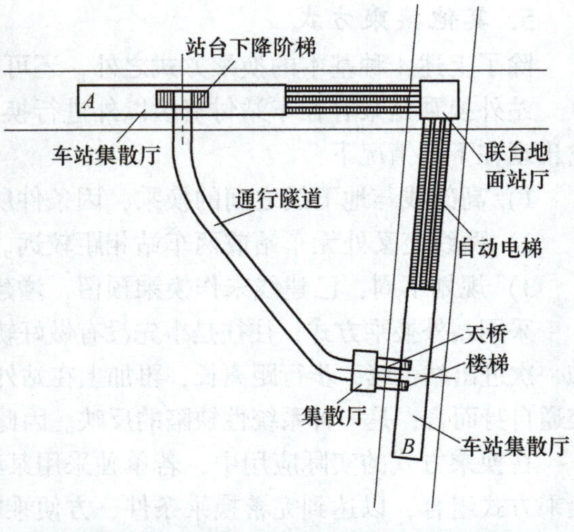

图1-22　通道换乘方式的地下换乘站

在条件许可时，可利用联合式的地面站厅或地下站厅来换乘，联合式地面（或地下）站厅用自动扶梯与两个车站相连接，而在地面只设一个共同出口。为此，两个车站集散厅的端部至线路交叉点的距离都应当与它们的埋置深度相匹配。上述两种方案也可以同时被采用。这时人行隧道的宽度可减小，并只用于单向通行。反向换乘时，乘客可通经自动扶梯隧道。

2）当一条线路的区间与另一条线路的车站成T形交叉时，可按图1-23所示的换乘站形式组织换乘。位置较高的车站A的集散厅可用一个人行隧道与一个地下站厅（前厅）相连接，该地下站厅则经由自动扶梯隧道而与位置较低的车站B相连接。若人行隧道长度不大，则B站乘客可经由A站的自动扶梯出站，但这样对乘客是不便的，因为必须先上到一个多余的高度，然后再经由楼梯下降到A站的站台上。若人行隧道很长时，则可使地下站厅直接与地面相连接，以供B站乘客出站之用。这样人行隧道仅供换乘乘客使用，A站的自动扶梯也不致超负荷。

例如，莫斯科的普希金、高尔基和契诃夫3个地铁车站布置呈三角形，如图1-24所示。车站的两端通过自动扶梯和3个地面大厅进出口连接。换乘通道都衔接在每个车站的中部，这样可以使客流能在不同方向分配并使客流能按站台长度均匀分布。

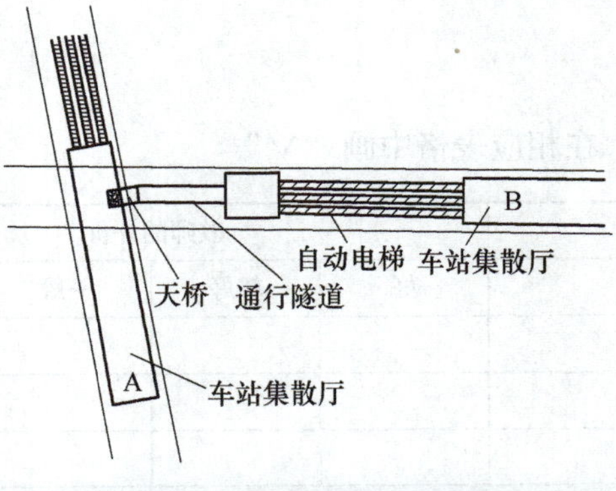

图1-23　一条线路区间与另一条线路成T形交叉时的换乘站

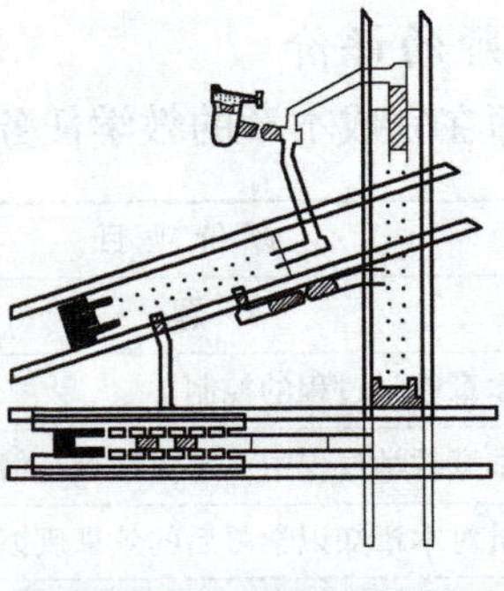
图1-24　莫斯科的普希金、高尔基和契诃夫地铁站通道换乘示意图

5. 其他换乘方式

除了上述4种基本的换乘方式之外，还可采用站外换乘及组合换乘来达到换乘目的。

站外换乘是乘客在车站付费区以外进行换乘，实际上是没有专用换乘设施的换乘方式。它出现在下列情况下：

1）高架线与地下线之间的换乘，因条件所迫，不能采用付费区内换乘的方式。

2）两线交叉处无车站或两车站相距较远。

3）规划不周，已建线未作换乘预留，增建换乘设施十分困难。

采用站外换乘方式，往往是事先没有做好轨道交通线网规划所带来的后遗症。由于乘客增加一次进出站手续，步行距离长，再加上在站外与其他人流混合，所以显得很不方便。对轨道交通自身而言，是一种系统性缺陷的反映。因此，站外换乘方式在路网规划中应尽量避免。

在换乘方式的实际应用中，若单独采用某种换乘方式不能奏效时，则可采用两种或多种换乘方式组合，以达到完善换乘条件、方便乘客使用和降低工程造价的目的。例如，同站台换乘方式辅之以站厅或通道换乘方式，使所有的换乘方向都能换乘；结点换乘方式在岛式站台中，必须辅之以站厅或通道换乘方式，才能增强换乘能力；站厅换乘方式辅之以通道换乘方式，可以减少预留工程量等。这些组合的目的，是力求车站换乘功能更强，既能保证车站具有足够的换乘能力，又能使得工程便于实施、乘客使用也方便。

【实践操作】

1. 操作练习

在课余时间，结合所在的城市轨道交通车站参观学习，了解城市轨道交通车站的设备及功能。

2. 书面练习

1）简述车站的分类。

2）简述车站的功能。

3）简述车站换乘有哪些方式。

【评价跟进】

1. 教师的评价

由教师在完成本章的教学任务后填写，在相应表格中画“√”

评价项目		教师的评价			
序号	题目	好	较好	一般	较差
1	对本章教学过程的控制				
2	在本章教学过程中，学员的参与情况				
3	学员对本章知识学习后的效果反馈				
教师对本章教学的总结评价意见及跟进措施					

2. 学员的评价

由学员在完成本章的教学任务后填写，在相应表格中画“√”

评价项目		学员的评价			
序号	题　　目	好	较好	一般	较差
1	在本章教学执行过程中教师的表现				
2	本章教学内容与社会实际需求的联系情况				
3	自己在本章学习过程中的表现				
学员对本章教学的总结评价意见及跟进措施					

3. 知识跟进

1）从互联网上了解城市轨道交通车站的现状如何。

2）从互联网上了解城市轨道交通车站技术层面上有哪些创新。

第2章

城市轨道交通运作基础

【问题导入】

城市轨道交通工程建成以后即投入运营。完善的交通设施是提供良好服务的物质基础，但光有硬件还不够。一流的设施，必须加上一流的管理才能为乘客提供一流的服务。这就需要一整套的运作方式与方法。

【学习目标】

1. 能掌握运营的目标及其组织架构。
2. 能口述城市轨道交通运营管理架构。

【教学建议】

1. 教学场地：在普通教室、能连接互联网的多媒体教室及城市轨道交通系统的各种模型实训室中进行，课后可实地参观。

2. 设备要求：各种城市轨道交通车站的运营时刻表、列车运行图系统仿真模型1套，或能播放视频投影的设备及相关课件、视频。

3. 课时要求：共6课时，其中课堂讲授6课时。

【理论知识】

2.1 运营的目标及其组织架构

城市轨道交通总目标是不间断地运送乘客，让乘客安全、准时地抵达目的地。运营企业在提供客运服务的同时，也在不断地产生城市轨道交通唯一的“产品”——客运周转量。为了实现这个目标，城市轨道交通运作系统大致可以分为三个子系统：列车运行系统、客运服务系统和检修保障系统。这三个子系统为社会提供这一服务的同时，运营企业也有了主要的经济来源。

1. 城市轨道交通运营的功能要求

城市交通系统的功能可以描述为利用可能的交通形式，在最短的时间内，将城市内某一位置的服务对象，送达其所希望到达的另一位置。同时，服务对象要求这种服务“安全、舒适、经济”。这就是城市交通应当具备的“快速性、可达性、安全性、舒适性、经济性”五项基本功能。城市轨道交通作为城市客运交通的一个重要子系统，显然这五项基本功能也是乘客对城市轨道交通系统的基本需求。

围绕这一功能目标，就要求城市轨道交通提高运营效率。提高列车旅行速度和服务频率，方便乘客乘车、换乘，降低乘客出行成本，以提供舒适、快捷和安全的运输服务，实现以人为本的运营功能。要求运营者加强交通管理，搞好交通服务，保障交通安全；优化配置运输设备，为乘客提供良好的运输环境。

2. 城市轨道交通运营管理架构

系统的结构决定系统的功能。系统功能的实现，需要有相应的组织机构来提供保证。

（1）运营组织架构的设置原则　运营组织架构是指在运营组织内部，为完成运营目标和功能而确定的其构成要素以及它们之间的相互关系，主要涵盖组织内部各部门的机构设置及其功能定位、权限划分（控制机制）以及组织内部的协调等。

城市轨道交通线路运营组织的架构设置，应按照“精简高效、设置合理、权责分明、统一协调”的原则，对运营组织架构和职责进行分析；在进行管理层次和跨度的设计时，应考虑到城市轨道交通运营的特点；组织内部各部门的架构设置，要做到在公司整体运营目标下，能够充分地运用各部门的功能和发挥它们的积极性；各部门的岗位职责、权利和义务必须明确，这样才有助于内部协调和人力资源管理；随着组织内外互相交往和渗透的扩大和深化，为了适应组织运营活动和条件的变化，应建立起灵活的组织架构，使组织能够得到重新整合和加强。

（2）运营组织架构设置的总体思路　为实现轨道交通服务城市交通的社会功能，运营组织架构设置的总体思路如下。

1）参考国内外城市轨道交通行业运营架构的成功经验，结合本市轨道交通线网的构成和规模，提出符合本市轨道交通运营特点的组织架构方案。

2）运营组织架构必须与公司的发展战略相匹配，符合轨道交通各线路运营实际，精简高效、设置合理，保持适度的管理层次，充分考虑公司资源状况、经营管理水平、技术差异和运营模式等因素。

3）遵循公司一体化经营的管理理念，运营组织架构必须充分发挥公司一体化运作优势。

4）设置富有弹性或灵活性的运营组织架构，根据城市轨道交通的发展，组织架构设置需要结合线网建设时序，近远结合、统筹规划，充分考虑不同线路技术资源和管理资源的共享。

5）设置组织架构既要考虑其科学性、合理性，又要考虑到其可操作性和可控性。

3. 线网规模与运营管理体制的联系

（1）小规模网络　小于 5 条线路的轨道交通网络系统。小规模网络一般为中小城市的城市轨道交通网络系统，或大城市轨道交通网络系统的初始阶段。其特点是线路间依赖性小，呈现单线运营的特点，即线路是以相对自给自足的方式运营。

大城市发达网络系统处于小规模网络运营阶段时，必须根据所有线路完成后的最终情况，从总体上来规划系统，必须为正在发展中的更多的线路逐步结合做好准备。

图 2-1 所示为小规模网络运营管理的架构图，其城市轨道交通系统只有直接的组织结构，各条线路单独管理。由各条线路经理或由一个独立运营的公司负责重要的运营职能和所有的承包者的职责（运营、维修、管理、安全，职工），并完成这些工作。

（2）中等规模网络　大于等于 5 条、小于 10 条线路的轨道交通网络系统。对于中等规

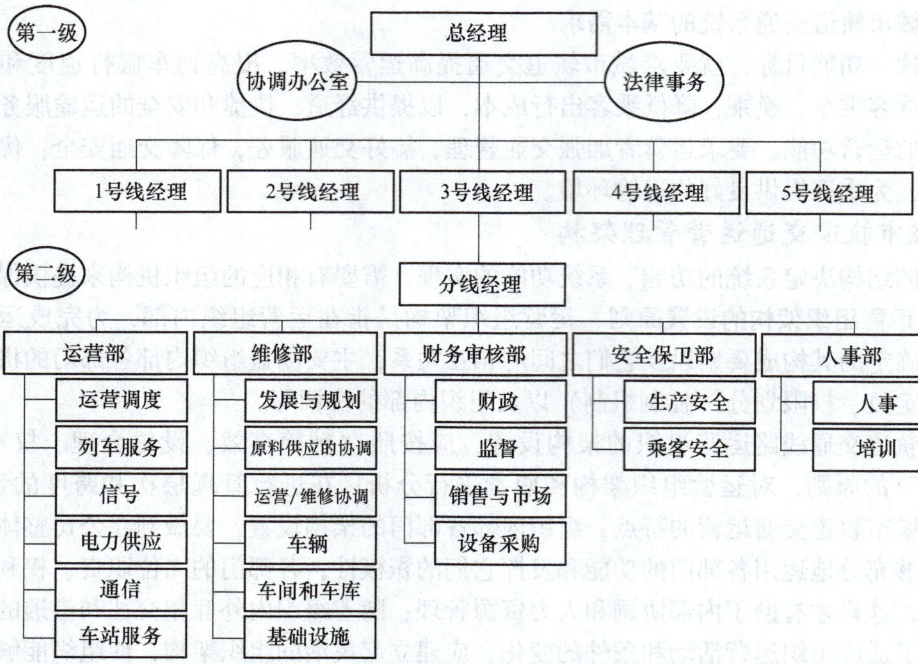

图 2-1 小规模网络运营管理的架构图

模的城市轨道交通企业而言，应建立一个中央组织结构，以便使财政、运营、人力资源等功能发挥整体效用。这样做的目的是从运输和经济的角度最有效地利用规模经济学。

如图 2-2 所示，中等规模网络必须强调系统的网络功能（从交通方面和技术方面），因为网络的进一步延伸将直接影响现存的城市轨道交通线路，这样就要求进行运营调整，这些调整只能以合作方式和进行中央管理才能实现。

（3）大规模网络 大于等于 10 条线路的轨道交通网络系统。如图 2-3 所示，大规模网络需要通过多种经营和专业化来扩大中央组织结构。

1）运营（运营部门，维修部门）。

2）财务（管理、营销与销售的权能中心）。

3）人力资源的权能中心。

4）安全与保卫的权能中心。

而且，考虑到技术或运营主要条件方面现存的差异，运营部门可以根据分工而再细分。网络中大数量的连接和换乘的客流需要整个系统全盘考虑，以便通过最经济的、协调的服务，取得最可能好的业绩。

大规模网络形成相对集中的经营管理，有利于整个城市轨道交通的资源整合、系统协调，更好地发挥城市轨道交通网络的优越性。其具体优点如下：

1）综合系统经营可以提高效率，在各条线之间和与其他交通工具（如电车、公共汽车、短途及长途的铁路交通、需要停车及乘车机动化的私人交通工具等）之间的多种换乘关系产生了必然的高客流量，满足了乘客短而复杂的出行要求。各条线路经营者可能抱有的利己主义就被排除在外，确保在服务提供、服务间隔和执行质量上得到最佳匹配。

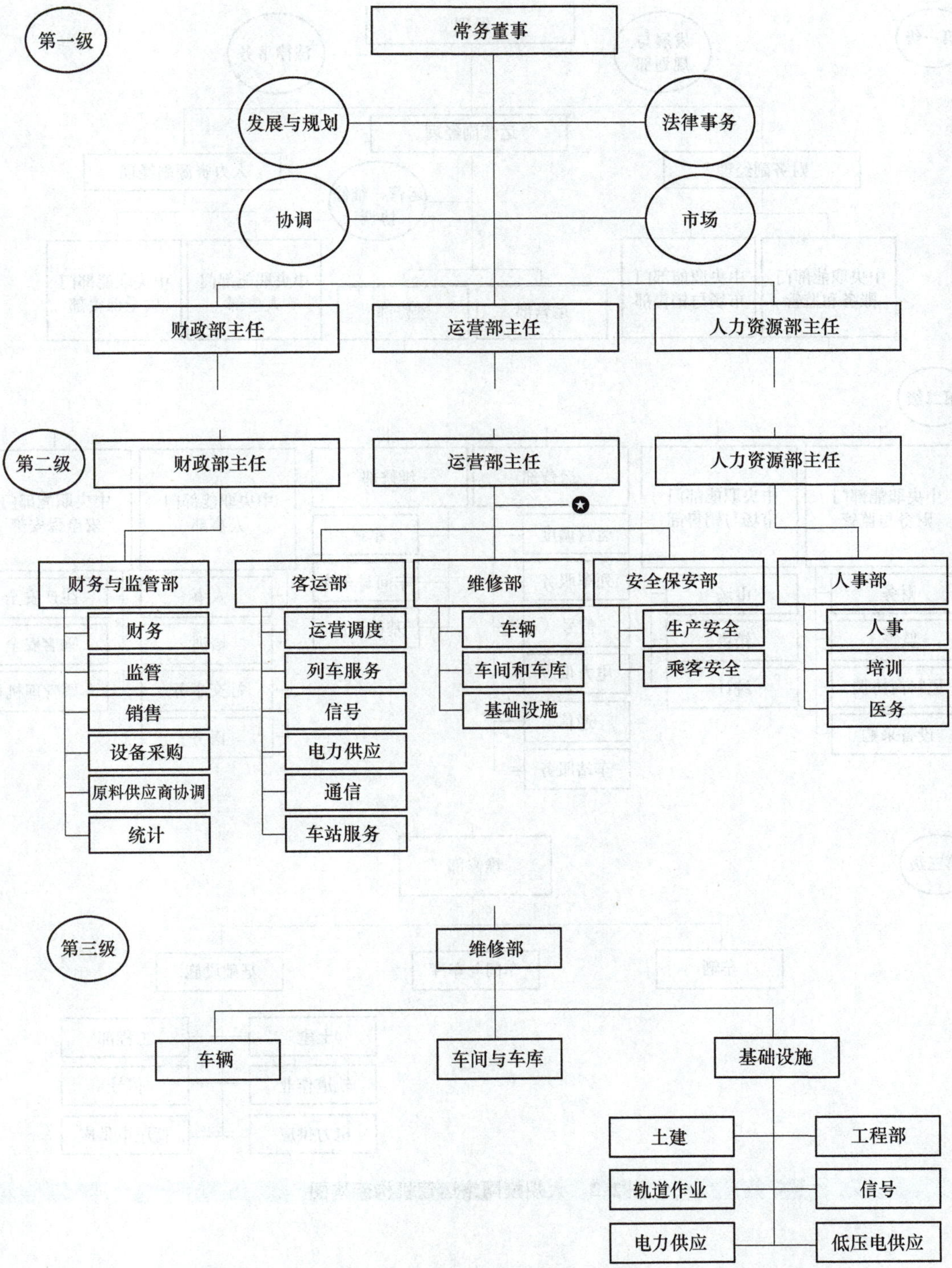

图 2-2　中等规模网络运营机构架构图

注：✪—运营/维修协调人员（协作）

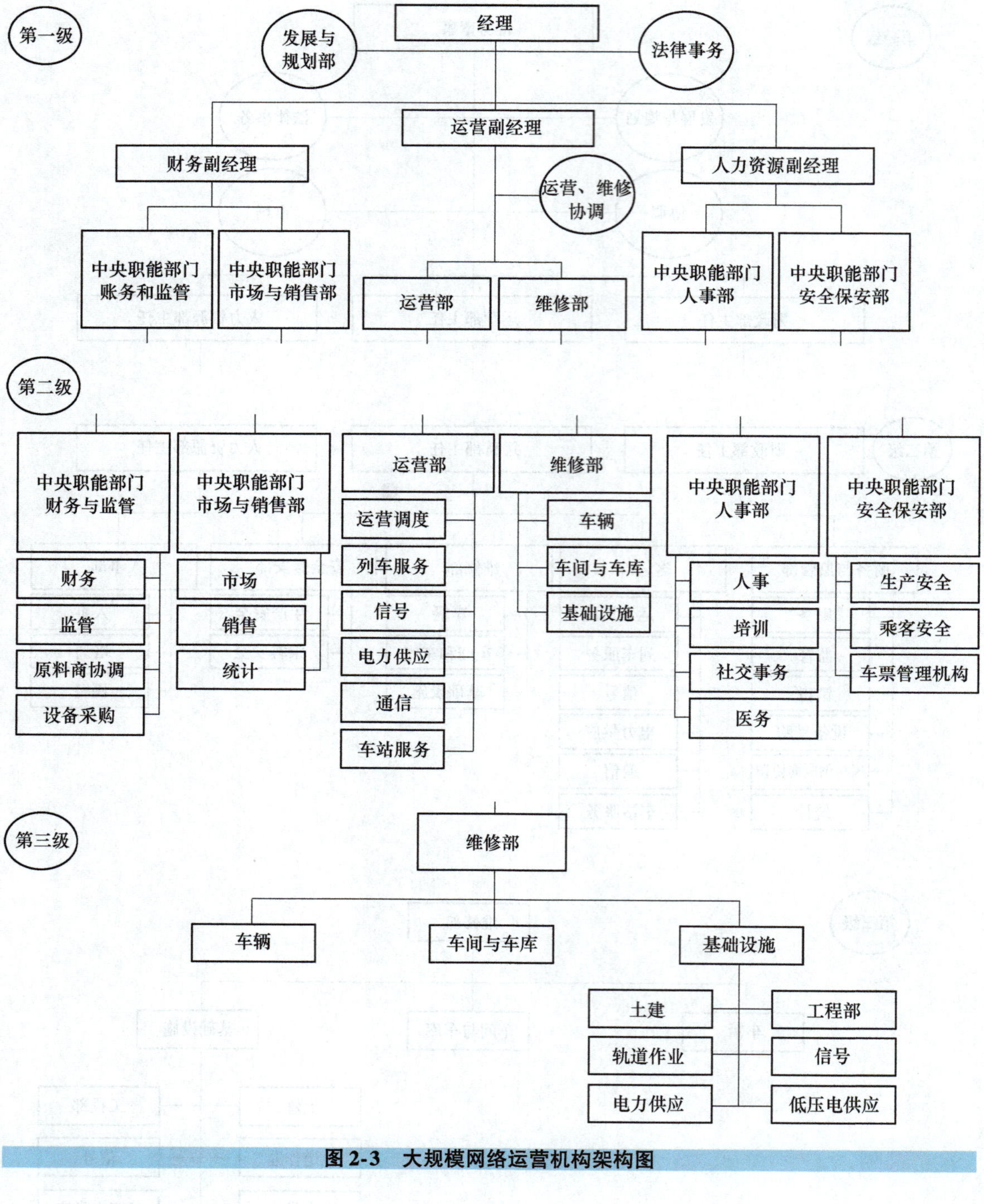

图 2-3　大规模网络运营机构架构图

2）统一的城市轨道交通系统形象，统一的质量和服务标准，能够提高乘客的满意度。

3）有助于在整个网络中创建和巩固统一的收费系统。

4）整个系统的运营和维修标准化，互相协调。

2.2　运行时刻表与列车运行图

1. 运行时刻表

运行时刻表能够方便乘客出行，可以让乘客不会盲目的等车，也方便乘客提前制订出行计划，有利于资源整合。

(1) 定义　列车在车站（车厂）出发、到达（或通过）及折返时刻的集合。

(2) 表示的方法　采用图表的方式表示各次列车在车站（车厂）、折返线的出发与到达时刻。例如深圳地铁 1 号线的运行时刻，见表 2-1。

表 2-1　深圳地铁 1 号线运行时刻

车站	首班	末班	首班	末班	发车间隔	
	往罗湖方向		往机场东方向		高峰	平峰
罗湖站	—	—	6:30	23:00	4 分钟	6 分钟
国贸站	6:55	00:06	6:32	23:02	4 分钟	6 分钟
老街站	6:53	00:04	6:33	23:03	4 分钟	6 分钟
大剧院站	6:51	00:02	6:35	23:05	4 分钟	6 分钟
科学馆站	6:49	00:00	6:38	23:08	4 分钟	6 分钟
华强路站	6:47	23:58	6:40	23:10	4 分钟	6 分钟
岗厦站	6:44	23:55	6:43	23:13	4 分钟	6 分钟
会展中心站	6:42	23:53	6:44	23:14	4 分钟	6 分钟
购物公园站	6:40	23:51	6:46	23:16	4 分钟	6 分钟
香蜜湖站	6:37	23:49	6:49	23:19	4 分钟	6 分钟
车公庙站	6:35	23:46	6:51	23:21	4 分钟	6 分钟
竹子林站	6:33	23:44	6:34	23:23	4 分钟	6 分钟
侨城东站	6:55	23:42	6:36	23:25	4 分钟	6 分钟
华侨城站	6:53	23:40	6:38	23:27	4 分钟	6 分钟
世界之窗站	6:51	23:38	6:41	23:30	4 分钟	6 分钟
白石洲站	6:49	23:36	6:42	23:31	4 分钟	6 分钟
高新园站	6:47	23:34	6:45	23:34	4 分钟	6 分钟
深大站	6:45	23:31	6:47	23:36	4 分钟	6 分钟
桃园站	6:41	23:28	6:50	23:39	4 分钟	6 分钟
大新站	6:39	23:26	6:51	23:41	4 分钟	6 分钟
鲤鱼门站	6:37	23:24	6:54	23:43	4 分钟	6 分钟
前海湾站	6:35	23:22	6:56	23:45	4 分钟	6 分钟
新安站	6:49	23:19	6:34	23:48	4 分钟	6 分钟
宝安中心站	6:47	23:17	6:37	23:50	4 分钟	6 分钟
宝体站	6:45	23:15	6:38	23:52	4 分钟	6 分钟
坪洲站	6:43	23:13	6:41	23:54	4 分钟	6 分钟
西乡站	6:41	23:11	6:43	23:56	4 分钟	6 分钟
固戍站	6:37	23:07	6:47	00:00	4 分钟	6 分钟
后瑞站	6:33	23:03	6:51	00:04	4 分钟	6 分钟
机场东站	6:30	23:00	—		4 分钟	6 分钟

2. 列车运行图

（1）定义 列车运行图是列车时刻表用坐标原理表示列车运行线的一种图解，如图 2-4 所示。

（2）表示方法 一般采用一分格或二分格，竖线表示时间的集合，横线表示车站（车厂）的集合。

（3）作用 《列车运行图》是行车组织工作的基础，凡与列车运行有关的各部门都必须根据《列车运行图》的规定组织本部门的工作。

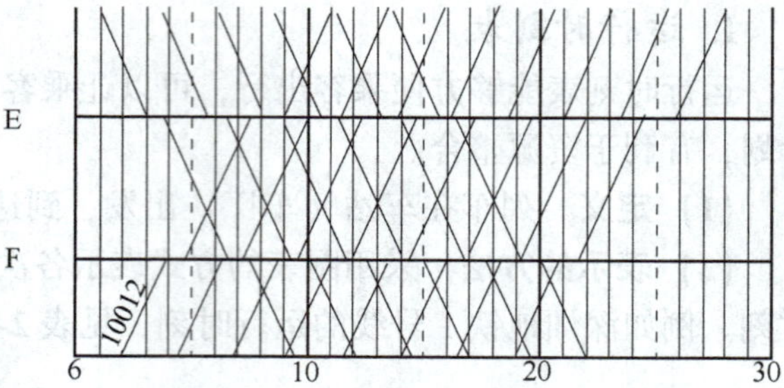

图 2-4 列车运行图

3. 运行交路及折返方式

（1）运行交路

1）短交路：一般而言，城市轨道交通列车运行只占用整条线路中的一部分线路进行周期运行所采用的交路称为短交路。

2）长交路：一般而言，城市轨道交通列车运行占用整条线路进行周期运行所采用的交路称为长交路。

（2）城市轨道交通列车的折返方式 根据站线布置的不同分为站前折返和站后折返。

1）站前折返线，指列车经由站前渡线折返。

2）站后折返线，由站后尽头端折返线折返。一般来说，站后尽头端折返线折返是最常见的方式。

3）列车还可采用经站后环线折返的方式。

4）根据占用线路的不同分为单股道折返和交替折返。如果列车在某站折返时，每一列车都进该站Ⅱ道进行折返，称为单股道折返；如果列车在某站折返时，第一趟列车进该站Ⅱ道折返，第二趟列车进该站Ⅰ道折返，第三趟列车进该站Ⅱ道折返，第四趟列车进该站Ⅰ道折返，依此类推下去，称为交替折返。

4. 运行周期

一辆列车从始发站出发，经过终点站的折返作业，再回到始发站出发为一个运行周期。如城市轨道交通线中的长交路：列车从始发站出发，经过终点站折返，再回到始发站出发的时间差为一个运行周期。

1）运行周期与行车间隔决定了某个时间段的上线列车数量。

2）上线列车数 = 运行周期/行车间隔（往后取整）。

5. 行车间隔与运输能力

1）行车间隔：两相邻列车在同一运行方向经过同一地点的时间差。

2）在城市轨道交通中，根据市民的出行习惯和上、下班时间，在各个时间段的客流是不同的，因此在运营时间内可能采取几种行车间隔以满足市民交通的需要。一般而言，越小的行车间隔需要越多的列车投入服务，其运输能力越大。

3）运输能力 = 运营时间内开行的车次数量 × 每列车的额定载客量。

6. 运行进路

1）进路：列车或调车在车站内可能的移动路径。

2）进路由道岔、信号机、轨道电路、保护区段和侧面防护构成。

3）进路的设置方式：

① 由ATS设置。

② 由联锁工作站设置。

③ 由现场人工设置（人工钩锁道岔）。

④ 集中联锁设备中（车厂信号楼）设置。

4）进路的设置需保证：

① 进路中没有道岔被锁闭于非开通位置。

② 进路上的信号机、道岔和轨道电路没有被反方向进路设置。

③ 进路要素没有被另一进路设置。

7. 城市轨道交通的列车驾驶模式

城市轨道交通的列车驾驶模式有：ATO、AR、SM、RM、URM，见表2-2。

表2-2 各种驾驶模式的特性和运用

模　式	定　义	基本特性	运　用
ATO	列车自动驾驶	自动控制两站间的列车运行，驾驶员负责监督ATP/ATO的显示、列车运行和通过的轨道/道岔/信号的状态，在必要时加以人工干预	
AR	列车自动折返	自动控制列车折返，驾驶员可以不在列车上及不加干预进行列车折返作业。驾驶员负责检查自动折返前乘客是否已经下车，车门是否已经关闭，操作自动折返按钮	在设有自动折返功能的折返站计划采用的方式
SM	ATP监督下的人工驾驶模式	列车运行由驾驶员驾驶，列车的运行速度受ATP监控，如果列车的极限速度超过了ATP允许的速度，则列车产生紧急制动而停车，驾驶员负责驾驶列车、监督ATP的显示和通过的轨道/道岔/信号的状态，在必要时加以人工干预	ATO故障时降级运营采用，或轨道上有人等情况下采用
RM	受限制的人工驾驶模式	列车运行由驾驶员驾驶，列车的运行速度不能大于25km/h，如果列车的速度超过极限速度，则列车产生紧急制动而停车。驾驶员对列车运行安全负责，监督通过的轨道/道岔/信号的状态，在必要时采取制动	列车在车厂范围内运行（试车线例外），或联锁、轨道电路、ATP轨道旁设备、ATP列车天线发生故障及列车紧急制动后运行
URM	不受限制的人工驾驶模式	用ATP钥匙开启后才起作用，使用时必须经过批准和登记。列车运行由驾驶员控制，没有限制速度监督。驾驶员必须保证列车运行速度不超过规章所规定的速度，监督通过的轨道/道岔/信号的状态，在必要时采取制动	车载ATP设备故障或SICAS故障后采用降级的行车组织办法时

另外，除URM模式外的其他模式有一个2m的退行限制，且每后退0.5m，ATP将产生紧急制动。

8. 运营编号的要求

1）满足将来城市轨道交通线路扩展不会相互抵触和意义混淆的要求。

2）编号尽可能少，以减少输入时间，并且在实际运营中容易辨认。

3）编号之间建立相互联系，并且在整个编号系统中代表唯一的身份。

编号的种类、基本规定及其作用见表2-3。

表2-3 某地铁公司一期工程编号及其作用

编号种类	基本规定	作用	备注
车辆编号	由4位阿拉伯数字组成，最前一位数字代表线别，如1为一号线，9为九号线，a为十号线，第2位和第3位数字代表各线别列车供货的序号，01代表第1列车。最后一位代表车辆在车列中的序号，1代表第1位车（A车），2代表第2位车（B车），3代表第3位车（C车），4代表第4位车（C车），5代表第5位车（B车），6代表第6位车（A车），如1011代表1号线第1列车中的第1位车（A车）	车辆的身份证，便于故障统计、维修资料库的建立和运营分公司对车辆的定位	
车次号	4位表示，前2位代表列车服务号，后2位代表行程，单数行程代表下行，双数行程代表上行	定位列车的行程，在一条地铁线路中，当日运营时间内车次号是唯一的	
目的地码	见《行规》目的地码释义表	目的号与行程目的地有关，指定列车的运行方向、折返方式和服务类型	个位为6～0时，列车在中间站不停车
调度员代号	00一：三位编码，与调度员一一对应。其他例子：008、060等	便于工作联系，如发布调度命令时可缩短受令人记录时间。如果写姓名笔画多，而且不少字是多音字和同音字，容易混淆写错	

2.3 运营指挥体系

1. 概述

城市轨道交通是由一系列构筑物和设备系统组成的庞大的系统工程，也是一台巨大的联动机，只有各组成部分协调一致地运作，才能实现城市轨道交通安全、正点、舒适和快捷的运营服务宗旨。因此，城市轨道交通的运作必须贯彻、执行“高度集中、统一指挥、逐级负责”的组织指挥原则。

城市轨道交通控制中心（简称“OCC”）是城市轨道交通运营管理和行车组织的调度指挥中心、信息收发中心和通信联络中心，它代表着城市轨道交通公司领导行使日常行车指挥和组织运营生产的权力，并按照运营时刻表的要求，实现安全、准时的行车组织，为广大乘客提供优质的运营服务。

2. 行车组织指挥体系

行车组织指挥体系根据《运行时刻表》来组织每个部门的工作。

(1) 行车组织指挥体系

行车组织指挥体系如图2-5所示。

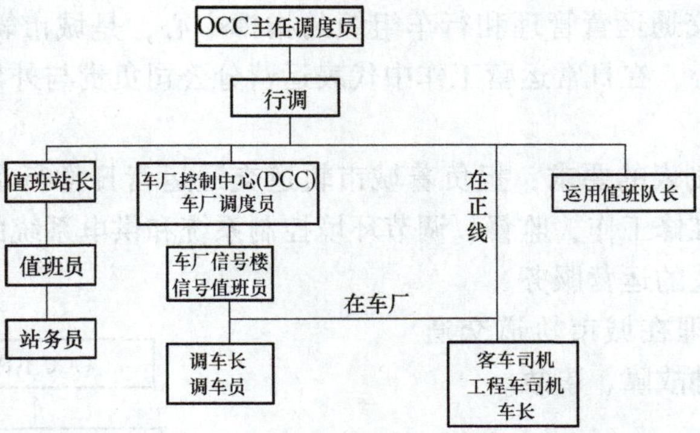

图2-5 行车组织指挥体系

(2) 供电指挥体系

供电指挥体系如图2-6所示。

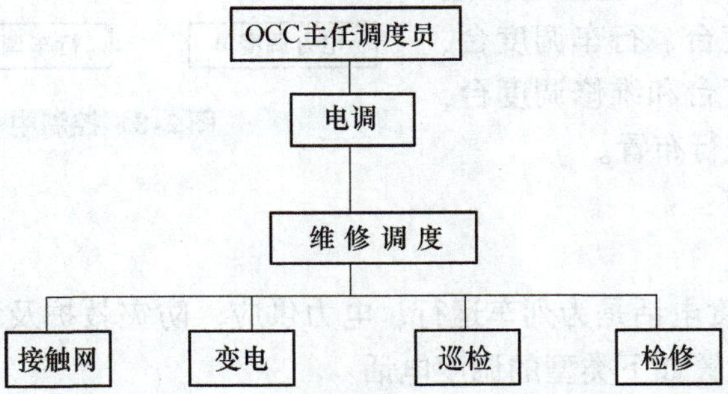

图2-6 供电指挥体系

(3) 维修指挥体系

维修指挥体系如图2-7所示。

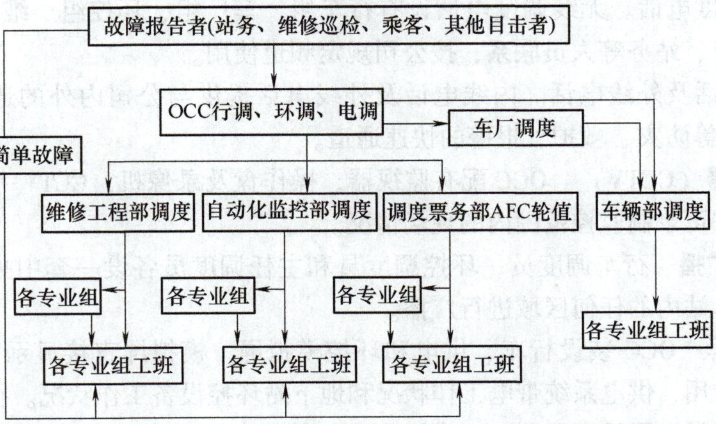

图2-7 维修指挥体系

2.4 OCC（控制中心）运作

1. 概述

OCC是城市轨道交通运营管理和行车组织的指挥中心，是城市轨道交通系统的信息收发中心、通信联络中心，在日常运营工作中代表运营分公司负责与外界及各运营机构的协调联络工作。

OCC按照列车时刻表的要求，担负着城市轨道交通运营日常行车指挥工作，负责组织正线、辅助线的施工维修工作，监督、调节环境控制系统和供电系统的运作，实现安全、准时、快捷的行车和舒适的运营服务。

OCC负责组织处理在城市轨道交通运作过程中发生的各种故障、事故。

2. 组织架构

控制中心组织架构如图2-8所示。

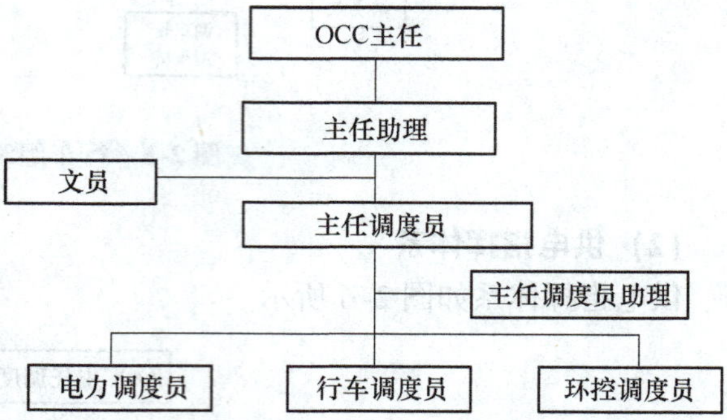

图2-8 控制中心组织架构

3. OCC的主要设备

OCC内主要有行车、供电、环控中央监控终端设备、模拟屏、监视器及通信设备，内设主任调度台、行车调度台、电力调度台、环控调度台和维修调度台，以行车为中心的原则进行布置。

OCC的主要设备有：

（1）通信设备

1）调度电话。调度电话是为列车运行、电力供应、防灾救护及维修等提供指挥手段的专用通信系统，通常设置如下类型的调度电话：

① 行调（行车调度员）与各车站值班站长、车厂调度员、车厂值班员及运用值班队长的调度电话。

② 电调（电力调度员）与各变电所值班员的调度电话。

③ 环调（环控调度员）与各车站设备操作员的调度电话。

2）无线调度电话。无线调度电话设有行车组、车厂组、环控组、维修组无线调度台，可与客车驾驶员、站务等人员联系，按公司规定频道使用。

3）内线电话及外线电话。内线电话及外线电话提供与公司内外的通信联络，提供与119、120、110等防灾、救护、报警的快速通道。

（2）监视器（CCTV） OCC配有监视器、操作盘及录像机，CCTV系统提供客流、车站运作信息，并可录制监控范围内的现场情况。

（3）中央广播 行车调度员、环控调度员和主任调度员各设一套中央广播操作盘，可向单个或多个车站内的任何区域进行广播。

（4）模拟屏 OCC装设行车、供电和环控模拟屏。模拟屏直接显示现场设备的状态，并可显示轨道占用、供电系统带电工作状况和地下站环控设备工作状况。行调模拟屏内主要有轨道电路、信号机平面布置图、正线线路及各车站的布置图。

（5）ATS的人机接口（MMI） 人机接口（MMI）是介于调度员和外部设备间的接口，

用MMI可控制并在必要时调整列车的运作。

(6) ATS的培训演示系统 ATS的演示系统是一套独立系统，与MMI没有连接，是为培训ATS操作人员和演示ATS系统如何监督控制列车运作过程而设。

(7) FALKO编图系统 结合列车数量、运能、时段分布和列车满载率等情况，编图/分析员可通过FALKO编图系统编制实际需要的计划运行图。

2.5 列车运作

1. 列车的分类及运作

(1) 列车的定义 按运营时刻表、施工行车通告及有关规定编成的车辆，挂有动力车辆（如机车等）及规定的列车标志，称为列车。列车分为客车、工程车、轨道车和救援列车等。

(2) 列车的编号 列车编号以时刻表、调度命令、行车通告或其他文件规定为准。

(3) 运作一般规则

1）正常运作：

城市轨道交通列车依据运营分公司下发的有关文件运作，这些文件包括：

① 列车时刻表。

② 调度命令。

③ 施工通告。

④ 其他文件。

2）列车驾驶资格。只有具有城市轨道交通运营分公司颁发的驾驶证、符合资格的公司员工才可以驾驶、移动或操作列车。

3）驾驶员位置：

① 必须在列车前端驾驶、操作列车。

② 在行车通告上指定、行车调度员授权、援助发生故障列车的需要、进行有关测试的情况下，列车驾驶员才可以在后端驾驶室驾驶、操纵列车。

4）列车操作。列车的操作必须严格遵守有关规章制度。

5）列车进出车厂。进入车厂时，必须在进厂信号机前呼叫信号楼，且在获得信号楼值班员同意后方可进入。离开车厂时，必须在“一度停车标”前停车确认信号、进路等，获得行车调度员同意后方可出厂。

2. 运行模式

(1) 自动驾驶模式（ATO）

1）在这种模式下，列车将通过ATO设备对牵引和制动单元的控制自动地驾驶列车运行和准确停车。

2）站停列车在车站预先设定的区域停车后，如果已将列车设定为“自动开门”，则列车会自动开门。

3）此模式为城市轨道交通的通常运行模式。采用该模式必须满足下列条件：

① ATP无故障。

② 启动程序已完成。

③ 路线已设定，并通过联锁装置保护和锁定，ATP使轨道（或其他种类的信号设备）有效。

④ 车门和屏蔽门关好（由车载ATP设备监视）。

⑤ 主控制手柄在“O”位置并且方向手柄在前进位置。

⑥“ATO 启动”按钮亮起，且驾驶员已经同时启动驾驶台上的两个“ATO 启动”按钮 1s 以上。

（2）ATP 监督下人工驾驶模式（SM） 它是 ATP 监督保护下的人工驾驶模式，用于 ATO 设备故障或其他需人工驾驶的情况，驾驶员在 ATP 的指示和监督下操纵列车。在此模式下列车进站停在规定位置，列车开门信号被激活，开门按钮亮，但驾驶员必须按压开门按钮，车门才会开启。在轨面有油水列车发生严重空转和有车辆被切除气制动的情况下，必须采用此模式驾驶列车，驾驶员操纵控制手柄离开“O”位，受 ATO 控制的列车就被切换到 SM 驾驶模式。反之，当 ATO 条件已满足时，驾驶员将控制手柄回到“O”位，并按下“ATO 启动”按钮，列车就转换到 ATO 驾驶（不必停车）。

（3）限制人工驾驶模式（RM） 运用于车辆在车辆段内、轨道侧信号系统故障、列车发生紧急制动后和列车退行后要继续前行（收不到速度码）的情况下运行，同时，在 ATP 的保护下列车要退行 2m 以上时，可使用此模式。通过按压驾驶台上的“ATP 限制模式”按钮选择 RM，如列车收到速度码后，它就能自动地转换到 SM 模式。在此模式下列车的最高运行速度为 25km/h，驾驶员必须控制好速度和认真确认进路，严防“两冒一超”和“冲、脱、挤”。

（4）非限制人工驾驶模式（URM） 用于车载 ATP 设备或轨道旁故障，在停车的状态下，通过操作 A 车驾驶室设备柜的“ATP 切除”开关进行选择，驾驶员必须控制好速度和认真确认进路，严防“两冒一超”和“冲、脱、挤”。列车速度为“O”的情况下车门开门信号被激活。

（5）TCC 受控/备用模式（TRB） 它是一种车辆故障的运行模式，通过操作 A 车设备柜的位置开关进行转换，驾驶员对列车的控制类似 SM 模式，包括：

1）受控模式 TCC（绞线式列车总线 WTB 或一个 VTCU 故障）。

2）备用模式 TRB（一个多功能列车总线 MVB 或一个列车诊断板 VTCU 故障），此模式列车只有 50% 的牵引力和制动力。

（6）慢行模式 用于洗车和连挂作业，运行速度为 3km/h，将驾驶台上的“运行模式”选择开关打到“慢行”位，获取此模式。

（7）自动折返（AR） 有两种自动折返模式：

1）站前自动折返。

2）站后无人自动折返。

其中，自动折返模式必须具备的条件：

① 列车在自动折返区域。

② 自动折返的设备正常。

③ 驾驶员已按下“AR”按钮。

④ 驾驶台主控钥匙在锁闭状态。

⑤ 驾驶员操作了“DTRO”钥匙开关。

注意：如果用于自动折返的列车一端驾驶室内有旁路开关按下，则另一端的旁路开关也必须按下才能自动折返正常运行。

3. 电动客车的操作

(1) 列车整备 列车整备在每次列车运行出库前，由驾驶员根据有关规定进行列车功能性检查，列车整备在运用库进行；驾驶员对驾驶室照明、仪表指示灯、刮水器、喇叭、停车制动、常用制动、快速制动、紧急制动及车门系统等进行操作检查。

(2) 列车出库 列车整备作业完毕，符合正线服务条件，到达规定的出库时间，应主动用电台报告给车厂信号值班员整备作业完毕。确认出厂信号开放，按该列车的出车厂时刻要求以 RM 模式驾驶列车出库，列车离开车库门限速 5km/h。列车运行到转换轨时一度停车。

列车运行到转换轨一度停车后，待显示屏收到速度码“ATO”灯亮时，驾驶员确认进路信号开放，列车以 ATO 模式运行到正线车站。

(3) 正线运行 进入正线后的列车，列车以“ATO”模式自动驾驶，驾驶员按规定鸣笛，注意观察列车显示屏信息，各种指示灯和仪表显示，自动开关状态。运行中不间断地瞭望，防止意外事件发生，发现危及行车安全情况应立即采取紧急措施。

列车故障或其他原因需临时停年，驾驶员可用列车紧急广播或人工广播告知乘客，如果列车停在车站又知停车时间较长，驾驶员可开启车门，配合站务员做好解释工作。

ATO 模式下，列车进入车站自动对标停车后，列车显示屏出现相应侧车门释放信息，车门自动打开，关门前观察站台上 DTI 倒计时显示，对照运营时刻表发车时刻，提前约 5s 按“关”门按钮，待车门关好，所有车门黄色指示灯和运行状态黄色灯灭，确认车门全部关好，具备开车条件，按照规定程序启动列车。

(4) 折返作业 列车到达临时折返站及其他站折返时，可以根据实际情况采用不同的折返方式。

(5) 电动客车不停站通过车站 下列情况列车可不停站通过：

1) 列车进行测试作业。

2) 列车因故障或依照列车时刻表需要返回车厂。

3) 载客列车因运作上的原因，如站台过于拥挤，可以特别安排不停站。

4) 行车调度员提前向不停车车站发布通过命令，驾驶员根据前方站递交的调度命令或调度有录音的电台通知执行。

驾驶员以人工驾驶模式操作，并通知车上乘客。

车站员工负责通知车站乘客。

(6) 客车清客的规定 客车因故须清客时，驾驶员应接到有关的调度命令，开启车门与车站工作人员一起执行。

遇客车在区间发生故障不能运行，OCC 启动区间列车清客程序，组织乘客步行到就近车站。清客时应封锁相关区间。

2.6 工程列车的运作

1. 驾驶人员

工程列车可由有资格工程列车驾驶员或持有工程列车驾驶证的员工操作。

2. 标准化作业

工程列车的操作必须进行标准化作业。

(1) 出勤前 出勤前禁止饮酒，充分休息，保证精力充沛。工作需要在公寓待乘时，应按时到达，不准缺席。

（2）出乘时 乘务员必须按时到车厂派班室报道办理值乘手续，抄写有关运行揭示及做好出乘预想。听取运用值班队长传达的指示及行车注意事项，重要内容记录在《驾驶员日志》内。

乘务员领取“驾驶员报单”了解机车情况，领取钥匙、无线电台，与交班驾驶员交接时，了解机车质量、技术状况、燃油存量和工具备品。

（3）整备作业 原则上驾驶员负责检查车体上部，副驾驶员（车长、调车员）负责检查车体下部及工具备品。

（4）机车出入库作业程序 机车或列车整备完毕，驾驶员用电台与信号楼联系，得到信号楼许可后，两人确认信号（或凭证），由驾驶员操纵机车控制好速度出库。

（5）列车运行

1）运行前：在工程车（列车）运行前要认真检查货物的装载状态，不得超限，并且加固良好。发车前进行制动机性能试验。

开车前认真执行“三确认”（即凭证、信号、道岔），车长确认完全具备发车条件，方可向驾驶员显示发车信号。列车开车前必须符合以下规定：

① 车门关好，列车标志已装好。

② 装卸作业完成，线路清理完毕，防护信号、防溜措施已撤除。

③ 有关的行车凭证已交付，进路准备妥当，信号已开放，车长方可向驾驶员显示动车信号。

④ 驾驶员开车前应调试好无线电台确保通信良好。

2）运行中：

① 运行时按规定鸣笛。严格按信号显示要求动车，运行中，应注意货物装载情况，发现问题立即停车处理。列车在工程区间摘下车辆后，注意防溜。

② 运行中严禁超速，停车待令时不得停止发动机运转，正确使用制动机。

③ 推进运行时，车长在前方引导，应注视前方线路，准确判断速度，发现危及行车安全的情况，必须果断地显示停车信号，驾驶员按车长的信号显示要求操纵列车。

（6）列车运行安全注意事项

1）严格执行登乘机车的规定，不得飞乘飞降列车，穿戴规定的工作服装、防护背心，戴好安全帽。列车待令时，驾驶员不得离岗。列车开车时，任何人不得骑坐车帮，骑坐货物上，探身过限，站立于两车间连接处。

2）推进运行前，驾驶员要正向操纵机车，按规定换端驾驶。

3）下列情况之一时，必须进行制动机试验：

① 机车换端操纵。

② 列车停留超过20min。

③ 更换乘务组。

④ 始发列车发车前。

⑤ 摘挂机车、车辆后。

⑥ 车辆进行装卸作业后开车前。

4）驾驶员在值乘中应集中精力，谨慎驾驶，不间断地细心瞭望，并确认各种行车信号，严格按规定速度运行，不超速，不臆测运行。

5）车长负责列车运行安全，包括安装列车尾部标志，区间摘解车辆后的防溜、防护信号设置；车辆限界检查，运行中手信号显示。

6）机车操纵时应注意：

① 制动机的使用与操作，应按操作规程使用与操作，保证安全。

② 列车正常停车后应采取保压停车，防止列车溜动。

③ 制动机的操纵方法。

7）运行中应尽量减少不必要的制动，制动时尽量减少制动次数和一次性“大减压”，以避免和减少列车冲动。尽可能不使用紧急制动。

8）驾驶员使用制动机时应考虑以下几个因素：列车速度的高低、列车制动力的大小、制动距离的长短、线路纵段面的情况、天气、车辆编组、牵引吨位和机车制动缸鞲鞴行程的长短等。要求第一次制动时，摸清制动力情况，确定以后制动机的操作，保证安全。

（7）制动机的操纵方法 牵引列车自阀施行制动时，初次减压量不得低于最小减压量（50kPa）。制动追加减压不超过两次，追加减压时间间隔为3s。列车制动时单缓机车压力每次不大于30kPa。制动停车时，严禁使用“偷风”。机车换端时，必须做好防溜，轨道车在开车前缓解列车充风时，必须拉紧移动手制动机。

（8）机车的驾驶 开车前换向手柄、主手柄都置于“O”位，开车时先缓解列车制动，换向手柄置前（或后）位，主手柄由“O”位提至“1”位，列车起动后再逐级提升主手柄，根据实际情况，柴油机保持合适的转速，主手柄置于“保”位。提升主手柄时应逐级提升，不得过快过猛。回主手柄时也不得过猛，运行中发生紧急情况，应先实行紧急制动，后回手柄。各车的具体操作规程参考机车使用说明。

（9）退勤 作业完毕后，当班值乘人员到车厂派班室退勤，交“驾驶员报单”，对口交接机车钥匙、电台。值乘驾驶员向车厂调度员汇报值乘情况和发生的问题，总结本班工作情况。

2.7 特殊运作规定

1. 站间电话行车法

车厂微机联锁或联锁站信号系统故障时，车厂与车站间或相邻车站间通过电话联系确认区间空闲，驾驶员凭路票行车的一种行车方法。

当信号系统联锁设备故障时，OCC将无法通过信号系统监控列车的运行，OCC需启动站间电话行车法，以车站为主，实施列车运行人工监控，正线列车只能维持有限度的服务。

2. 反向行车法

在上行线开行下行方向列车或在下行线开行上行方向列车时，为反方向运行，但列车从区间返回发车站为退行。城市轨道交通信号系统设有反向运行功能的信号系统，可以排列反方向的列车运行进路，列车可以反方向运行。

3. 客车在区间或车站内被迫停车的处理

客车在区间被迫停车，驾驶员应立即报告给行车调度员并及时查明列车停车原因，排除故障后即可按原规定开车，并将原因报告给行车调度。回车厂后填写事故报告、说明停车的原因并报告给车厂调度员。若列车在限定时间内仍然无法解决故障，应根据行车调度员的指示实施清客、救援等措施。

【实践操作】

1. 操作练习

在课余时间，结合所在城市轨道交通公司参观学习，了解城市轨道交通运营管理架构。

2. 书面练习

1）简述运行时刻表与列车运行图。

2）简述行车组织指挥体系。

3）简述 OCC（控制中心）运作。

【评价跟进】

1. 教师的评价

由教师在完成本章的教学任务后填写，在相应表格中画“√”

评价项目		教师的评价			
序号	题　目	好	较好	一般	较差
1	对本章教学过程的控制				
2	在本章教学过程中，学员的参与情况				
3	学员对本章知识学习后的效果反馈				
教师对本章教学的总结评价意见及跟进措施					

2. 学员的评价

由学员在完成本章的教学任务后填写，在相应表格中画“√”

评价项目		学员的评价			
序号	题　目	好	较好	一般	较差
1	在本章教学执行过程中教师的表现				
2	本章教学内容与社会实际需求的联系情况				
3	自己在本章学习过程中的表现				
学员对本章教学的总结评价意见及跟进措施					

3. 知识跟进

（1）从互联网上了解城市轨道交通运营的组织现状如何。

（2）从互联网上了解城市轨道交通 OCC 的主要设备。

第3章

车站站务员基本要求与工作制度

【问题导入】

客运服务人员在工作中，必须贯彻“全面服务、重点照顾、主动热情、诚恳周到”的服务工作原则。必须以确保乘客安全及列车正点为目的，做到及时、快速地疏导乘客，并提供优美舒适的乘车环境和便利周到的各种服务。为了提高服务质量，客运人员必须认真学习客运服务有关规章制度与标准，掌握服务技能。

【学习目标】

1. 能掌握运营的目标及其组织架构。
2. 能说出城市轨道交通客运组织的内容。

【教学建议】

1. 教学场地：在普通教室、能连接互联网的多媒体教室及城市轨道交通系统的各种模型实训室中进行，课后可实地参观。

2. 设备要求：各种城市轨道交通车站仿真模型1套，或能播放视频投影的设备及相关课件、视频。

3. 课时要求：共6课时，其中课堂讲授6课时。

【理论知识】

3.1 车站站务员各岗位职责及工作标准

1. 车站管理模式及组织架构

车站是城市轨道交通系统的重要组成部分，是企业与服务对象联系的主要环节。车站管理的核心任务是安全、迅速和方便地组织客流集散，并做好行车组织工作。随着城市轨道交通车站设备设施的不断发展变化，我国各大城市轨道交通车站的设备设施及岗位设置也不尽相同，各客运岗位的工作职责及作业程序也存在很大差异。一般来说，车站常驻人员有：站务运营人员、保安人员、保洁人员、设备维修人员和城市轨道交通公安人员等。

城市轨道交通车站以安全、高效和快捷地运送乘客为宗旨，车站应该根据行车计划、施工计划以及客运组织计划等生产任务的要求建章立制，合理设置岗位及组织排班，并有序安排各岗位车站员工履行职责，协调运作。城市轨道交通车站通常设置中心站站长、值班站长、值班员（行车、客运）和站务员等岗位。车站管理模式采用值班站长负责制，负责当班期间车站的行车安全、客运服务、票务、环境清洁、事件处理和人员管理等工作。在值班站长的指挥下，各岗位车站员工按照岗位职责和工作流程开展工作。

除车站的工作人员外，城市轨道交通车站通常还有维修、商铺和公安等外单位（部门）驻站人员。车站日常运作以车站运输组织为核心。维修人员、商铺人员和公安人员等以服务于车站运输组织为前提开展工作。车站一般成立站内综合治理小组，由各个驻站单位（或与车站运作相关单位）参加，综合治理小组的组织由站长负责。综合治理小组的主要任务是协调、解决车站的综合治理工作。综合治理小组成员相互通报相关信息，尤其在重大节假日或大型活动前，车站应将有关运营服务信息及站内客运应急方案通报各单位。发生特殊情况时，由值班站长负责指挥处理，可以调动站内的维修人员、商铺人员和公安人员协助处理。

（1）城市轨道交通车站管理模式介绍 城市轨道交通一般采用车站采取中心站长、值班站长二级负责制（见图3-1），除了由中心站长对所属车站（一般负责2～3个车站）各项工作全面负责外，每站还设一名值班站长跟班管理，负责当班期间车站的行车、客运、票务和卫生等所有车站工作。

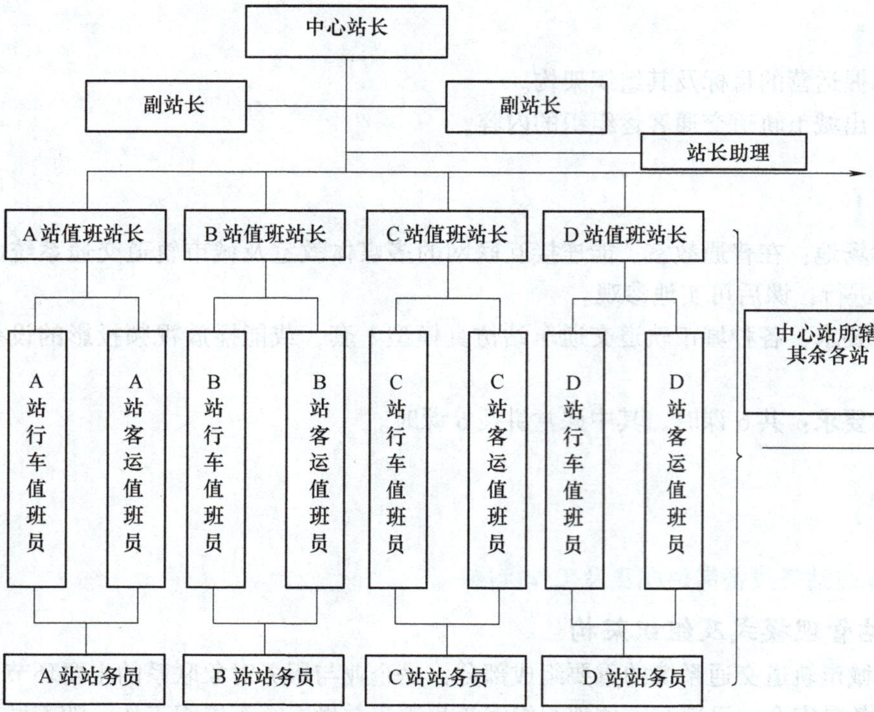

图3-1 车站指挥体系图

（2）车站管理权限

1）对车站的保洁、商铺人员和施工人员等站内车站员工进行管理。

2）对进入车站的乘客按《本市城市轨道交通管理条例》和《城市轨道交通运营管理办法》进行管理。

3）车站管理地域范围：车站内部、出入口外5m范围内。

4）中心站长、副站长和值班站长在紧急情况下，可调动车站保洁、驻站维修人员及在车站范围内的车站员工参与车站紧急情况下的应急处理。

（3）车站客运服务工作

城市轨道交通作为城市公共交通系统中一种速度快、运量大和行车间隔小的电动有轨客运系统，是城市公共交通系统的一个重要组织部分，对缓解城市地面交通压力，减轻城市地面交通拥挤起着十分重要的作用。“快速、准确、安全、舒适、便利”是城市轨道交通运营的宗旨，所以要求城市轨道交通车站能安全、快速和方便地组织乘客乘降，为乘客乘坐城市轨道交通提供良好的服务。

城市轨道交通客运服务是指为乘客乘坐城市轨道交通提供的服务。城市轨道交通车站站务员是直接从事城市轨道交通客运服务的工作人员。在城市轨道交通客运服务中，城市轨道交通车站站务员必须按以下基本服务程序来工作：进站服务→售票→检（验）票→疏导→组织乘降→监护列车→出站服务。

每个岗位都按照以下基本程序作业：准备作业→基本作业→整理作业。

2. 客运组织内容

城市轨道交通主要是通过合理的客运组织来完成其大容量的客运任务。

（1）城市轨道交通车站客运组织的概念

客运组织是通过合理布置客运有关设备、设施以及对客流采取有效地分流或引导措施来组织客流运送的过程，如图3-2所示。

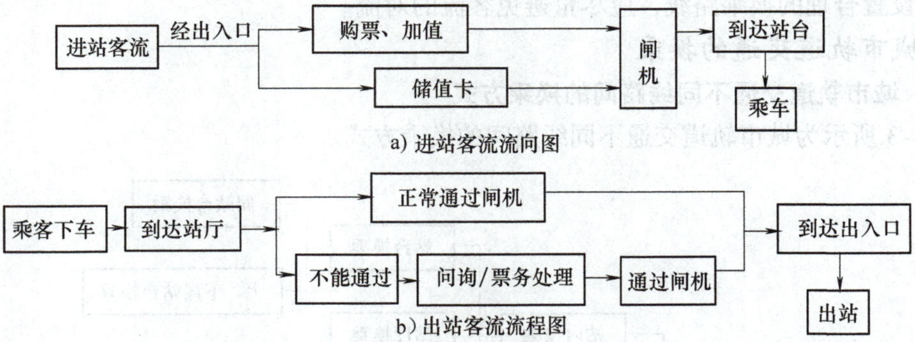

图3-2　站内客流流程图

（2）城市轨道交通车站客运组织的原则　客运组织工作坚持集中领导、统一指挥的原则。控制中心OCC负责全线的客运组织工作，车站的客运组织由站长/值班站长负责。

在大客流的情况下，车站应合理安排人员，对乘客做好疏导、宣传工作，并会同城市轨道交通公安对人潮进行控制，坚持“由内至外，由下至上”的原则，在车站出入口、闸机、站厅与站台的楼梯、自动扶梯处进行重点控制。

大客流是指车站在某一时段集中到达的客流量超过车站正常客运设施或客运组织措施所能承担的流量时的客流。

大客流出现的时间具有规律性：

1）通勤。

2）节假日。

3）大客流经常出现的地点。

车站客运组织应考虑下面几个具体原则：

1）合理安排售检票位置、出入口和楼梯，行人流动路线简单明确，尽量减少客流交叉对流。

2）乘客能够顺利换乘其他交通工具。

3）完善诱导系统，快速分流，减少客流集聚和过分拥挤现象。

4）满足换乘客流的方便性、安全性和舒适性等一些基本要求。

（3）车站客运组织的主要内容包括：

1）车站售检票位置的设置。

2）车站导向的设置。

3）车站自动扶梯的设置。

4）车站广播的导向。

3. 城市轨道交通车站设置与客流组织的关系

车站是城市轨道交通客流的集散地，一般由出入口、通道、站厅层、站台层、设备用房、管理用房和生活用房等几部分构成。

1）售检票位置与出入口、楼梯应保持一定的距离。

2）保持售检票位置前通道的宽敞。

3）售检票位置应根据出入口数量相对集中布置。

4）设置合理的换乘路线，应尽量避免客流的对流。

4. 城市轨道交通的换乘

（1）城市轨道交通不同线路间的换乘方式

图3-3所示为城市轨道交通不同线路间的换乘方式。

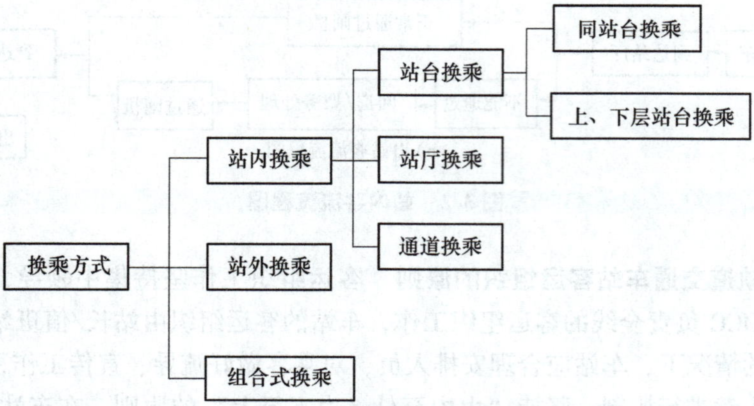

图3-3 城市轨道交通不同线路间的换乘方式

1）站厅换乘，站台→站厅→站台。

2）通道换乘。

3）站外换乘。

4）组合式换乘。

（2）城市轨道交通与其他交通方式间的换乘与衔接

在城市轨道交通规划中，不能强调单一轨道交通系统的建设，而忽略轨道交通系统与其他系统的衔接；或重视单一轨道交通线路建设和工程设计层面上的研究，忽视轨道交通系统内各条线路之间的整合。

衔接的基本原则：

1）与公交线网的衔接与换乘。

2）与市郊铁路线的衔接与换乘。

3）与地面铁路车站的衔接与换乘。

4）与私人交通的衔接与换乘。

5. 城市轨道交通服务的特点

（1）服务对象的广泛性 包括各地、各阶层和各种职业的固定居民和流动人口。

（2）服务方式的多样性 根本原因在于服务对象的广泛性。

（3）服务时间的规律性 每日客流规律和节假日客流规律等。

（4）多方面的乘客需求 购票方便、候车舒适、安全、便捷和车站服务良好等。

（5）多层次的乘客需求 交通工具便利，出行安全、出行服务、环境舒适和受人尊重。

（6）不断变化的乘客需求 主要随经济水平、国家政策和职业变迁等的变化而变化。

轨道交通服务发生在乘客与轨道交通设施、设备和各个岗位工作人员相互作用的过程中，目的是为了在这个过程中，尽可能满足乘客的需求。

服务是城市轨道交通管理的重要组成部分。服务能展示企业形象，是保证企业社会效益与经济效益的重要环节，是城市交通企业管理水平的综合体现。

6. 城市轨道交通服务质量管理

服务综合质量指标分为四个部分：运营调度质量、安全行车质量、车辆维修保障质量和规范服务质量。

城市公共交通服务质量主要通过安全性、准时性、方便性、迅捷性、舒适性和经济性 6 个方面内容来体现。

规范服务质量共分为三种：车厢服务合格率、站台服务合格率和车辆清洁合格率。

服务专业质量指标：

1）职工培训率。

2）规范知晓率。

3）规范执行率。

4）乘客满意率。

城市轨道交通客运服务质量指标体系，如图 3-4 所示。

7. 客运服务艺术

（1）掌握乘客的心理

1）让乘客及时乘上车，是乘客最基本的要求。

2）关心安全、方便乘行，满足乘客的普遍性需要。

3）体贴照顾、热情周到，满足乘客的特殊需要。

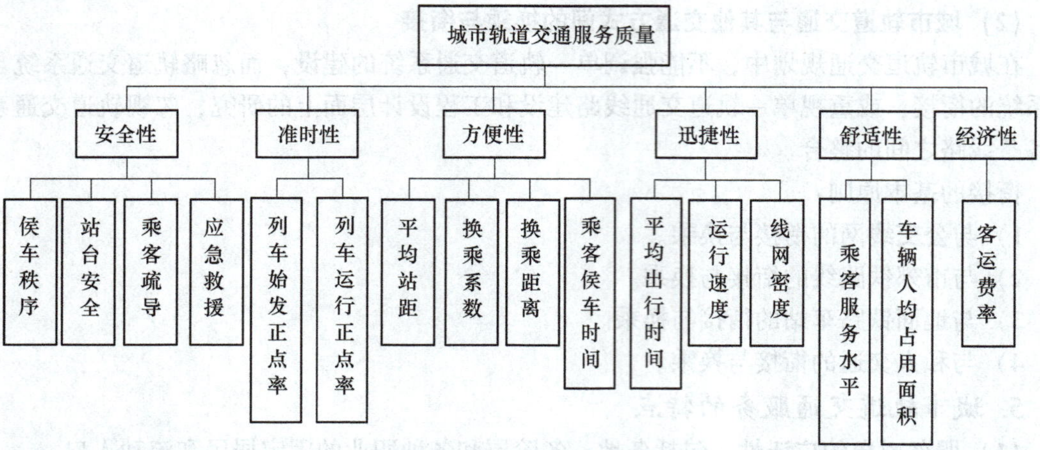

图 3-4　城市轨道交通服务质量评价层次图

(2) 讲究语言技巧

1）言语亲切。
2）商量口气。
3）言辞委婉。
4）恰到好处。
5）留有余地。
6）语言幽默。
7）注意自责。
8）顾全大局。

(3) 坚持“以理服人，得理让人”的服务原则

1）以诚心感动乘客。
2）以热心帮助乘客。
3）以爱心温暖乘客。

8. 乘客乘车服务“八步曲”指引

从城市轨道交通服务全过程进行分析，乘客乘坐城市轨道交通由进站—购票—进闸—候车—乘车—下车—出闸—出站八步骤组成，只有在每一个环节完善相关的软、硬件设施，提高每一个环节的服务质量，才能为乘客提供优质的服务，让乘客满意。具体相关标准见表 3-1。

表 3-1　乘客乘车服务项目相关标准表

顺　序	处理问题项目	服 务 标 准
1. 进站	(1) 乘客进站	1）确认本站各出入口、通道导向标志指引清晰、正确，如有损坏及时上报 2）确认出入口公告栏、通道、站厅的小画框、站内导向标志的内容清晰和齐备，各种设施状态良好 3）确保出入口、通道、站厅卫生清洁，无积水，若发现地面不清洁或有积水，立即通知保洁处理，并在有积水处放置“小心地滑”的告示牌 4）有乘客询问或需要帮助时，工作人员应热情主动地上前询问：“您好，请问有什么可以帮您？” 5）确保各出入口卷帘门在运营时间内正常开启

（续）

顺　　序	处理问题项目	服务标准
1. 进站	（2）乘客携带大件行李进站	1）将物品度量器摆放在进、出闸机明显的地方，有利于工作人员进行测量和乘客进行识别 2）当乘客携带超长、超重的行李时，向乘客解释：“对不起，您不能携带超长（超重）的物品进站，请您改乘其他交通工具。”
	（3）乘客携带气球（宠物）进站	工作人员及时制止，并向乘客解释：“对不起，为了您的安全（保持车站的环境），请不要携带气球（宠物）进站乘车，多谢合作！”
	（4）乘客携带易燃、易爆、有毒等危险、管制物品进站	1）工作人员应及时劝止，并向乘客表明：“对不起，为了您和他人的安全，严禁携带危险、管制物品进站乘车，请随我到城市轨道交通公安值班室进行处理。” 2）带领乘客到城市轨道交通公安值班室
2. 购票	（1）当乘客询问如何购票时	1）厅巡应该多巡视，发现乘客兑零后仍不知如何买票时，厅巡要主动指引乘客到自动售票机上购买单程票 2）当乘客询问如何购票时，车站工作人员耐心回答：“如果您需要买单程票，请到自动售票机处购买，如果您需要买储值票，可直接在售票问讯处购买。” 3）对重点乘客应给予积极主动的服务
	（2）当乘客使用的设备不正常时	1）当乘客使用的TVM等设备不正常时，厅巡应该立即挂“暂停服务”牌，并请乘客使用另一部机器 2）同时报车站控制室设备故障，及时通知相关人员维修
	（3）乘客购买储值票	1）售票员严格执行“一收、二唱、三操作、四找”的程序，并且提醒乘客：“请核对您的车票。”确认无误后，说：“找您××元和车票。” 2）乘客充值时，售票员操作完毕后应说：“请核对一下显示器所显示的数额是否与您刚才的充值额相符。”
	（4）如何处理乘客在售票问讯处前排长队	1）根据排队情况和持续时间，值班站长安排实施双人售票，或者加设临时售票处 2）厅巡加强引导，尽可能使两端售票问讯处乘客数均衡
	（5）如何面对兑换大量硬币的乘客或商铺人员	售票员耐心向乘客解释：“对不起，由于您的兑换金额太大，请到银行兑换硬币，否则会影响对其他乘客的服务。多谢合作！”
	（6）如何面对不排队的乘客	售票员应该礼貌地向乘客指出应该排队等候购票，不给予其超前办理厅巡应该做好相应的引导工作，维持好排队秩序
	（7）如何处理乘客付给的假币	1）售票员发现乘客使用假钞，应礼貌地要求乘客：“请您另外换一张人民币。” 2）如乘客不愿配合，可报告给值班站长出面处理 3）若遇到面值较大或数量较多的假币，应立即报告给值班站长并请求公安出面处理

（续）

顺　序	处理问题项目	服务标准
3. 进闸	（1）乘客进闸	对第一次使用车票进闸的乘客，特别是老年乘客，工作人员要给予协助
	（2）处理超高小孩逃票、成人逃票或违规使用车票的乘客	1）在进闸机、售票问讯处设立明显的规定高度标尺；加强对进闸机的巡视 2）发现无票的超高小孩或故意逃票的成年人，应马上上前制止，并要求重新到售票问讯处买票："对不起，您超过了规定高度（或您好，成年人应该买票），请您购票，请配合我们的工作。" 3）若发现违规使用车票的乘客（特别是成人使用学生票的行为），可按规定处以罚款，必要时找公安配合
	（3）乘客进闸时正在饮食	厅巡应该马上制止，并向乘客解释："请勿在车站内饮食，谢谢合作！"
	（4）残疾人（或行动不便乘客）下楼	车站厅巡、保安及时安排并帮助残疾（或行动不便）乘客乘坐垂直电梯
4. 候车	（1）乘客吸烟	发现有乘客吸烟，应立即制止，有礼貌地解释："对不起，城市轨道交通车站禁止吸烟，谢谢合作！"
	（2）如何处理小孩在站内追跑的情况	站内员工应特别提醒家长带好自己的小孩，及时上前制止正在追逐打闹的小朋友，并向家长做出解释："为了您家人的安全，请不要在站内追逐、打闹、奔跑。"
	（3）列车晚点，延误乘客时间	1）值班站长在列车晚点时，应立即采取措施，通知各岗位按照工作程序，做好对乘客的解释工作 2）按列车故障、晚点规定，在SC上设置列车故障模式 3）用标准广播，向乘客播放相关票务政策
5. 上车	乘客上车	站台岗员工通过人工广播或站台广播向乘客宣传："上车时，请小心站台与列车之间的空隙，请文明乘车勿抢上抢下，谢谢合作！"
6. 下车	（1）乘客下车	1）站台岗员工通过人工广播或站台广播向乘客宣传："请小心站台与列车之间的空隙。" 2）对下车的老人和小孩，用广播指引："请老人、小孩走楼梯或由家人陪同乘坐扶梯。"
	（2）乘客下车后逗留在站台	注意下车乘客的动态，若发现有逗留在站台不出站的乘客，应主动上前询问情况，礼貌地告诉乘客不要在车站逗留，应该尽快出站
7. 出闸	（1）有秩序地组织乘客出站	加强对出站闸机的巡视，并通过人工广播的形式向乘客进行"关于单程票回收和一张票只能供一人通过闸机"的宣传
	（2）如何处理超高小孩逃票、成人逃票或违规使用车票的乘客	1）发现无票的超高小孩或故意逃票的成年人，应马上上前制止，解释："对不起，您超过了规定高度（或您好，成年人应该买票），请您补票，请您配合我们的工作。" 2）乘客态度不好且不愿补票，应耐心地向他们解释城市轨道交通的票务政策；若乘客故意为难工作人员，可找公安配合 3）发现违规使用车票的乘客（特别是成人使用学生票的行为），可按相关政策对其进行处理，必要时找公安配合
	（3）携带大件物品的乘客	对携带大件物品且不便出闸的乘客，厅巡为乘客开边门，对已买行李票的乘客，厅巡应向乘客收回车票

（续）

顺　　序	处理问题项目	服 务 标 准
7. 出闸	（4）乘客手持的车票出不了站	1）厅巡发现出不了站的乘客后，及时赶到现场，请乘客到售票问讯处的补票窗口办理 2）将车票分析后，通过显示器告诉乘客，需要补票或者车票过期等信息
8. 出站	（1）乘客出站	1）确认站厅的出入口导向牌等标志信息正确、完整，如损坏及时报 2）若乘客不确定自己出站的方向，车站员工应给予主动、热情的指引
	（2）如何处理乘客在城市轨道交通站逗留	厅巡发现有乘客在城市轨道交通站逗留时间较长不出站，或坐在站厅的地上时，应及时问清乘客逗留的原因，礼貌地请乘客尽快出站，维护车站正常的运营秩序
	（3）如何面对有投诉倾向的乘客	采用“易人、易地、易性”的方式，耐心地做好乘客解释工作。寻求最佳的处理时机，避免有责投诉事件的发生

9. 站务员各岗位职责

（1）售票岗位责任

1）负责当班票务处的售票工作。

2）处理与乘客相关的票务事务。

3）对填写的票务报表和当日票款收益负责。

4）对本班票务处内的卫生工作及安全工作负责。负责本班票务处内的设备、备品的管理，票务处门窗随时处于锁闭状态。

5）完成上级布置的其他票务工作。

（2）巡视岗站厅工作职责

1）帮助乘客，回答乘客的询问，特别注意帮助老弱、病、伤残和有困难的乘客，解决乘客的问题。

2）留意乘客携带的物品，严禁乘客携带“三品”进站。

3）发现乘客携带超大、超长和超重的物品时，禁止其进站乘车，并对乘客耐心解释。

4）留意是否有精神异常、酗酒的乘客，禁止其进站乘车，及时汇报车控室，必要时请求警务人员或其他同事协助并注意自我保护。

5）在出入口、站厅范围发生的治安、安全事件，要及时赶到，保护现场，寻找两名及以上目击证人；发现有故意损坏或偷窃站厅设备设施行为时及时制止，留下肇事人，及时报车控室。

6）留意站厅乘客购票的情况，发现排长队或大客流时及时报车控室，协助值班站长、值班员做好客流组织工作。

7）对发生在站厅的客伤事件要及时报车控室，协助进行处理并寻找两名及以上目击证人。

8）处理乘客事务，指引乘客到票务处进行车票的处理。

9）巡视 AFC 设备的状态，发现异常及时报车控室，负责出闸机票筒的更换工作，协助进行更换钱箱、清点钱款的工作。

10）巡视站厅各种设备设施、告示和贴纸等的状态，发现异常及时报车控室。

11）负责站厅边门的管理，按规定给乘客开边门。

12）制止并处理乘客违反《本市城市轨道交通管理条例》的行为。

（3）巡视岗站台工作职责

1）巡视岗下站台巡视前需先向车控室汇报。巡视内容包括：消防设备设施的状态，确认消火栓、灭火器箱上的封条是否完好，对于破封的要检查里面的设备是否齐全；检查屏蔽门/安全门（高架站台为安全门）的状态，包括屏蔽门上的顶箱前盖板是否锁闭，屏蔽门和端墙门是否正常关闭等；上、下行尾端的缝隙灯状态是否良好；扶梯运行是否正常，包括扶梯有无异响，梯级上有无异物（有异物时及时清理）等；站台其他设备设施的状态，如扶梯处栏杆、线路导向牌和站台候车椅等的状态是否良好（是否松动）；检查站台监控亭（备品间）内的所有设备设施的状态是否良好，有无缺少（该项接班后第一次巡视站台时完成即可）。

2）巡视站台时需留意站台乘客的候车动态，及时提醒特殊乘客注意安全（如对不便乘坐扶梯的乘客提醒其走楼梯），提醒乘客不要倚靠屏蔽门。

3）巡视时发现携带违反《城市轨道交通管理条例》物品的乘客要及时劝其改乘其他交通工具并及时报车控室。

4）在巡视过程中如遇列车进站，必须按站台岗接发列车的标准和要求进行接发列车，监视列车运行状态、监控乘客上下车的状态，处理在接发列车过程中发生的突发事件（如屏蔽门/安全门未关好、车门/屏蔽门/安全门夹人夹物等）。

5）按照规定巡视，对站台乘客候车秩序、站台卫生和安全负责，确保屏蔽门/安全门及以内区域的安全。

6）处理各种紧急情况（具体按有关预案处理）。

7）制止并处理乘客违反《本市城市轨道交通管理条例》的行为。

（4）站台岗位职责

1）按照规定巡视、立岗，对站台乘客候车秩序、站台卫生和安全负责，确保屏蔽门及以内区域的安全。

2）监视列车运行状态、候车乘客动态，发现异常情况及时处理。

3）负责列车折返时的清客工作。

4）制止并处理乘客违反《本市城市轨道交通管理条例》的行为。

10. 站务员各岗位工作流程

（1）站台岗岗位程序

1）负责上下行站台列车接发、列车折返时的清客工作、乘客乘车安全监督工作，解答乘客问题。

2）早班站台岗到车控室签到并学习相关文件内容后，领取相关钥匙及备品到站台上岗。

3）检查站台监控亭内物品并在交接本上登记。

4）负责上下行站台列车接发、乘客乘车安全监督工作，解答乘客问题。注意事项：

① 在站台时，必须严格执行有关规定。

② 发现危及行车安全事件及时采取措施。

③ 处理乘客问题时要严格按照本公司《乘客服务工作标准》及本公司有关规定处理。

5）与顶岗车站员工交接后到会议室休息并学习文件。

6）休息后回岗位继续负责上下行站台列车接发、列车折返时的清客工作和乘客乘车安全监督工作，解答乘客问题。

7）与顶岗人员交接后吃饭。

8）饭后回岗位负责上下行站台列车接发、列车折返时的清客工作和乘客乘车安全监督工作，解答乘客问题。

9）中班站台岗回站后签到并参加接班会。

10）早中班站台岗交接，中班车站员工检查钥匙、备品及线路情况并报告给车控室，早班车站员工下班。

11）负责上下行站台列车接发、列车折返时的清客工作和乘客乘车安全监督工作，解答乘客问题。

12）与顶岗车站员工交接后吃饭。

13）饭后回岗位负责上下行站台列车接发、乘客乘车安全监督工作，解答乘客问题。

① 中班员工吃完饭后与顶岗车站员工交接后休息。

② 休息后回岗位继续负责上下行站台列车接发、列车折返时的清客工作和乘客乘车安全监督工作，解答乘客问题。

③ 尾班车过后，到车控室交还相关钥匙及备品，签字后下班。

（2）车站售票员工作程序

1）按车站规定的时间到达岗位，到车控室了解当天工作注意事项和有关重要通知内容后到点钞室领票，做好上岗前的准备。

2）与夜班售票员进行交接。

3）开窗售票：

① 保持票亭的整洁，票证、报表和钱袋摆放整齐。

② 当报表、硬币、车票和发票数量不够时，提前向客值（客运车站值班员）或车控室报告，做好工作预想。

③ 进出票亭要锁好门，不能随意让非当班人员进入。如非当班车站员工或其他人员进入票亭必须得到当班值班站长以上人员同意，由值班员以上人员陪同并填写《票亭进出登记本》方可进出。

④ 售票员兼任厅巡岗的必须执行厅巡岗岗位职责。

⑤ 在售票过程中发现或回收乘客的单程票必须及时投放到车票回收箱。

⑥ 严格按售票作业程序工作，出售储值票以及进行本地通充值卡业务前后要让乘客确认显示屏。程序见表 3-2。

表 3-2　售票作业程序

步　骤	程　序	内　容
1	收	收取乘客购票的票款
2	唱	讲出票款金额，重复乘客要求的购票张数和车票类型，如未听清乘客的要求，应主动礼貌地询问
3	操作	正确、迅速的操作： ① 检验钞票真伪，如果钞票为伪钞，则要求乘客另换张钞票 ② 在 BOM 上选择相的功能键，处理钞票
4	找	清楚说出找赎金额和车票张数，将车票和找赎的零钱一起礼貌地交给乘客

⑦ 顶岗吃饭时必须按规定进行交接；及时登录、退出票务处理机 BOM；锁闭加封好票盒才可离开票亭。

⑧ 售票结束与接班售票员进行票务备品、票务钥匙、对讲设备和卫生的交接，交接完毕，将本班的报表、车票和所有现金收拾好拿回点钞室。

⑨ 使用手推车双人护送回点钞室。

⑩ 按结账程序进行结账后，到车控室听从值班站长安排，协助其他工作或学习文件。

⑪ 如车站没有其他工作安排，参加车站的交接班会议后到车控室《当班人员登记本》上签走。

（3）中班售票岗工作程序

1）准时到车控室签到，了解当天工作注意事项和通知后，到点钞室领票。

2）上岗后的工作注意事项与早班的一致。

3）中班售票员对尾班车的服务工作。

① 在最后一趟载客列车到站前 5min 停止对该方向乘客的兑零售票工作，摆放相关的列车服务告示牌，提醒车控室及时播放尾班车广播及该方向线路停止服务的广播。

② 主动做好乘客服务工作，发现有乘客购买已停止服务方向的车票或进闸乘车要及时劝止。

③ 对于准备进站乘车的乘客要做好相关解释工作。

④ 列车服务结束，确认全部乘客已出站后退出半自动售票机票务处理机 BOM，摆好“暂停服务”牌，并搞好票亭卫生，整理好票亭内务。将所有的车票、现金整理好拿回点钞室。

⑤ 按结账程序进行结账。

⑥ 结账完毕到值班站长处报到。

⑦ 开站前 5min 向值班站长领取票务处钥匙再到点钞室点钞以后，然后去票亭，做好开窗准备。

⑧ 检查对讲设备能否正常使用。

⑨ 检查票务设备，备品的状态、数量（如验钞机、分钞盒和发票等），核对与《票务处备品检查本》内的备品数量是否一致并签名确认。

⑩ 检查票亭卫生、票亭外栏杆和立柱的摆设。

⑪ 检查票亭内有无来历不明的现金、车票。

⑫ 如有问题马上报给值班站长或值班员。

（4）售票员交班程序

1）售票员交班：

① 退出半自动售票机 BOM，报告给车控室。

② 将抽屉里的钱和车票整理后放入票盒。

③ 将硬币清理好装回硬币袋。

④ 将本班验钞机关掉并拿走。

⑤ 拿走本班的钱袋。

⑥ 填写《票务处备品交接班本》。

⑦ 回自动售检票系统 AFC 点钞室结账。

2）售票员接班：

① 登记进入半自动售票机 BOM。

② 摆放好车票。

③ 叠放好一盘硬币，将备用金放入抽屉。

④ 将本班验钞机投入使用。

（5）巡视岗工作程序

1）上岗前到车控室签到，了解当天工作注意事项和学习有关通知内容。

2）领取相关钥匙及备品，扶梯钥匙、边门钥匙、屏蔽门钥匙及站台监控亭（备品间）钥匙，站台/站厅应急卡、对讲机，在《钥匙借用登记本》上登记。领取对讲机，在《车站备品领（借）用登记本》上登记。

3）带齐工作备品准时到岗。

4）工作中的注意事项：

① 早班巡视岗上岗后，立即对站厅、站台巡视一遍，之后每一小时巡视一次，按巡视制度对车站的各项设施进行巡视并向车控室汇报。

② 引导乘客正确操作自动售检票系统 AFC 设备，注意自动售检票系统 AFC 设备故障情况，发现问题及时报车控室通知自动售检票系统 AFC 维修人员到站维修并在故障设备上放置“暂停服务”警示牌。

③ 认真解答乘客的问询，给予乘客正确的指引，如遇自己不懂的问题可向其他同事请教然后为乘客解答。

④ 执行“防止单程票流失控制措施”在每趟列车到站后对出闸机进行检查，对站厅其他地方也要定时检查，如进闸机、自动售票机 TVM 等，发现有单程票遗留要及时投放到意见箱或单程票回收箱。

⑤ 对乘客违反乘车规定的行为进行制止。

⑥ 检查乘客使用特种车票情况，抽查使用特种车票的乘客是否符合规定，发现不按规定使用者按章处理。

⑦ 注意站厅所有人员的动态，防止影响车站正常运营的事情发生。

⑧ 离开岗位必须得到车控室同意方可离开。

⑨ 发生客伤、车门/屏蔽门夹人或夹物等情况时，要及时赶到现场处理，注意寻找目击证人及维持站台秩序。

⑩ 当票亭工作压力较大出现乘客排长队时要协助票亭缓解排队客流，做好对乘客的及时引导并报告给车控室。

⑪ 听从车控室安排协助车站突发的各项工作。

⑫ 按规定与售票员进行交接顶岗吃饭。

⑬ 按照车站要求协助对设备区房间卫生进行清洁工作。

⑭ 协助客运值班员更换 TVM 钱箱、闸机票筒等。

⑮ 到车控室听从值班站长安排，协助其他工作或学习文件。

（6）车站开关站时各站务员要做到的程序

车站开关站时各站务员要做到的程序见表3-3、表3-4。

表 3-3 开站时各站务员要做到的程序

序号	责任人	内容
1	站台岗	首班载客列车到站前 20min 到站，首班载客列车到站前 10min 领齐备品到岗
2	票亭岗	首班载客列车到站前 30min 领票，首班载客列车到站前 12min 到岗

表 3-4 关站时站务员要做到的程序

序号	责任人	内容
1	售票员	收拾票、钱，整理票务处备品，注销半自动售票机 BOM，回自动售检票系统 AFC 点钞室结账
2	站台员	最后一趟载客列车开出前进行检查，确认站台乘客均已上车，无异常情况

11. 车站排班、考勤制度

（1）排班原则

1）根据工作的实际需要以及定岗要求，要求各车站紧凑、合理和科学地排班，确保能以精简的人员满足运营的需要。

2）排班要满足定员要求，每月工时不能少于本公司规定。班与班的时间间隔至少要有 12h。每月要确保车站员工的休息时间符合国家规定。

（2）车站考勤规定

1）车站员工上班工时。

① 客运值班员和售票员计算 30min 的交接班时间，其余岗位都不计交接班时间。

② 客运值班员晚上时可以在车站的站务休息室或更衣室休息，但休息时间不算工时。

③ 每次交接班会时间不超过 20min。

2）车站员工的集中培训、考试。

① 外出培训。

② 车站员工大会按每月 2h 计算工时。

③ 车站每月组织 1 次站内业务培训或考试，按每月 2h 计算工时。

3）车站员工的休假。车站员工的休假包括：婚假、年休假、病假、看护假、产假、丧假、流产假和工伤假。

4）不计工时，但需在考勤表上记录的情况有：车站员工的各类休假，包括孕假、探亲假、哺乳假、计划生育假和旷工。

12. 车站会议制度与文本管理制度

车站会议制度与文本管理制度见表 3-5。

表 3-5 车站会议制度与文本管理制度表

会议种类	频率	参加人员	主持人	会议记录人	主要内容
全站员工大会	每月一次	车站全体员工	中心站长/副站长	与会相关人员	上月工作总结、本月工作布置和重要信息传达等
专题会议	根据实际需要召开	按实际需要人员召开	中心站长/副站长	与会相关人员	如安全工作会、分析会等

（续）

会议种类	频　率	参加人员	主持人	会议记录人	主要内容
车站综合治理工作会议	每月一次	警务站负责人、商铺负责人、银行负责人、保洁班长及其他相关负责人	中心站长/副站长	中心站长/副站长	协调各部门的工作、传达相关重要通知、上月工作落实和本月工作重点等
中心站交班会	每天一次	值班站长	中心站长/副站长	值班站长	前日运营情况及本日补充工作
车站交接班会议	每班一次	在早、中班的员工	当班值班站长	当班值班站长	传达近期工作重点、重要文件精神、总结本班运营工作情况、进行思想教育和培训相关知识

13. 巡视及检查制度

（1）巡视岗巡视范围　站台、站厅

（2）站台岗巡视范围　站台

1）正常情况下，原则上车站站台不设站台岗，由巡视岗负责每小时巡视站台不少于一次。行车值班员和值班站长加强对站台的监控。

2）巡视岗巡视站台遇到客车进站和停站时，原则上巡视岗于站台扶梯口处立岗，防止乘客在关门时抢上车，原则上列车出清站台后方可再进行其他工作。

（3）巡视要求

1）认真：巡视人必须以认真负责的态度去巡视每个角落和所管辖的范围。

2）细致：从细微处着手，做到防微杜渐，从看、摸、嗅、听四觉入手。

3）周全：岗位内的设备、设施、告示牌乃至螺钉都应检查；站台岗应做到三步一回头。

4）及时：巡视及时、记录汇报及时和处理及时。

5）填写台账必须真实，不能有弄虚作假。发现问题及时跟进，完成后签名确认。

（4）运营时间内的巡视

1）原则上厅巡岗每1h巡视出入口、站厅一次，相关情况应立即报车控室行车值班员，行车值班员将巡视情况记录在《当班情况登记本》上。

2）站台岗接发车间隙来回巡视站台，站台岗交接时接岗人员必须先巡视后接岗。

（5）非运营时间的巡视

在站内，每两小时巡视一次站厅、站台公共区、设备区和施工区域等。

（6）巡视车站员工安全

1）巡视人员须持对讲机，并在巡视前和巡视后及时通知行车值班员，并注意做好个人人身安全的防护。

2）对巡视发现的问题自身不能解决时，及时报告给行车值班员，由行车值班员安排处理，严禁与外部人员发生冲突而导致事件的升级。

3.2 车站站务员服务通用规章

1. 乘客服务工作标准

乘客服务工作标准包括如下几方面：

1）服务承诺：安全、快捷、准点、舒适。

2）服务意识标准：城市轨道交通车站员工在乘客服务区应保持良好服务意识，言行举止要注意文明礼貌，主动、热情地向有需要的乘客提供帮助，发扬和谐、文明和服务周到的精神。

3）车站站务员着装标准。

车站站务员着装标准（见图 3-5）有如下几方面：

① 上班时间应按规定整齐统一穿着工作制服，佩戴领带（除工程车驾驶员外）、领结、肩章、工号牌和工帽，工号牌戴在与左胸前口袋上沿线对齐的位置（如果未配发工号牌或工号牌丢失期间则应佩带本人胸卡），不需戴帽（特殊情况除外），必须佩戴胸卡，胸卡统一用胸卡带挂在胸前；佩戴胸卡时，不得擅自改变胸卡挂绳、胸卡套的款式。

② 着工作制服时，应衣装整洁，不缺扣、不立领、不挽袖挽裤；衬衫必须束入腰带；凡着工作制服时，必须按规定颜色穿皮鞋，系规定颜色皮带，并保持光亮、整洁。

图 3-5　车站站务员着装标准

③ 佩戴标志要清洁平整。肩章佩戴于右肩上；服务品牌的宣传牌等佩戴于工号牌中上方；党徽、团徽佩戴于宣传牌的中上方；绶带佩挂于左肩上。

④ 头发长度超过肩膀的女车站员工身着工作制服时，必须佩戴头花，将头发挽于头花网内；男车站员工不准留长发、大包头、大鬓角和胡须。

⑤ 原则上只能在工作地点、工作时间穿着工作制服。在公司或车站范围内：当班时间应按规定整齐穿着工作制服，佩戴标志；已下班但仍穿着工作制服的车站员工，在车站内行为举止一律按上岗时的规定执行。

⑥ 除特殊情况以外，各区域内工作制服穿着类型应尽量统一（如站厅统一穿长袖或统一穿短袖等）；地面站站台着装须全线统一。

⑦ 化妆、发型、首饰从简，不能佩带夸张饰物。

⑧ 佩戴工帽时，帽子徽章居中，刘海以及两鬓头发均须放进工帽内，女车站员工佩戴头花的须把头发挽于头花网内，帽檐不能过低或过高，基本与眉持平。站务员着装式样如图 3-5 所示。

以下特殊情况下，可以不佩戴工帽：

① 下轨道时不需佩戴工帽。

② 地面及高架车站站内温度 30℃时，经中心站长同意可全站不佩戴工帽。

③ 车控室室内温度高于 29℃时，经中心站长同意车控室内人员可不佩戴工帽。

2. 站务员各岗位工作服务标准

（1）巡视岗

1）站厅巡视岗服务要求。

① 不断巡视站厅设备、扶梯的运行情况和乘客进出站情况等，及时主动向有需要的乘客提供服务。

② 根据需要配合解行、送币、处理乘客事务及帮助引导进出闸车票有问题的乘客到售票处。

③ 负责站厅车站员工通道门的管理，对由通道门进出的人员进行如实汇报和严格登记。

④ 积极疏导乘客，要特别注意突发暴风雨等特殊情况时，乘客拥向出入口堵塞通道等特殊情况。

⑤ 及时向值班站长、值班员报告异常情况和问题。

⑥ 制止并处理乘客违反《本市城市轨道交通管理条例》、《本市城市轨道交通乘坐守则》、《城际轨道线乘坐守则》和《本线票务规则》的行为，阻止乘客携带“三品”、超长物品进站。

⑦ 见有特殊乘客进站及时通知有关岗位，对老年乘客、小孩和行动不便者要指引其走楼梯，必要时提供扶助以避免客伤事件发生。

⑧ 厅巡人员应以乘客排队人数 8 人为临界点，及时向值班站长汇报票务中心、临时票务中心和自动售票机 TVM 前乘客排队的人数，以便值班站长决策。

⑨ 积极引导进站乘客到乘客较少的票务中心、自动售票机 TVM、闸机等处购票、进/出站。

⑩ 负责监督工作区域内的卫生情况，发现问题，立即整改。

⑪遇自动售票机 TVM 故障、闸机故障、扶梯有情况要及时摆放“暂停服务”牌，并及时向车控室报告。

2）巡视岗站厅服务技巧。

① 多看、多听、多巡、多引导。多看：有无异常情况，看有无需要帮助的情况和需要处理的设备故障；多听：多听乘客对我们服务的意见、建议；多巡：即多走动、巡视了解站厅客流情况，留意乘客动态；多引导：引导乘客到临时票务中心及乘客较少的一端购票乘车。

② 多名乘客同时求助时，根据实际情况分轻重缓急依次处理，必要时报告给站控室，不得对乘客不理不睬。

③ 受到乘客的责骂、殴打应做到“打不还手、骂不还口”，同时注意自我保护；若乘客行为危及车站员工人身安全，及时报警处理。

④ 高峰期巡视岗人员巡视站厅时应统一配手提广播上岗，在客流引导时声音不宜过大，吐词清晰，积极主动，不得拿广播对着乘客喊话；使用广播录音功能时，不得连续播放。

⑤ 巡视岗要及时提醒站控室查看 AFC 设备中的钱箱、票筒情况，以便在乘客较少时及时更换。

⑥ 巡视岗能解决的问题要及时、果断处理，避免处理时间过长，不能处理的问题及时通知值班站长。

⑦ 在票务中心 BOM 出现故障或封窗查账时，及时引导乘客到其他票务中心或自动售票机购票。

3）巡视岗站台服务技巧。

“四到”，即为

① 心到：精神高度集中，随时应变异常。

② 话到：提醒乘客按排队箭头候车，及时进行安全广播。

③ 眼到：密切监控 CCTV，注意乘客动态、屏蔽门/安全门工作状况。

④ 手到：主动处理问题，如发现地面有水，及时设置“小心地滑”牌，设备故障放“暂停服务牌”，地面有脏物时及时找保洁工清除。

“四多”，即为

① 多监控：密切监督站台乘客情况、屏蔽门工作状况，必要时采取控制措施。

② 多广播：通过广播提醒乘客看管物品、看好小孩、不得跑闹、追逐、不得推挤屏蔽门、到人少的一端候车等。

③ 多联系：发现异常情况及时与驾驶员、站控室及其他岗位联系。

④ 多巡视：在每次列车到达间隙巡视站台一遍，巡视时“三步一回头”。

“三勤”，即为

① 在站台发现乘客伤亡事件或其他异常情况时，及时寻找目击证人并记录。

② 遇蛮横不讲理的乘客及时与公安联系，不与乘客发生正面冲突。

③ 站台客流不均匀时，及时引导控制，防止乘客拥挤。

（2）站台岗 参考巡视岗服务工作标准，并按照“文明候车五部曲”进行排队候车引导。

1）请乘客按地面箭头方向排队候车，先下后上。

① 使用时机：列车未到站，维持站台候车秩序时。

② 规范用语：请乘客按地面箭头排队候车，先下后上。多谢合作！

③ 动作讲解：站在活动门中间，身体背向轨道侧，面带微笑，双臂自然张开，斜指向两侧地面，如图 3-6 所示。

2）请先下后上，不要拥挤。

① 动作时机：列车到站，劝阻乘客不要拥挤时。

② 规范用语：请乘客先下后上，不要拥挤。多谢合作！

③ 动作讲解：站在活动门中间，身体背向轨道侧，左手臂伸平，指向前方，手掌与地面垂直，手心向前，提醒乘客不要拥挤，如图 3-7 所示。

3）请乘客先下后上，注意安全。

① 动作时机：列车到站开门后，引导乘客下车并劝阻乘客抢上时。

② 规范用语：请乘客先下后上，注

图 3-6 请乘客按地面箭头方向排队候车图

意安全。多谢合作！

③ 动作讲解：站在活动门的一端，面向活动门，稍微面向列车侧，靠近列车一侧的手臂自然弯曲，五指并拢，持续左右微摆动指引乘客下车；另一侧手臂向外侧伸平，手心向前，拦截上车的乘客，如图3-8所示。

图3-7　提醒乘客不要拥挤图

图3-8　请乘客先下后上、注意安全图

4）请乘客上车。

① 动作时机：列车到站开门，引导乘客上车时。

② 规范用语：请。

③ 动作讲解：站在活动门的一侧，面向车头方向，以单手斜抬起，作送别的礼仪；摆手时，应注意面带微笑，五指并拢，手臂自然弯曲，如图3-9所示。

5）请乘客等候下一趟列车。

① 动作时机：列车灯闪即将关门，阻止乘客抢上时。

② 规范用语：请耐心等候下一趟列车。

③ 动作讲解：站在活动门的一侧，面向车头方向，单手臂伸直做拦截状，手掌与地面垂直，另一只手臂自然下垂，双手五指并拢，如图3-10所示。

图3-9　请乘客上车图

图3-10　请乘客等候下一趟列车

(3) 票亭岗

1) 岗位服务要求。

① 票亭车站员工出售车票时应按“一收、二唱、三操作、四找零”的程序出售车票，售票作业程序见表3-6。

表3-6 售票作业程序

步骤	程序	内容
1	收	收取乘客购票的票款
2	唱	讲出票款金额，重复乘客要求的购票张数和车票类型，如果未听清乘客的要求，应主动礼貌地询问
3	操作	正确、迅速地操作： 1. 检验钞票真伪，如果钞票为伪钞，则要求乘客重新更换钞票 2. 在半自动售票机上选择相应功能键，处理钞票
4	找零	清楚说出找赎金额和车票张数，将车票和找赎的零钱一起礼貌地交给乘客

② 当乘客要求分析车票时，应快速正确用半自动售票机分析，并将分析情况耐心告诉乘客，再采取相应的处理车票的方法。为乘客充值前后要主动请乘客确认余值无误后，再做下一步操作。

③ 同时有两位乘客等候服务时，按照先付费区后非付费区的原则为乘客服务。

④ 当票务中心前出现较大客流（10人以上或排队超过8人并维持3min以上）应电话通知值班站长或巡视岗，加派人手或使用人工广播引导。

⑤ 售票员主动领够车票、报表和硬币，在客流较小时把现金及硬币整理好，或开启另一袋硬币等准备工作。

⑥ 交接班时，接班售票员须提前做好售票、兑零准备工作，交班售票员才可以终止售票、兑零工作，交接时间不超过5min，并尽可能减少对乘客服务的影响。

2) 票亭岗位服务技巧。

① 排队超过8人，并维持3min以上，请示值班站长加人实施双人售票和兑零。

② 在兑零空余时间尽可能把硬币盘摆满硬币。

③ 所兑硬币不散放在票务凹斗，而是垒成柱形，使乘客取币方便、快捷，不得有丢、抛的动作。

④ 减少票务中心交接班时对乘客服务的影响，如：交接班时间安排在车站非高峰期，并在5min内交班完毕；交班前做好有关准备；接班人先准备好一盘硬币。

⑤ 售票员应优先处理付费区内乘客，并要礼貌地让非付费区内乘客稍等。

⑥ 售票员应预备充足的零钱和车票，掌握存量，及时通知值班员追加，保证售票和兑零工作顺畅。

(4) 保安

1) 站厅保安。

① 班前准时到车控室签到，了解工作注意事项，与交班站厅保安按规定进行岗上交接。

② 引导乘客正确使用AFC设备，解答乘客咨询，如果遇到解决不了的问题应立即报车

控室。

③ 巡视车站，发现有违反《本市城市轨道交通运营管理暂行办法》及《本市城市轨道交通乘客守则》的行为要劝止、报车控室，按指示处理。

④ 做好车站安防巡查工作，确保消防通道畅通，发现可疑人员或可疑物品，及时汇报，对乘客携带的大件可疑行李，要求乘客开箱配合检查。

⑤ 根据车站要求与站台保安换岗，换岗时交接好各种钥匙、备品。

2）站台保安。

① 准时到车控室签到，了解工作注意事项，与交班站台保安按规定交接，交接完毕后双方共同在《保安交接班本》上签认。

② 按照站台岗作业标准程序监视列车到发，巡视站台及线路出清情况，列车进站时，站在自动扶梯口至紧急停车按钮之间阻止乘客抢上抢下，发现紧急情况时按压紧急停车按钮。

③ 主动疏导聚集在一端的乘客到较空的地方候车，关注乘客动态，提醒乘客不要手扶屏蔽门。

④ 根据车站要求与站厅保安换岗，换岗时交接好各种钥匙、备品。

⑤ 发现站台有异常情况时，立即报车控室，并按指示处理。

⑥ 夜班站台保安在运营结束后，协助客运值班员在站台、站厅清客，并按程序及车站要求做好开关站工作。如果有夜间施工作业，按车控室指示引导有关施工人员及设置防护，并经常检查防护是否完好。

（5）车站保洁

1）班前准时到车站保洁主管处签到，了解工作注意事项及本岗位作业要求。

2）按照车站保洁岗位分区安排，加强巡视及清扫，确保本岗位负责区域的环境卫生，有列车折返站站台保洁人员还应利用列车折返间隔做好列车卫生保洁工作。

3）夜班保洁人员按照本周车站保洁专项计划，落实车站设备设施的保洁清扫工作。

4）发生紧急情况时，按照车站员工应急处理程序，做好各项应急处理工作。

3. 车站员工服务规范用语及举止

车站员工需使用十字文明用语：您好、请、对不起、谢谢、再见；使用标准的服务手势；服务态度：态度真诚，语气温和。站厅各岗位服务用语见表3-7。

表3-7　站厅各岗位服务用语

岗　位	时　机	服务用语
巡视岗	要求乘客排队购票（高峰期）	“各位乘客，请按秩序排队购票，多谢合作！”
	需要更换票筒钱箱或故障维修时	“××，对不起，这台设备暂停使用，请您稍等，或请使用其他设备，谢谢！”
	指引乘客购票	“请持有5元、10元纸币的乘客直接到自动售票机上购票，需兑换硬币的乘客请直接到售票中心。”
	请乘客到站厅人少的一端购票	“各位乘客，本站另一端站厅乘客较少，为了节省您的时间，请到另一端站厅购票。”

（续）

岗 位	时 机	服务用语
巡视岗	某一方向列车服务终止	“各位乘客请注意，开往××方向的列车服务已经终止，需要前往××方向的乘客请到地面转乘其他交通工具。不便之处，敬请原谅。”
	有乘客走近时，主动询问	“××，您好，请问有什么需要帮助吗？”或“××，您好，请问我能为您做点什么？”
	对于上站厅的小孩和老人	“××，您好，为了您的安全，请走楼梯到站台/站厅/出入口。”
	当有乘客在站内吸烟时	“××，您好，为了您的安全，请不要在城市轨道交通站内吸烟。”
	当发现乘客携带“三品”进站时	“××，对不起，根据规定，您不能携带××乘坐城市轨道交通，谢谢您的合作。”
站台岗	列车进站前及进站时	“各位乘客/××，为了您和他人的安全，请站在黄色安全线内排队候车，多谢合作！”、“请乘客按箭头排队候车，先下后上。多谢合作！” “各位乘客/××，由于现在站台乘客较多，请到站台××部候车，多谢合作！”
	列车到站停稳开车门时	“请乘客先上后上，不要拥挤。多谢合作！”
	列车将要关车门时	“各位乘客，车门即将关闭，请耐心等候下一趟车，多谢合作！”
	乘客越出黄色安全线时	“各位乘客/站台××部的乘客，为了您和他人的安全，请站在黄色安全线内排队候车。多谢合作！”
	乘客带气球进站乘车时	“××，您好，为了您和他人的安全，请不要携带气球乘车，多谢合作！”
	小孩在站台上追逐奔跑，打闹时	“（××，您好）由于地面很滑，容易摔倒，请家长（您）带好您小孩，不要在站台追逐、奔跑、打闹。”
	乘客乱扔乱吐	“××，您好，按市政府规定，在公共场所乱扔乱吐，将处以罚款，请您随我到站内办理处罚手续。”
	有乘客走近时，主动询问	“××，您好，请问有什么需要我帮助吗？”或“××，您好，请问我能为您做点什么？”
	对于上站厅的小孩和老人	“××，您好，为了您的安全请走楼梯到站厅/站台/出入口。”
	乘客搭乘长扶梯时	“各位尊敬的乘客，搭乘扶梯时，请站稳并握紧黑色扶手带。”
	列车服务终止时	“各位乘客，今天的列车服务已经终止，请您尽快出站。”
	乘客有物品掉下轨道时	“××，您好，请勿私自跳下轨道，我们的车站员工将会尽快为您拾回物品（当询问乘客掉下的物品是贵重物品时），多谢合作！”；“先生/小姐，您好！现在列车行车间隔较密，请你留下联系方式，待我们今晚收车后，帮您拾回后再致电请您领取，好吗？（当询问乘客掉下物品不贵重并且不影响行车。）”
票亭岗	乘客需要兑换硬币时，要清晰唱票	“收您××元”、“找您××元硬币。”硬币应垒成柱状交给乘客，不得散放，不得有丢、抛等动作。
	当找不开零钱时	“××，请问您有零钱吗？”或者说：“对不起，我这里的零钱刚好不够，请您稍等，好吗？”

（续）

岗位	时机	服务用语
票亭岗	收到残币或假币时，应说	“××，对不起，请您换一张钞票，好吗？”
	出售本地一卡通车票时	“××，请看显示是否为××元的车票。”乘客确认无误后，“××，找回您××元及一张××元的车票，票款请当面点清”。
	乘客询问城市轨道交通票价	“城市轨道交通票价起步4km以内2元；4至12km范围内每递增4km加1元；12至24km范围内每递增6km加1元；24km以后，每递增8km加1元。”
	乘客想购买双程票	“××，对不起，城市轨道交通车站没有双程票出售，单程票只能在购票的车站当日使用。”
	乘客询问本地一卡通车票能否多人同时使用	“××，对不起，储值票只能1个人使用，不能多人同时使用。”
	乘客出站时发现出不了站（超程或超时）	“××，您好，您的车票已超程，请按规定补交超程车费×元。” “××，你好，您的车票已超时，请您按规定补交超时车费×元。”
	当票务中心付费区、非付费区均有人时，对非付费区乘客解释	“××，对不起，请您稍等。”
	当乘客询问小孩是否有半票	“××，您好，按照城市轨道交通规定，如果小孩没有超过1.2米，一位成年人只可以免费携带一名小孩乘坐城市轨道交通。”
	乘客问在哪购票	“如果您需要买单程票，请准备零钱或在此兑换零钱，然后到自动售票机处购买，地铁储值票及本地一卡通可在此购买。”
	乘客询问城市轨道交通××站的票价	“××，您好，您到××站的票价为×元。”
	收到乘客一张过期单程票	“××，单程票只能当天并在购票站乘坐城市轨道交通使用；您的车票已经过期，按规定这张车票需回收，假如您需要搭乘城市轨道交通，请您重新购买一张票，好吗？”

4. 车站员工通用安全应知应会

1）车站员工均要坚持安全生产管理，坚持安全第一、预防为主的方针。

2）车站员工有权对本单位安全生产工作中存在的问题提出批评、检举和控告；有权拒绝违章指挥和强令冒险作业。

3）车站员工应当接受安全生产教育和培训，掌握本职工作所需的安全生产知识，提高安全生产技能，增强事故预防和应急处理能力。

4）车站员工发现事故隐患或者其他不安全因素，应当立即向现场安全生产管理人员或者本单位负责人报告；接到报告的人员应当及时予以处理。

3.3　对乘客事务处理管理办法

1. 乘客事务有关概念

乘客对城市轨道交通的投诉、建议、咨询和表扬统称为乘客事务。在城市轨道交通运营服务中，由于车站员工服务、设施设备、环境卫生、治安和城市轨道交通政策等方面的不足或其他原因引起乘客投诉，造成一定程度负面影响或乘客利益损害，相关部门或人员负有责任的，称为有责乘客投诉。

2. 乘客事务分类

乘客事务按事务性质可分为投诉、建议、咨询、表扬等类别；按事务主体可分为人员服务类、设备设施类、公司政策类等类别；按事务提交形式可分为来访、来电、来信、乘客车站留言、网站留言、电子邮件及媒体、其他部门转发等。

3. 乘客事务处理

事务处理及投诉调查原则：

应设立投诉电话，并公布投诉电话号码；在几个站厅设立服务总台地点，并有标识。在车控室设立呼叫终端，在车站边门、自动售票机 TVM、进出闸机处设置乘客按压求助按钮。当乘客有需要帮助按动按钮时，车控室第一时间通过显示终端得到乘客求助信息，立即通知就近车站员工前往处理。

1）首问责任制原则。首位接待乘客的车站员工负责全程跟进乘客需求，并对乘客最终满意度负责。

2）投诉无申辩原则。在处理乘客投诉时，首先要为给乘客带来的不便向乘客表示歉意，处理过程中要关心乘客的需求，做到耐心、有礼，态度友善、语气温和，不能出现顶撞、推诿行为。

3）现场处理原则。受理乘客事务的个人或部门要尽量在现场处理完毕，确保事务处理的有效性。

4）满意原则。在处理乘客事务时，需迅速响应乘客的需求，尽量满足乘客的需要，做好服务补救措施，并及时将无法处理或乘客对回复不满意的投诉向上级反映，尽量使乘客满意。对于曾有投诉的乘客，服务总台定期电话回访并寄送城市轨道交通宣传资料，体现城市轨道交通对投诉乘客的关注和尊重。

5）及时原则。乘客事务必须及时处理，不能让乘客长时间等待。如当事人第一时间不能处理，应立即通知上级，相关人员接到信息后，必须在 3min 内到场为乘客处理相关事务。

6）百分百回复原则。服务总台和车站所有受理的乘客事务，受理部门必须百分百回复乘客，并做好跟踪和台账记录。

7）投诉事务调查原则。事务调查遵循“四不放过”的原则：即投诉原因分析不清不放过、责任人和其他车站员工没有受到教育不放过、没有制订防范整改措施不放过和责任者没有受到严肃处理不放过。

4. 车站乘客事务处理程序及要求

1）车站员工在接到信息后，必须第一时间处理，如果当事人无法处理，应立即通知上级，相关人员接到信息后，必须在 3min 内到场为乘客处理相关事务。

2）对于车站能够及时给予解释和答复的，需及时向乘客进行处理和解释；对于不能马上答复的，应留下乘客的具体资料，填写《车站日常乘客事务处理表》，两天内由中心站长答复乘客。

3）如乘客对车站现场回复不接受，车站员工可指引乘客填写《乘客意见卡》，并转交所在部门处理，由部门服务管理人员在两个工作日内回复乘客，如果乘客仍不接受则立即将《乘客意见卡》转交服务总台处理，乘客信息处理员按照相应的流程处理，回复乘客。

4）对于较严重的乘客投诉（如人员服务态度、车站员工错误操作等），车站需立即报所在部门及服务总台备案。

5. 乘客事务处理注意事项

1）车站员工在处理乘客事务的过程中，要敢于维护自己的合法权益，注意自我保护，避免与乘客发生正面冲突。

2）车站员工应同乘客保持 1～1.5m 左右的距离，不宜过近。如果乘客情绪激动，可以适当后退，必要时提醒乘客："对不起，请不要再靠近"。

3）乘客有辱骂车站员工的行为时，可先进行劝阻"请注意您的用语"，尽量安抚乘客的情绪，然后采取易人、易地、易事的处理方法。

4）乘客有推打车站员工的行为时，车站员工必须进行必要的自我保护、躲闪或迅速离开现场，以免受伤。同时，车站员工须第一时间通知车控室，由车控室报城市轨道交通公安或拨打 110 报警，并通知值班站长到现场处理。

5）绝对不能讲有损乘客自尊心的话，更不能同乘客争吵、打架。

6. 有责乘客投诉分类

（1）由于下述情况引起的乘客投诉，列为一类有责乘客投诉

1）服务工作中未能运用服务知识与技巧。

2）不及时放置警示牌，误导乘客。

3）不主动维持乘客购票、进出站和候车秩序。

4）没能礼貌、耐心解答乘客的问题及采取力所能及的措施帮助有困难的乘客。

5）出售或充值储值票时，未请乘客确认显示屏上的金额。

6）列车车门或屏蔽门/安全门故障暂停使用，没有及时张贴"此门故障，暂停使用"的标示。

7）不按规定播放广播或播放不及时。

8）接到乘客求助，3min 内未能赶赴现场。

9）运营时间出入口关闭，没有摆放告示。

10）车站公告栏的内容与实际运营不符。

11）车站员工找错钱、卖错票，金额在 10 元以下（作弊行为不在此列）。

12）其他违反乘客服务标准的行为，尚未造成乘客损失。

（2）由于下述情况引起的乘客投诉，列为二类有责乘客投诉

1）对乘客投诉的调查弄虚作假或隐瞒不报。

2）与乘客发生争执、拉扯的行为。

3）列车清客、晚点时，未做好广播及解释工作。

4）末班车未提前做好广播。

5）对乘客违反规定的行为不给予制止。

6）在岗位上干与本职工作无关的事。

7）提前关站或延误开站时间 10min 以下。

8）对乘客讲斗气、训斥、顶撞的话。

9）列车清客时，车站员工用物品敲打车厢、扒拉乘客。

10）票亭人员找零不足，造成乘客投诉（除找零硬币不足的情况外）。

11）由于车站员工失误，错误引导乘客或造成经济损失 10 元以下的。

12）列车行驶不平稳，或车站员工违反作业规定，误操作设备，导致乘客受伤。

13）无理拒绝乘客的合理要求。

14）未及时加票加币或更换票桶，导致 AFC 设备中断服务。

15）不及时疏导乘客，造成拥挤。

(3) 由于下述情况引起的乘客投诉，列为三类有责乘客投诉

1）对乘客有推、拉、打、踢等粗暴行为。

2）讥笑、谩骂乘客，讲有侮辱乘客自尊心和人格的话。

3）作弄、欺瞒乘客的行为。

4）由于车站员工失误，错误引导乘客或造成经济损失 10 元及以上的。

5）提前关站或延误开站时间 10min 以上。

6）利用乘客资料采取不同形式骚扰、恐吓他人。

7）工作中有舞弊行为，使乘客利益受损。

8）其他因城市轨道交通服务设备设施故障，造成乘客利益严重受损或给乘客带来较大不便。

【实践操作】

1. 操作练习

在课余时间，结合所在城市轨道交通公司参观学习，了解车站站务员作业过程。

2. 书面练习

1）简述车站组织架构。

2）简述站厅巡视员工巡视岗站厅服务技巧。

3）简述乘客乘车服务“八步曲”指引。

【评价跟进】

1. 教师的评价

由教师在完成本章的教学任务后填写，在相应表格中画“√”

评价项目		教师的评价			
序号	题　　目	好	较好	一般	较差
1	对本章教学过程的控制				
2	在本章教学过程中，学员的参与情况				
3	学员对本章知识学习后的效果反馈				
教师对本章教学的总结评价意见及跟进措施					

2. 学员的评价

由学员在完成本章的教学任务后填写，在相应表格中画“√”

评价项目		学员的评价			
序号	题　目	好	较好	一般	较差
1	在本章教学执行过程中教师的表现				
2	本章教学内容与社会实际需求的联系情况				
3	自己在本章学习过程中的表现				
学员对本章教学的总结评价意见及跟进措施					

3. 知识跟进

1）从互联网上了解城市轨道交通车站管理模式现状如何。

2）从互联网上了解城市轨道交通车站站务员作业制度有哪些。

第4章

车站站长、值班站长、客运值班员基本要求与工作制度

【问题导入】

城市轨道交通车站设置中心站站长、值班站长、值班员（行车、客运）和站务员等岗位。车站管理模式采用值班站长负责制，负责当班期间车站的行车安全、客运服务、票务、环境清洁、事件处理和人员管理等工作。在值班站长的指挥下，各岗位工作人员按照岗位职责和工作流程开展工作。

【学习目标】

1. 能掌握值班站长岗位职责。
2. 能说出城市轨道交通客运服务各项制度。

【教学建议】

1. 教学场地：在普通教室、能连接互联网的多媒体教室及城市轨道交通系统的各种模型实训室中进行，课后可实地参观。

2. 设备要求：各种城市轨道交通车站结构仿真模型1套，或能播放视频投影的设备及相关课件、视频。

3. 课时要求：共6课时，其中课堂讲授6课时。

【理论知识】

4.1　车站站长、值班站长、客运值班员权限管理范围、职责、岗位技能和作业标准及程序

在正常情况下，车站实行层级负责制，由上至下依次为站长、副站长、值班站长、客运值班员、站务员与保安；信息汇报实行逐级汇报，由下至上依次为站务员与保安、值班员、值班站长、站长。

车站实行由上至下的管理，实施由下至上的汇报制度。

对车站的保洁、商铺人员、施工人员等站内工作人员进行管理。

对进入车站的乘客按《本市轨道交通管理办法》进行管理。

车站管理的地域范围：车站内部、站外风亭、出入口外5m范围。

1. 站长的管理范围、职责

(1) 站长的管理范围

站长负责车站的全面工作，包括安全管理，行车、客运和票务管理，乘客服务，班组管理，车站员工培训以及对外部单位的协调等工作。

1）安全管理：

① 对车站行车、客运、票务、消防、治安及人身的安全负责。

② 贯彻实施各项安全管理制度和措施，制订、落实各项安全工作计划，每月进行安全教育、总结。

③ 及时劝止并处理违反《本市城市轨道交通运营管理暂行办法》及《本市城市轨道交通乘客守则》的行为。

④ 按照安全制度，检查车站安全情况，及时消除安全隐患。

⑤ 组织车站员工参与处理各类事件、事故。

2）行车、客运和票务管理：

① 组织车站行车、客运和票务工作。

② 编制日常及节假日客运组织方案。

③ 定期做好车站行车、客运和票务的计划、检查、总结工作。

3）乘客服务：

① 监督车站乘客服务工作，为乘客提供优质的服务。

② 受理并处理乘客投诉、来信和来访。

③ 汇总服务案例、总结服务技巧，提高车站员工服务质量。

4）班组管理：

① 每月根据上级要求、车站现况制订计划，做好车站员工排班及考勤工作。

② 对全站车站员工、保安进行管理考核，监督保洁工作。

③ 每月定期召开班组成员会议，及时解决车站出现的问题。

④ 每月汇总、公布车站考核情况。

5）车站员工培训：

① 根据上级的要求制定车站培训及演练计划。

② 定期进行车站员工教育，掌握车站员工思想、工作状况，按车站实际情况安排并开展培训工作。

③ 定期检查培训效果，进行培训总结。

6）对外部单位的协调工作：

① 在车站施工、维修和抢修时根据上级要求，施工计划和当时的设备等具体情况，作出联劳协作安排。

② 车站发生了意外事件时，及时与公安、医院、消防和公共汽车公司等单位联系，指挥处理好紧急事务。

③ 对于新闻媒体对车站的采访、报道，作出工作安排。

④ 对地铁公司或省、市有关部门对车站的检查、视察和调研等，作出工作安排。

(2) 站长的岗位职责

1）总体负责车站的票务管理工作，确保车站的票务运作顺畅。

2）负责车站的车票、现金和票务备品安全。

3）处理票务紧急情况。

4）检查、监督和落实车站员工的票务工作。

5）必要时，处理乘客的票务纠纷。

6）保管部分备用票务钥匙。

2. 值班站长的管理范围、职责和岗位技能

（1）值班站长的管理范围

1）服从中心站长、副站长的领导，组织本班车站员工开展工作，对本班工作全面负责。

2）负责对本班站务人员的管理，对值班员、站务车站员工作进行监督指导。

3）负责对保洁、护卫、商铺人员和施工人员等驻站人员进行属地管理。负责商铺物品摆放的监督，监督商铺物品不能摆放超出商铺区域。并负责监督商铺的运货工作。

4）负责本班运营组织工作，服从行调、客运调度员的指挥，执行行车调度员、客运调度员的命令。

5）具体负责本班安全工作。监控和指导行车值班员、局域工作站（LOW）操作员和监控员的行车组织工作，重点关注安全关键作业；严格执行各项规章制度，加强对治安、消防和应急预案的演练，组织开展保卫综治检查、维稳排查和反恐排查工作，发现隐患和问题，制订和落实整改措施，并做好记录和上报，同时与城市轨道交通公安协作，共同搞好车站综合治理工作。

6）具体负责本班服务工作。指导车站员工的工作，处理乘客事务，为乘客提供优质服务。

7）具体负责本班票务工作，严格执行票务规章制度，确保本班票务运作顺畅。

8）对事故发生后的处理工作负责。在车站发生异常情况及突发事件时，担任“事故处理主任”，及时采取措施，控制局面，减少人员伤亡及财产损失，尽快恢复运营。

9）对本班值班员、站务员的岗位业务技能培训工作负责。

10）巡视、检查本班工作中的各项设备、设施状况和综治防范情况，发现故障及异常情况及时处理和报告。

11）负责本班台账的填写及相关数据的收集。

12）负责本班文件处理，并组织车站员工学习。

13）对本站车站员工的奖罚、岗位调整和晋升有建议权。

14）完成上级布置的其他工作。

（2）值班站长的岗位职责 值班站长一般负责本班全站日常的行车、客运和票务管理、乘客服务、事故处理、设备日常管理、安全管理、车站员工培训和执法管理等工作。

1）行车、客运和票务管理工作有如下几方面：

① 听从行调指挥，执行行调命令，督导值班员接发列车。

② 负责本班车站的车票、现金安全。

③ 督导局域操作员工作站（LOW）。

④ 负责安排 AFC 设备或其他票务运作系统设备巡站工作。

⑤ 组织特殊、紧急情况下的车站工作。

⑥ 根据需要巡视检查和指导各个岗位的工作。

⑦ 督导票务流程的执行和票务系统的正常运作，现场处理与乘客的票务纠纷。

⑧ 保管部分票务钥匙。

⑨ 其他相关事项。

2）乘客服务工作有如下几方面：

① 处理特殊乘客的服务需求，如帮助突发状况的乘客、处理失物等。

② 处理乘客投诉、来访和乘客纠纷等。

③ 督导本站各岗位按服务标准作业，提供优质服务。

④ 处理、汇总当班的服务事件和问题，并及时向站长汇报。

⑤ 对站外导向每两周巡视一次，并及时向有关调度报告巡视情况。

⑥ 对站内的服务设施进行巡视，对故障情况及时报修和登记。

⑦ 其他相关事项。

3）车站员工管理的工作有如下几方面：

① 按规定在班前组织接班车站员工召开接班会。

② 合理安排岗位，协调岗位工作。

③ 对当班人员进行督导、检查和考核。

④ 对当班车站员工进行培训、教育，掌握车站员工思想状况。

⑤ 其他相关事项。

4）安全管理的工作有如下几方面：

① 确保行车、车站员工及乘客的安全。

② 确保车站收益安全、设备运行安全。

③ 监督车站治安安全、消防安全工作。

④ 负责监控和管理夜间站内的施工安全和防护。

⑤ 负责定时全面巡视车站，定时巡视长大通道。重点的巡视内容为消防设备设施的状态；屏蔽门的状态；扶梯运行状态；站台、站厅、通道、出入口设备设施的状态等。

⑥ 处理违反本市“城市轨道管理规定”的行为。

⑦ 负责车站各项安全检查。

⑧ 及时向站长汇报安全情况。

⑨ 其他相关事项。

5）车站员工培训。有些城市轨道交通车站值班站长还需负责本班组车站员工的实地业务培训，具体有：

① 组织实施车站培训工作，检查评定培训效果。

② 定期总结培训工作，提出改进意见或建议。

③ 负责本班业务培训。

6）执法工作：

① 佩戴执法证件上岗，按规定程序执法。

② 负责执法证件、文书、票据的管理与交接。

③ 填写相关票据，上交罚金和上报处罚情况。

(3) 值班站长岗位技能

1）掌握车站突发及紧急情况下的处理方法。

2）熟悉列车时刻表。

3）掌握LOW（局域操作员工作站）的操作，以及CCTV（电视监视器）、BAS（环境监控系统）、FAS（防火监控系统）的监控。

4）按照公司规定掌控车票、钱款流的操作，确保车票、现金安全。

5）处理乘客的服务需求，解决与乘客的纠纷。

6）合理安排岗位，协调岗位工作。

7）其他需要掌握的技能。

3. 车站值班站长作业标准及程序

（1）运营时间时车站值班站长作业标准

1）当班值班站长安排开站及早班车站员工上岗。

2）当班值班站长与客运值班员进行补币、补票工作，巡视出入口及车站卫生、设备运作情况并更换上班车站员工相片。

3）检查自动售票系统AFC监控仪状态。

4）检查车控室行车备品柜备品情况；检查台账、施工登记表，做好交接班准备。

5）与早班值班站长、行车值班员进行交接，早班值班站长和行车值班员确保掌握上一班情况。

6）早班值班站长交接完毕后，监控客运值班员交接班。巡视各岗位作业情况，布置早班工作。定期巡视各出入口、站厅、商铺和站台情况，做好记录。

7）填写台账，阅读近几天文件及会议精神。

8）检查票亭工作情况及处理站厅的乘客事务。

9）安排班中车站员工吃饭。

10）到点钞室检查售票员结账及客运车站值班员配票情况。

11）检查票亭交接情况。

12）巡视各岗位作业情况，各出入口情况，并填写相关台账。

13）组织召开交接班会，为中班车站员工布置工作（对没有参加交接班会的车站员工要个别进行布置）。

14）检查票亭工作情况、处理站厅事务及站厅客流组织。

15）处理落实新文件的工作。

16）填写相关台账及巡站记录，检查车控室行车备品柜备品，做好交接班准备。

17）晚班值班站长到达后与早班值班站长进行交接，了解当天并掌握晚上有关施工作业情况。

18）填写台账，阅前班交班内容、文件及会议精神。根据当天最新文件，交办工作安排，布置完成相关工作。

19）巡视各岗位作业情况，各出入口情况，监督填写相关台账。

20）做好尾班车客流组织及收票工作，监督关站情况，并填写相关台账。

21）与晚班客运值班员更换自动售票机TVM的钱箱并清点，共同清点补币备用金。

（2）非运营时间时车站值班站长作业标准

1）安排巡视车站出入口关闭情况。

2）回收售票员的票亭钥匙，做好记录。

3）检查当天的执法证、执法文书等相关记录是否填写完整。

4）安排对保洁卫生完成情况进行检查。

5）登记当天全站车站员工的工时。

6）完成晚上施工作业办理：认真阅读《施工行车通告》及补充说明、日补充计划后给夜班行车值班员布置当晚施工重点和注意事项。根据行车值班员的通知，核对施工登记和作业令后摆放、撤除红闪灯。根据施工登记的人数护送施工人员进入正确线路。监控工程车运行。监督施工人员线路出清工作。

7）负责《运营日况》的填写并发部门；负责早、中班交班在非运营时间完成的工作。

8）审核当天报表，打扫车控室卫生。

9）做好运营前的行车准备工作检查：

① 运营前30min检查线路出清情况、试验屏蔽门运行状态，及时报告给行调。

② 按要求的模式打开相关的环控设备并检查运行情况。

③ 按要求在首班载客列车到达前15min打开车站照明和自动售检票系统AFC设备（除进闸机外）。

④ 确认首班载客列车到达前10min开启车站全部出入口。

10）与客运值班员进行补币、补票工作。

11）巡视开站情况及早班车站员工上岗情况。

（3）值班站长交接事项

1）检查、清点钥匙、行车备品、对讲设备以及执法证、文书、票据等备品。

2）认真检查《当班情况登记表》。

3）检查《钥匙借出登记本》、《施工登记本》、《来文登记》、《车站巡视检查本》、《每日防火巡查本》、《调度命令本》、《行车日志》和《设施故障登记表》等台账并做好交接。

4）检查文件、通知，核实交班值班站长完成或未完成的工作，在接班中模糊、有疑点的问题要问清楚。

5）完成交接后接班人要在《当班情况登记本》上签名。签名后如果出现因交接不清而产生的问题时由接班值班站长负责。

（4）值班站长巡视及检查制度

1）巡视范围：值班站长巡视范围包括设备区、管理用房、商铺、站厅、站台、出入口（含通道，下同）和票务处。

2）巡视要求：

① 认真：巡视人必须以认真负责的态度去巡视所管辖范围的每个角落。

② 细致：从细微处着手，做到防微杜渐，从看、摸、嗅、听四觉入手。

③ 周全：岗位内的设备、设施、告示牌、安全警示标志乃至螺钉都应检查；站台岗应做到三步一回头。

④ 及时：巡视及时、记录汇报及时和处理及时。

⑤ 真实：填写台账必须真实，不能弄虚作假。发现问题及时跟进，完成后签名确认。

3）运营时间内的巡视：值班站长原则上每两小时巡视车站一次，早班从运营开始起每两小时巡视一次，夜班从接班开始起每两小时巡视一次。相关情况记录在《车站巡视检查本》及《每日防火巡查表》上，且接班前必须巡视一次。如果遇到信号故障、下区间处理应急情况等特殊情况不能按时巡视的需在记录本上注明原因。

(5) 值班站长文件管理规定

文件放置规定：车控室设置“每日（按星期日期，并设置节日文件夹）传阅文件夹”、“归档文件夹”、“中心站长/副站长待处理文件夹”、“待处理文件夹”、“待上交文件夹”、“已处理文件盒”和“待归档文件盒”等。

1）每日传阅文件夹：放置周一～周四每天的传阅文件。

2）周五传阅文件夹：放置周五～周日的传阅文件。

3）中心站长/副站长待处理文件：放置交中心站长/副站长处理的文件。

4）待处理文件夹：需交班处理的文件（在《坐台人员登记表》上应有相应交班记录）。

5）待上交文件夹：需上交的文件。

6）已处理文件盒：放置已处理完毕的文件、通知。

7）待归档文件盒：放置每周一晚值班站长整理的前一周的文件。

(6) 值班站长归档规定

1）每周一晚班值班站长对上周文件进行检查，记录未传阅文件的车站员工名单，由次日值班站长进行考核。

2）每周一晚班值班站长对上周文件进行整理，将所有全体车站员工已传阅完毕的文件放入“归档文件盒”内。

3）每月5日前，文件负责人对上月的文件（即“待归档文件盒”里面的文件）进行归档整理，按文件右上角的编码进行归档，填写《文件索引单》。

4）如果车站员工需要借用文件，必须在《当班人员情况登记表》签名填写借用的文件名、归还时间，各值班站长进行交班监督。

(7) 车站值班站长每天完成工作对照

值班站长每天完成工作对照见表4-1。

表4-1　值班站长每天完成工作对照表

序号	每天完成工作内容	完成人
1	交接班会内容包括： 1. 车站员工仪容仪表的检查 2. 班前安全、票务、服务预想和提示，对车站员工进行班前安全教育 3. 学习前日部门重要信息汇总 4. 新文件、通知的学习 5. 每周安全、票务一题的学习与抽问 6. 演练 7. 早班小结与服务点评	早班值班站长
2	执行班中一对一培训（近期安全学习材料\每周两题\新文件\新重要通知）	当班值班站长
3	每班抽问（近期安全学习材料\每周两题新文件\新重要通知）	当班值班站长
4	每日检查3袋以上硬币并做好记录	当班值班站长
5	自动售票系统AFC监控仪录像的检查	早班值班站长
6	每日检查票亭2次并记录、每日检查监控亭1次并记录	早班值班站长
7	检查服务设备设施2次、检查车站员工班中服务标准2次	早班值班站长

（续）

序号	每天完成工作内容	完　成　人
8	检查安全隐患2次，并做好记录	早班值班站长
9	监督客运值班员每天的票务日报、运营日报、客流统计完成情况	晚班值班站长
10	对施工重点书面交班、做好各类施工的防护与撤除及运营前线路的检查（要在上下行站台端墙下轨梯前用探照灯检查）、屏蔽门状态的测试、施工登记表的检查与签名确认	晚班值班站长
11	运营前的第一班上下行列车到站前通知客运值班员/夜班站务员到站台接车	晚班值班站长
12	给当天车站员工打考勤	晚班值班站长
13	8:00（24h制）前上传票务系统的票务报表	晚班值班站长
14	有安全事件要记录《安全事件记录表》、《处理事件、事故记录表》	当班值班站长
15	充分利用交接班做好培训工作、文件规章学习	早班值班站长

（8）车站值班站长每周完成工作对照

车站值班站长每周完成工作对照见表4-2。

表4-2　每周完成工作对照表

序号	完成工作内容	完 成 日 期
1	检查出入口导向牌及车控室、监控亭内的行车备品（在当班记录本分别记录检查情况）	周一早班值班站长
2	从近期的安全事故、事件及其他城市轨道交通事故等资料中抽出一例，各班值班站长组织车站员工交接班会学习（行车值班员自学并签名）	周一晚班值班站长
3	应急灯检查（在当班记录本记录检查情况）	周二早班值班站长
4	完成下周培训计划	周三早班值班站长
5	自动售票机TVM车票清出，并在《售存日报表》反映	周三晚班值班站长
6	根据交接班本、班表、培训通知汇总来完成当周《培训记录表》、《非维修岗位学时学分表》、《演练登记表》	周四早班值班站长
7	开意见箱，进行点钞室自查，填写《票务自查本》，清点点钞室存票，在客运值班员交接班本记录	周四晚班值班站长
8	9:30～16:30进行封站检查，并在当班记录本、日况上反映：封站人、乘客使用车票情况及执法情况	周日早班值班站长
9	每周每人进行一次封窗检查	各值班站长

（9）车站值班站长每月完成工作对照

车站值班站长每月完成工作对照见表4-3。

表4-3　每月完成工作对照表

序号	完成工作内容	完成日期/责任人
1	完成车站员工安全台账、每月生产情况月报表上传	1日/模块负责人
2	服务的客流数据分析上传	2日/模块负责人
3	完成本组人员的小组服务考评	1～5日/当班值班站长
4	对车站票务工器具进行清点，并记录	3日/车站票管

（续）

序号	完成工作内容	完成日期/责任人
5	完成车站员工票务档案、档案汇总上传（含书面台账），评选月度优秀售票员、客运值班员、值班站长并公布名单	4日/车站票管
6	服务台账填写与列表，评选月度服务之星并公布名单	5日/服务网络
7	勾锁器检查、涂油；灯具换电池（变暗时）；正线勾锁器及锁头检查、涂油（由检修部门申请作业令），带夜班车站员工到现场熟悉线路，并在当班记录本上做好检查记录	5日/晚班值班站长
8	完成本组人员的小组考评	5~10日/早班值班站长
9	文件夹文件归档	6日/文件负责人
10	车站房间钥匙检查，将检查情况记录在当班记录本	10日/夜班值班站长
11	安全、票务、服务自查并出中心站检查通报	12日/早班值班站长
12	完成绝缘鞋/手套检查记录表、空气呼吸器检查表、《防火检查记录表》、《安全检查表》	14日/车站安全员
13	执法数据上传	15日/服务模块
14	进行《客运车站值班员交接本》半个月的票务备品、票务钥匙清查	15日/早班值班站长
15	安全管理的隐患检查	16日/早班值班站长
16	进行消防栓、灭火器检查及更换封条	18日/早班值班站长
17	完成安全月报	20日/早班值班站长
18	服务月总结上传	21日/服务负责人
19	文件夹文件归档	22日/文件负责人
20	消防台账内容更新（人员变动时）	23日/车站安全员
21	完成《车站员工跟岗情况表》上传	25日/培训负责人
22	每月设备质量检查表上传	26日/统计负责人
23	向相关人员上报健康证、执法证和计生证等过期证件	27日/相关负责任
24	安全、票务和服务自查并出中心站检查通报	28日/早班值班站长
25	审核车站员工月考勤表、学员考勤表、午餐补贴表和超缺工时表等，并签名确认交站长审核	30日/考勤员
26	清点车站所有车票（含自动售票机TVM内的），并在《售存日报表》反映	每月最后一天/晚班值班站长

4. 客运值班员的工作范围、职责、岗位技能

（1）客运值班员的工作范围

1）按规定班制、规定的交接班时间上下班。

2）签到后，与交班客运值班员按车站日常管理交接班规定进行交接；交接完毕后，与交班客运值班员共同在《车站票务交接班登记本》上签字确认，登录自动售检票系统AFC票务室车站计算机SC系统。

3）工作内容：

① 及时将相关数据输入票务室车站计算机SC系统，及时填写、上交报表。

② 巡视车站，监督指导客运及票务工作，检查车站售票员工作情况，进行必要的复核，监督票务政策的执行。

③ 处理相关客运、票务和乘客事务，做好车站客流组织与控制、票务设备故障的报修与处理及失物处理、乘客投诉等工作。

④ 保持自动售检票系统 AFC 票务室及售票问讯处整洁，并检查是否有车票、现金遗漏，检查发票使用情况。

⑤ 协助值班站长处理车站内务。

⑥ 按程序及值班站长指示开关站，运营结束后更换钱箱和票箱，开启钱箱、清点并打包、结账；填写报表，按要求封好要加封的车票、现金，及时将相关数据输入票务室车站计算机 SC 系统；在规定的解行时间内做好解行工作：在自动售检票系统 AFC 票务室验明押运员身份，填写“现金缴款单”、“城市轨道交通公司装箱清单”，将缴款单、装箱清单与清点打包的票款一同装入缴款钱箱并上锁加封盖章，然后交予押运人员，并在押运单上签字（押运员在押运单上签字盖章）。

⑦ 与接班客运值班员按车站日常管理交接班规定进行交接。

交接完毕、与接班客运值班员共同在《车站票务交接班登记本》上签名后即可下班，退出自动售检票系统 AFC 票务室车站计算机 SC 系统，签名后即可下班。

（2）客运值班员的岗位职责

1）执行运营公司、部、中心和车站的有关规章制度，做到有令必行，有禁必止。

2）在值班站长的领导下，主管车站客运管理，组织站务员从事客运工作。

3）负责车票的收发、回收和保管工作。

4）本班组售票组织及车站营收统计工作，各种票务收益单据填写及保管。

5）车站收益送达银行的实施和安全。

6）协助值班站长组织管理安全员、售票员，处理乘客纠纷，提供优质服务。

7）监督售票员、安全员在岗行为。

8）在非运营时间值守车站，统计汇总当日的客运量和营收情况并报行车调度员。

9）每班巡视车站两次，维护车站安全，防止意外事件发生。

10）完成上级领导临时交办或外部门需协办的其他工作。

（3）客运值班员岗位技能

1）能够处理简单的自动售检票系统 AFC 设备故障。

2）掌握相关的票务报表、账册的填写。

3）掌握票务室车站计算机 SC 系统的有关知识，能够熟练操作票务室车站计算机 SC 系统。

4）按照公司规定掌控车票、钱款的操作，确保车票、现金安全。

5）处理与乘客相关的票务事宜。

6）掌握车站的客流动态，协助值班站长合理安排售检票员岗位。

7）其他需要掌握的相关技能。

8）掌握车站周边的地理环境及交通状况。

5. 客运值班员作业标准及程序

客运值班员班分为四班二运转早、晚两班：一般时间为 8:00～20:00；晚班时间为 20:00 至次日 8:00。

（1）早班作业

1）接班。

① 早上7:30（提前30min到岗）在车站控制室的《车站工作人员签到簿》上签到，并认真学习重要文件及上级指示精神。

② 在点钞室与交班客运值班员进行交接。

2）客运值班员交接内容为

① 检查车票、现金、钥匙和票务设备备品情况。

② 检查《客运值班员交接班本》是否按要求填写。

③ 检查票务、乘客服务的文件通知是否有要注意的重点工作。

④ 检查上一班的票务报表。

⑤ 与交班客运值班员交接清楚后签名。

3）班中。填写各类台账、报表；在车站站厅、售票亭巡视、检查车站售票员工作；通过车站SC监控AFC设备运行情况；及时更换票箱及清点自动售票机TVM钱箱；发现故障及时报设备维修调度员；维修人员到场后，全程监控其工作；负责安全和协助值班站长处理车站内务。

① 在站台交前天各类报表。

② 准备银行解款和在票亭、站厅巡视，及时安排TVM钱箱、票箱的更换、补币、补票及车票回收盒的清理工作，在此期间要保管车站的车票、现金、票务备品、部分票务钥匙，并负责其安全。

③ 在特殊情况时，顶替售票、补票员的工作。

④ 为售票员进行配票；给售票员发放票务备品备件。

⑤ 统计好本班的车票、现金、发票及票务设备备品情况，并在《值班员交接班本》上作相应的记录，准备交班。

4）班后。在车站控制室的《车站工作人员签到簿》上签名后即可下班。

（2）晚班作业

1）接班工作同早班，时间为19:30（提前30min到岗）。

2）客运值班员交接内容为同早班。

3）班中。

① 填写各类台账、报表。

② 每两小时巡视车站一遍，检查车站售票员工作及自动售票系统AFC设备运行状态。

③ 通过票务室车站计算机SC监控自动售票系统AFC设备运行情况；及时更换票箱及清点自动售票机TVM钱箱；发现故障及时报设备维修调度员；维修人员到场后，全程监控其工作。

④ 运营结束前5min关闭所有自动售票机TVM和进站闸机，到站厅协助值班站长做好对乘客的宣传解释工作。

⑤ 运营结束后，与售检票员结账，钱款封包，封包后与值班站长一起收取自动售票机TVM钱款，核对钱款封包，填写相关台账，核对后签字确认。

⑥ 完成部分报表台账。

⑦ 开站前20min协助值班站长巡视各个出入口。

⑧ 开站前15min做好配票工作，并检查售票员到岗情况和开启自动售票机TVM和闸机。

⑨ 完成本班全部报表、台账，整理票务室（点钞室），准备交班。

⑩ 与接班客运值班员交接完后签名。

4）班后。在车站控制室的《车站工作人员签到簿》上签名后即可下班。

4.2　车站各类管理制度、程序、办法、要求、接驳预案

1. 会议制度

车站会议的具体介绍见表4-4。

表4-4　车站会议一览表

会议种类	频　率	参加人员	主持人	会议记录人	主要内容
全站员工大会	每月一次	车站全体员工	中心站长/副站长	与会相关人员	上月工作总结、本月工作布置、重要信息传达等
专题会议	根据实际需要召开	按实际需要人员召开	中心站长/副站长	与会相关人员	如安全工作会、分析会等
车站综合治理工作会议	每月一次	警务站、商铺、银行负责人、保洁班长及其他相关负责人	中心站长/副站长	中心站长/副站长	协调各部门的工作，传达相关重要通知，上月工作落实，本月工作重点等
中心站交班会	每天一次	值班站长	中心站长/副站长	值班站长	前日运营情况及本日补充工作
车站交接班会议	每班一次	早、中班车站员工	当班值班站长	当班值班站长	传达近期工作重点、重要文件精神、总结本班运营工作情况、进行思想教育、培训相关知识

2. 巡视次数制度

值班站长、客运值班员每班各自至少巡站三次，有厅巡的车站巡站频率原则上按每两小时一次。非运营时间加强对站外设备设施的巡视，做好防盗工作，具体时间各站自行确定。

3. 各岗位巡视范围

各岗位巡视范围见表4-5。

表4-5　值班站长、客运值班员厅巡、巡视范围表

人　员	主要范围
值班站长	全站、各出入口外面5m范围内、车站风亭、冷却塔等
客运值班员	售票问讯处、站厅、各通道、各出入口
厅巡	出入口、站厅、楼梯、自动扶梯、垂直电梯等
车站保安	全站、各出入口外面5m范围内、车站风亭、冷却塔等

各岗位巡视要求：

1）认真：巡视人必须以认真负责的态度去巡视所管辖的范围。

2）细致：从细微处着手，做到防微杜渐。

3）周全：岗位内的设备、设施和人员等必须检查。

4）填写巡视台账的要求：如实填写巡视台账，发现问题必须在台账上详细注明，要有

跟进措施，完成后签名确认。

4. 车站门禁卡、钥匙的管理制度

(1) 车站门禁卡、钥匙的使用管理规定

1）设备、管理用房门禁卡（通用卡）、钥匙的借/还均由行车值班员管理，借用钥匙原则上只借单条钥匙，成串的钥匙只供车站员工使用。每次借出、归还都要在《门禁卡、钥匙借用登记本》上登记。

2）借出的门禁卡、钥匙不得带离车站，用完即交还并在《门禁卡、钥匙借用登记本》上注销。

3）通用门禁卡非紧急情况（如火灾、设备故障等）不得使用，非本公司车站员工一律不得借用。

4）所有车站员工领用的衣帽柜钥匙要造册登记。

5）调出车站的员工需归还所有领用的门禁卡和钥匙，并做好登记。

6）票务门禁卡、钥匙的管理在《车站票务运作手册》中描述。

(2) 车站门禁卡、钥匙借/还程序

1）在车控室填写《门禁卡、钥匙借用登记本》。

2）行车值班员签认，并发放门禁卡或钥匙。

3）归还时在《门禁卡、钥匙借用登记本》归还栏上填写。

4）行车值班员签认并收回门禁卡或钥匙。

5. 乘客遗失物品管理制度

车站对乘客遗失物品的具体管理有以下三项：

1）车站员工拾到遗失物后交车站值班站长。

2）车站员工拾到遗失物后立即通过广播通知失主到车控室认领。如无人认领，当班值班站长将失物交城市轨道交通公安。

3）有乘客咨询，请乘客与城市轨道交通公安联系。

6. 车站开站程序

车站开站程序见表4-6。

表 4-6 车站开站程序

序号	时　间	内　容	责 任 人
1	每日4:30后	巡视车站，按行调命令试验道岔，检查站台和线路出清情况，并汇报给行调	行车值班员 值班站长
2	首班车到站前30min	配好票，并检查售票员到岗情况	客运值班员
3	首班车到站前15min	到岗	保安
4	首班车到站前15min	打开照明开关	值班站长
5	首班车到站前15min	领票、款到岗	售票员
6	首班车到站前10min	开启车站大门、自动扶梯，开始服务	厅巡、站厅保安
7	首班车到站前10min	开启所有TVM和闸机	值班站长
8	开站后	按要求开启环控设备（节能模式），向乘客广播候车的注意事项	行车值班员

7. 车站关站程序

车站关站程序见表 4-7。

表 4-7　车站关站程序

序号	时　间	内　容	责　任　人
1	最后一班车开出前 10min	开始广播	行车值班员
2	最后一班车开出前 5min	暂停自动售票机 TVM，通知售票员停止售票，暂停进站闸机，并广播	行车值班员
3	最后一班车开出前	进行检查，确认站台乘客均已上车，无异常情况	值班站长
4	最后一班车开出后	清客，关闭车站自动扶梯和出入口	厅巡、站厅保安
5	停止服务后	收拾票、款，整理售票问讯处备品，注销票务处理机 BOM，回自动售票系统 AFC 票务室结账	售票员
6	关站后	与售票员结账，做好车站运营结算工作	客运值班员
7	运营结束后	执行车站节电照明模式，按要求关闭部分环控设备	行车值班员

8. 媒体采访规定

(1) 新闻媒体在城市轨道交通范围内拍摄和采访工作时车站员工注意事项

1）车站员工不得有抢夺设备、推挡镜头和语言冲突等不文明举动。

2）与乘客对话时，要坚持原则、态度谦和、不卑不亢，需使用标准服务用语。

3）如果拍摄行为对车站的安全及客运组织工作造成影响的，车站需立即制止。

(2) 城市轨道交通范围内商业性的拍摄

1）在城市轨道交通车站范围内进行电影、电视剧或广告等商业用途的拍摄，必须经总公司党群工作总部及运营事业总部党群部许可方可进行。

2）拍摄工作必须持有效证件或证明（如来人证件、单位证明等），并在车站办理相关手续后方可进行。

3）其在车站的采访工作必须听从车站的指挥，并且不得影响客流组织和车站正常运作。

4）如果拍摄工作对车站的安全及客运组织工作造成影响的，车站必须向其提出，并立即进行制止，同时要求其改进后方可继续进行，对拒不听从车站指挥的，车站及时向本市城市轨道交通总公司宣传部或运营总部党群部汇报或请城市轨道交通公安人员协助解决。

(3) 车站进行拍摄的乘客，必须遵守以下规定

1）拍摄乘客需接受城市轨道交通工作相关的管理及要求。

2）不能影响其他乘客及其个人的安全。

3）不能影响城市轨道交通行车及设备设施等安全。

4）不能拍摄城市轨道交通设备的内部构造，不能进入城市轨道交通设备区拍摄。

5）不得在站台上采用有闪光灯的设备拍摄进站的列车，以免影响列车安全。

6）原则上不阻止乘客在车站范围内的非商业性拍照、摄影等。

9. 驻站部门、人员管理规定

车站常驻部门有保安、保洁、驻站设备维修人员（如机电、信号、车辆、自动售票系统 AFC）、城市轨道交通公安、银行、商铺。

（1）站内各部门间的关系 车站与驻站部门、人员应建立合作关系。车站成立以站长为组长，与车站接口的相关单位负责人为组员的综合治理小组（简称综治小组）。综治小组不定期组织会议，协调车站相关工作。

（2）车站对驻站各部门人员的管理职能

1）站长负责与综治小组成员沟通协调，并要不定期组织综治小组成员学习车站应急处理程序。

2）按规定对驻站人员进行安全管理及行为约束。

3）站长、值班站长可调动保安、保洁、驻站设备维修人员（部分车站有）、城市轨道交通公安、商铺参与车站客运组织和应急处理。

4）车站对站内保洁人员有建议考核权。

10. 车站边门管理办法

在运营时间内，车站边门均应全部上锁。因以下情况，需使用车站边门进出付费区，应服从车站工作人员指引，按规定办理登记手续。

（1）乘客服务需要 符合边门使用条件的乘客，应填写《本公司车站边门进出登记本》。

1）办理了团体票乘车的团体，按团体乘车规定办理相关手续。

2）残疾军人、残疾警察、重度残疾（包括一级/二级的肢体、视力、听力语言、智力、精神或多重病态、综合病态）的持《残疾人证》乘客或持三级/四级《残疾人证》的购票为半价纸票的乘客乘车，凭其证件办理相关手续，方可使用车站边门。重度（一级）肢残、盲人乘客由车站工作人员进行证件资料登记后使用边门。

3）残疾或乘坐轮椅的乘客（不能独立通过闸机）乘车，由车站工作人员登记后可使用车站边门，并监督乘客将车票投入闸机。

4）乘客购买行李票后，若其行李未能通过闸机，进行登记后可使用边门，并监督乘客将车票检票或投入闸机。

5）乘客携带物品不在购买行李范围内，需开边门的情况（如婴儿车）进行登记后可使用车站边门。

（2）内部工作需要 符合边门使用条件的人员需要出示有效证件。

1）使用手推车或票箱运送车票、票款等大件物品，无法通过闸机时；运送大型生产工具、办公用品进出付费区时。由使用人填写《本市城市轨道交通车站边门进出登记本》，并由厅巡人员或持边门钥匙的车站员工确认签名。

2）参观接待时。需凭总公司办公室或运营总部综合部开具的相关证明、接待方案办理登记后，方可使用车站边门进站；出站时，凭相关证明、接待方案重新办理登记出站。如团体参观人数较多，则由团体负责人一人在《边门进出登记本》登记情况，在备注栏注明进/出总人数即可，车站工作人员负责监督并及时签名确认。

3）新闻媒体采访。需凭总公司或党群工作部开具的相关证明办理登记后，方可使用边门时站；出站时，凭相关证明重新办理登记后出站。

4）临时施工（本站作业进出）。施工单位人员须凭《城市轨道交通临时出入证》、有效施工作业令登记后，方可使用车站边门，且只能本站施工进出，不能作为乘车的凭证。

5）工作证件损坏（黑名单除外）不能通过闸机。车站员工需填写《本市城市轨道交通车站边门进出登记本》，同时出示工作证件（黑名单的工作证件不予使用边门），厅巡人员予以确认，方可使用车站边门。

6）引导员进出车站，凭人力资源部门开具的引导员证进行登记后，方可使用车站边门。

7）车站付费区内商铺工作人员凭本人有效的工作证件进出车站。且只能本站进出，不能作为乘车的凭证。

8）城市轨道交通委托外部单位维修保养合同或新线合同中明确提出需提供交通便利的外单位维保人员或新线测试配合人员因工作关系需要进出边门或乘车时，需凭《城市轨道交通临时出入证》、《本市城市轨道交通出入边门（乘车）审批表》原件登记后，方可按照《本市城市轨道交通出入边门（乘车）审批表》中审批的使用区域使用车站边门或乘车。

（3）特殊情况需要

1）警务人员执行紧急任务，需凭警察证，可使用车站边门。

2）国家安全局工作人员执行紧急任务，需凭国家安全局工作证，可使用车站边门。

3）突发性工程抢修、抢险，需按车务中心行调授权发布的调度命令，方可使用车站边门。

4）发生紧急情况如：票务设备故障、列车晚点、清客、越站等，按照各级应急处理预案要求，使用车站边门进行客流疏导。

5）重大接待任务，按接待方案执行使用车站边门。

6）突发性采访，需按党群工作部的通知，方可使用车站边门进站。

7）其他情况需使用车站边门时，需总部领导审批同意后方可使用。

11. 城市轨道交通节假日及大型活动运营组织办法

（1）节假日或大型活动期间的行车组织/客运组织

1）客流组织的总体要求。

① 各车站应根据车站编制的节假日客流组织方案来执行，做到及时、灵活和有效地组织客流。

② 做好各种情况下的广播用语准备，适时做好广播宣传工作。

③ 做好引导工作，使乘客分散兑零、购票，避免排长队的现象发生。

④ 车站加强对出入口站厅、站台客流变化的监视，做到及早发现、及早疏导和及早汇报。

2）车务部门各一线岗位需加强配合，及时有效地监视客流变化。

① 车站根据本站和列车上的客流情况及时报告给控制中心 OCC 客流收集系统，系统故障时采用电话报告，依次电话说明当前进闸客运量汇总情况，控制中心 OCC 依次汇总后备查。

② 如遇人潮的迹象时，车站应及时做好准备，采取有效措施组织疏导客流，并及时报告给控制中心 OCC。

③ 电客车驾驶员发现乘客上不了车或站台拥挤及影响到关车门时，及时报告给行车调度员，并做好列车广播，引导乘客。

3）加强对大客流集散站的客流组织与控制工作，相关车站在客流组织上采取区域负责制，每个区域安排一名本站值班站长或客运值班员负责。

4）有关车站客流组织按《车站运作手册》的有关要求执行。

5）对于节假日期间有计划的大型活动，相关车站应把客流组织工作做在前面，提前介入组织疏导工作。

6）车站要密切关注各阶段的客流情况，做好大客流疏导工作，组织调配好运营人员、引导员及突击队员。

7）各站要根据天气变化加强对乘客的疏导，及时缓解出入口的乘客拥挤现象，并在雨天的时候，及时安排保洁人员清理车站出入口的雨水。

（2）节假日的客运组织原则

1）传统的大客流车站，如商业集中地，与铁路、公路客运站相邻的城市轨道交通站和换乘站等，是客运组织的重点。

2）根据节假日的客流预测规模，按照区域负责制的原则，明确岗位和人员安排，统一指挥，协调配合。

3）车站加强站台客流组织，确保站台客流安全、有序，如果出现乘客上不了车或站台拥挤及影响到关车门时，增加站台岗，维持好站台秩序，协助驾驶员关门。驾驶员做好列车广播，引导乘客。

4）大客流车站和换乘站的客流控制措施按相关要求执行。

（3）组织乘客从车站员工通道入站的规定

1）遇大型活动散场大批量乘客入闸，出现入闸机前排长队（15 人以上）并持续 10min 及以上而站台上有客车上客或站台客运继续容纳乘客时，或车站入闸机故障产生上述后果时，可以开启车站员工通道进站。

2）需要组织乘客从车站员工通道入站时，由车站站长（或值班站长）依据车站现场的条件自行决定，并立即报给客调或值班主任，由行调通知有关车站做好客运和票务配合工作。

（4）组织乘客从车站员工通道出站的规定

1）当出站客流大增，站厅付费区排长队并影响到站台的乘客到站厅时，或车站出闸机故障产生上述后果时，可以开启车站员工通道组织乘客出站。

2）符合上述条件，车站站长（或值班站长）依据车站现场的条件自行决定，组织单程票的乘客从车站员工通道出站。（持储值票的乘客除外）

（5）客流控制

1）遇大客流时，需组织三级客流控制：站台客流控制、站厅付费区客流控制和出入口（站厅非付费区）客流控制。

2）三级客流控制的原则：

① 坚持由下至上、由内至外的人潮控制原则，在车站的三个区域控制客流，即车站出入口、车站入闸机和站厅与站台的楼梯（电扶梯口）三处控制客流量；对于站台、站厅处于同一层的车站应采用二级客流控制，即进闸机、出入口控制。

② 坚持点控和线控的原则，各站根据客运能力控制进站客流，组织乘客上车。

③ 换乘站：先控制本站入站客流，再控制本线、邻线换乘客流。

3）三级客流控制的决策与实施：

① 车站值班站长负责车站第一、二级客流控制的决策和实施，组织护卫和车站公安协助完成。

② 值班站长会同警务人员根据客流情况决策第三级客流控制。在实施三级客流控制之前及过程中，站务人员必须配套做好对乘客宣传引导工作，警务人员、护卫和站务人员相互配合，实施三级客流控制。

（6）节后工作

1）增加的备用金，需在节假日或大型活动结束后两天内退回财务部。

2）车站按票务规章的要求退还申请借用的特殊工作票。

12. 乘客广播

（1）注意事项　应语调沉稳、语气舒缓、吐字清晰、声音圆润、语速适中、音量适宜，避免声音刺耳或使乘客惊慌，手提广播不能对着乘客的耳朵呼喊。

（2）乘客投诉列车漏播、播错广播处理　乘客向车站工作人员反映列车漏播、播错广播时，工作人员以“先处理后调查”为原则，首先向乘客致歉：“为此给您带来不便，我们深表歉意”，遵照“首问责任制原则”及“满意原则”，尽量满足乘客的需要，做好服务补救措施。

1）站台岗、厅巡岗、票亭岗：热情接待乘客，切忌推脱，不要说“我们还需要核查”或“我们不是一个部门的……”等服务忌语。此时，应尽量安抚乘客，迅速作出响应，立即通知车控室。

2）客运值班员：热情接待乘客，请乘客稍等，通知值班站长到现场处理。

3）值班站长：接到通知后，3min 到场处理，耐心聆听，记录乘客投诉的内容和乘客资料，并对乘客提出的投诉或建议表示感谢或歉意，并进一步进行解释，了解乘客的需求，并尽量满足，如：送乘客上车，回到目的地站等。必要时，向中心站站长或副站长请示处理方法。

13. 环境卫生

1）卫生要求：窗明地净、物见本色、清洁舒适、协调美观。

2）地面、台阶、墙、柱、门、窗无污迹；边、角、棱、沿无黑灰，无蛛网；垃圾箱外部不得有污垢、箱内杂物不得超过箱口。

3）室内物品摆放整齐，环境整洁，墙壁、玻璃干净无污迹和无违规张贴物。

4）垂直电梯内无杂物，扶梯、楼梯扶手无污垢。

5）厕所无异味、便器无垢、洗脸间干净无积水。

6）公共区域无垃圾杂物、无乱摆摊设点现象。

7）对卫生工作应实行检查、监督、评比制度。

14. 应急公交接驳预案

（1）应急接驳预案启动、结束的条件及区段划分

1）应急接驳预案启动条件是在城市轨道交通有下列情况之一时，启动公交接驳预案：

① 在城市轨道交通同一区段双向行车可能中断 30min 及其以上时。

② 在城市轨道交通某一区段单向行车可能中断 40min，而且部分区间采用单线双向行车，单向行车间隔 20min 以上时。

③ 在城市轨道交通发生大面积故障导致某一区段双向行车可能晚点 40min 以上时。

2）应急接驳预案结束条件。城市轨道交通车站应根据行车中断情况，实行客流控制措施，当滞留乘客疏散完毕后，本市城市轨道交通线网应急指挥中心调度电话通知市客管处，由其宣布结束公交应急接驳。本市城市轨道交通线网应急指挥中心调度通知市交警支队交通指挥中心和城市轨道交通公安指挥室停止应急公交接驳。在城市轨道交通没有恢复正常运营前，公交公司应增加受影响区段的公交车班次。

3）应急接驳区段划分（根据《城市轨道交通应急公交接驳实施预案》实施）。

（2）车站应急公交接驳客运及客流组织

1）组织程序。

① 车站接到控制中心 OCC 启动应急公交接驳命令后立即启动应急公交接驳预案。

② 车站接到控制中心 OCC 启动应急公交接驳命令后5min 内播放应急公交接驳广播，每2min 重复播放一次。

③ 车站接到控制中心 OCC 启动应急公交接驳命令后6min 内完成应急公交接驳告示牌的摆放并广播。

④ 车站接到控制中心 OCC 启动应急公交接驳命令后 15min 内将公交接驳标志箱、应急接驳车标志牌摆放至接驳口，并组织第一批乘客到接驳口候车，接驳口工作人员负责维持现场秩序，组织等候乘客排队候车。

⑤ 接驳口工作人员接到接驳公交车后需将接驳车数量、行驶方向报给车控室，车控室工作人员负责通知后续车站。

2）如实填写应急公交接驳汽车数量确认表。

① 接驳始发站负责填写“应急公交接驳汽车数量确认表”，在确认表站名及日期栏里填写车牌号、车型。城市轨道交通始发站人员、公交驾驶员都签名后，将第二联、第三联交给公交驾驶员，车站留下第一联。

② 接驳车到达终点站时，终点站人员将确认表填写完整后将第二联交驾驶员，留下第三联。

③ 应急公交接驳始末站负责将“应急公交接驳汽车数量确认表”用信封加封，随当天文件交部门服务组，以便于费用结算。

3）接驳始发站负责交予首次到达城市轨道交通站的公交车驾驶员一张“本市城市轨道交通应急公交接驳应急车辆所经过的路段及乘客出口示意图”，终点站负责回收。

4）接驳始发站负责在首次到达城市轨道交通站的公交车车头放置一块“本市城市轨道交通应急公交接驳车牌”（黄色大塑料牌），终点站负责回收。

5）车站接到控制中心 OCC 取消应急公交接驳命令后，应询问控制中心 OCC 行驶应急公交接驳车的位置，如果仍有应急公交接驳车到本站，则将城市轨道交通恢复运营的信息告知接驳口乘客，让乘客自行选择出行方式，如果无应急公交接驳车到本站，则组织出入口乘客重新回车站乘坐城市轨道交通。

（3）乘客服务信息发布　车站接到调度部通知启动应急公交接驳时，需要在 5min 内对乘客播放应急公交接驳应急广播，每 2min 播放一次直至恢复正常。

15. 城市轨道交通乘坐守则及城际轨道交通线乘坐守则

（1）乘坐守则

1）不得携带以下物品进入车站或其他城市轨道交通设施：

① 枪械弹药和管制刀具，但国家安全、军务、警务、海关等特种人员持有效证件执行公务的除外。

② 宠物、家禽等动物，但正在执行公务的专用动物除外。

③ 易燃、易爆、有毒、放射性、腐蚀性等危险品。

④ 气球以及锄头、扁担、铁锯、铁棒等可能危及乘客人身安全或影响城市轨道交通设施安全的物品。

2）在车站（含站台）、列车或其他城市轨道交通设施内禁止以下行为：

① 追逐打闹、滋事斗殴。

② 攀爬或者翻越围墙、栏杆、闸机、机车等。

③ 擅自进入轨道、隧道或其他有警示标志的区域。

④ 强拉车门或屏蔽门，阻止车门或屏蔽门关闭，强行上下车。

⑤ 非法拦截列车，阻断运输。

⑥ 擅自操作有警示标志的按钮、开关装置；非紧急状态下动用紧急或安全装置。

⑦ 损害、毁坏城市轨道交通设施或擅自移动、遮盖城市轨道交通设施范围内的安全消防警示标志、疏散导向标志、测量设施以及安全防护设备。

⑧ 在轨道上放置、丢弃障碍物，向列车、机车和维修工程车等设施投掷物品。

⑨ 携带自行车及手推车乘车，但符合携带总重量不超过20kg且外部尺寸长、宽、高之和不超过$1.3m^2$的行李规定的除外。

⑩ 其他危害城市轨道交通设施安全或影响运营秩序的行为。

（2）禁止行为　乘客应当自觉维护车站和列车整洁，爱护公共财物，维护公共秩序，不得在车站（含站台）、列车或其他城市轨道交通设施内有以下行为：

1）停放车辆、堆放杂物、摆设摊档或者未经许可派发印刷品。

2）随地吐痰、便溺、吐口香糖，乱扔果皮、纸屑等废弃物。

3）乱刻、乱写、乱画、乱张贴、悬挂物品。

4）乞讨、卖艺、捡拾垃圾。

5）兜售物品或进行其他营销活动。

6）在禁止吸烟区吸烟。

7）躺卧、踩踏座位席。

8）在列车上进食。

9）其他影响城市轨道交通公共场所容貌、环境卫生的行为。

（3）其他　身高1.2m以下儿童必须由成年人陪同进站乘车；对于因服用酒精、药物或其他原因而神志不清者，本市城市轨道交通工作人员可以酌情决定禁止其进站乘车或要求有其他的成年人陪同。

4.3　车站设备维保作业组织安排

1. 火灾自动报警系统

（1）月度检查

1）火灾报警控制屏及联动控制屏。

2）检查控制屏外箱是否损坏及清洁表面。

3）测试控制屏的操作、联动、显示以及火警输出/输入信号。

4）测试供电部分电压是否正常及电池供电是否正常。

5）系统及线路的故障测试并排除故障。

（2）智能模块

1）检查模块箱是否损坏及清洁表面。

2）模块箱及进线管口密封是否良好。

3）检查模块端子接线有无异常。

（3）感烟探测器/感温探测器

1）检查感烟探测器/感温探测器的外观是否损坏及清洁探头外表，以及用高纯酒精清洗内部。

2）每区抽样测试感烟探测器/感温探测器报警是否正常及检查接线是否正常（约每区30%抽样）。

3）每区检查短路故障，测试并排除故障。

2. 手动报警按钮

1）检查手动报警按钮的外表是否有损坏及清洁外表。

2）测试手动报警按钮操作是否正常及检查接线座是否正常（约每区30%抽样）。

3）每区检查短路故障，测试并排除故障。

4）系统线路：

① 测试短路故障及火警信号是否正常并排除故障。

② 测试报警线路、联动线路及警铃线路是否正常并排除故障。

5）季度检查：

① 同月度检查内容。

② 吹洗控制屏内部进行除尘保养。

③ 测试所有烟感/温感器，报警是否正常及检查接线座是否正常。

④ 测试所有报警按钮的操作是否正常及检查接线座是否正常。

⑤测试所有警铃的操作是否正常及检查接线座是否正常。

3. 自动喷水灭火系统

（1）月度检查

1）喷头及管网：

① 检查喷淋头，若有损坏或不规范应及时调整，装饰蝶丢失应重新安装。

② 检查喷淋支管外表有否损坏或漏水现象。

③ 自动喷淋系统应在管网上标示出水流方向指示。

④ 于每层末端排水测试并检查记录楼层喷淋系统压力。

2）喷淋流水系统：

① 检查外表是否损坏并维修。

② 检查入水管内部止回部分是否操作正常及添加润滑油。

3）喷淋水泵，水泵启动控制箱及其组件：

① 测试检查水泵手动/自动时的启停操作及压力。

② 测试水泵启动控制箱的操作，输入/输出信号显示及联动控制。

③ 测试水泵的入水管/出水管（包括闸阀、止回阀、隔沙器、伸缩接头及其他配件）有否损坏及供水/出水是否正常。

④ 检查测试水泵压力的操作，并做水泵出水压力和流量测试记录。

⑤ 清洁水泵及控制柜表面。

⑥ 所有闸阀开闭测试及添加润滑油。

4）湿式报警阀及其组件：

① 检查报警阀外表有否损坏，若有损坏，维修至正常。

② 检查报警阀连接管及主水管（包括闸阀、止回阀、伸缩接头及其他配件）有否损坏及报警阀操作是否正常。

③ 所有闸阀开闭测试及添加润滑油。

④ 检查所有阀门是否挂有“常开”或“常闭”标识牌，如果有遗漏需补上。

⑤ 检查报警阀的排水操作。

⑥ 测试水力警铃，清洗滤清器及添加润滑油。

5）水流指示器：

① 检查及检视外表有否损坏若有损坏，维修至正常。

② 检查内部接点及功能是否正常。

（2）季度检查

1）同月度检查内容。

2）吹洗水泵，启动控制箱控制屏内部进行除尘保养。

3）为系统排水后再送上水然后加压，测试湿式报警阀及其组件。

4）为系统排水后再送上水然后加压，测试喷淋喷头及其水管。

5）为湿式报警阀及其组件漆上油漆及加上润滑油。

6）为喷淋系统入水管漆上油漆及加上润滑油。

7）清洗报警阀内部及检查内部有否损坏。

4. 室内外消火栓系统

（1）月度检查

1）室内消火栓及其配件：

① 检查消防栓外表有否损坏。

② 检查消防水带及接口有否损坏。

③ 检查消防栓接口有否损坏、阻塞及测试消防栓开闭阀操作是否正常。

④ 检查所有阀门是否挂有“常开”或“常闭”标识牌，如果有遗漏需补上。

⑤ 检查消防栓水枪有否阻塞及损坏。

⑥ 所有闸阀开闭测试及加添滑油。

2）消防水泵、水泵直起动控制箱及其组件：

① 测试及检查水泵手动/自动时的启动操作及系统压力。

② 测试水泵起动控制箱的操作，输入/输出信号显示及联动控制。

③ 测试水泵的入水及出水管（包括闸阀、止回阀、隔沙器、伸缩接头及其他配件）有否损坏及供水/出水是否正常。

④ 检查及测试水泵压力的操作，并做水泵出水压力和流量测试记录。

⑤ 清洁水泵及启动控制屏表面。

⑥ 所有闸阀开闭测试及加添润滑油。

3）消火栓管道及其组件：

① 检查消火栓水管外表有否漏水（包括所有阀门或伸缩接头）。

② 市内消火栓系统在水管上标示并作水流方向指示。

4）消防系统入水管路：

① 检查外表有否损坏，若有损坏，维修至正常。

② 检查入水口内部止回部分是否操作正常及添加润滑油。

5）消火栓测试：

① 检查及检视外表有否损坏，测试消防栓开闭阀操作是否正常。

② 射水测试检查建筑物每层室内消火栓，用专用检测仪测流量及水压并记录。

（2）季度检查

1）同月度检查内容。

2）吹洗消防水泵，启动控制箱控制屏内部。

3）室内消火栓管道及其组件把系统排水后再送上水然后加压。

4）为室内消火栓系统入水管漆上油漆及加上润滑油。

5）测试用消火栓漆上油漆及加上润滑油。

5. 防、排烟系统

（1）月度检查

1）正压送风阀及排烟阀工作状态检查，控制及监视线路检测和维护以及设备损坏后的更换。

2）排烟风机的检查、试验以及维护。

3）防排烟风机配电的检查。

4）防火阀工作状态检查。

（2）季度检查

1）重复月度检查内容。

2）正压送风和排烟风量的检查。

6. 消防紧急广播系统

月度检查：

1）系统广播分层播音试验和检查。

2）清洁保养广播主机。

3）广播线路检查和维护。

4）广播主机设备检查和维护。

4.4 车站突发事件处理原则与报告程序

1. 车站突发事件处理原则

城市轨道交通车站及列车是人群集中的公共设施，一旦发生火灾、爆炸和恐吓等突发事件，不仅会引起轨道交通沿线的交通瘫痪，若应急处理不当，势必会造成群死群伤的严重后果，当轨道交通车站发生突发事件时，各岗位车站员工应遵循突发事件的处理原则，团结协作、迅速高效地妥善处置，防止事故的扩大、升级，最大限度地减少事故造成的危害和损失。

车站突发事件处理原则如下：

1）突发事件发生时，应急处置的指导思想是先控制、后处置，救人第一。

2）突发事件现场应急处置的重点是控制事故源头、危险区域，组织人员撤离和抢救受伤人员。

3）各岗位车站员工应按规定程序及时间，及时向有关方面报告，迅速开展工作，尽一切可能控制事故的扩大，以减少伤害和损失。

4）各岗位车站员工应沉着冷静，严格执行规定的标准和程序，优先组织人员疏散、伤员抢救，做好乘客疏导和安抚工作，维持秩序，减少乘客恐慌。

5）各岗位车站员工应坚守岗位，立即进入突发事件抢险救灾状态，兼顾重点设备和环境的防护，采取一切可能措施减少损失。

6）兼顾现场的保护工作，以利于公安、消防和事件调查部门的现场取证。

7）车站员工在处理应急事件时，坚持对外宣传归口管理的原则，不得擅自发布相关信息。

8）坚持就近处理的原则，在上一级事故处理负责人到达现场前，由值班站长担任现场指挥，担负临时事故处理负责人职责。

2. 突发事件报告程序

（1）突发事件报告原则

1）迅速、准确、完整的原则。

2）逐级上报的原则。事故发生在区间，列车驾驶员应立即上报给行车调度员；事故发生在车站或车厂内，车站值班站长或车厂调度员应立即上报给行车调度员。

3）任何车站员工发现或接到突发事件信息时，均应立即执行规定的通报流程，不得延误、中断或缺漏。

（2）事故报告前应采取的措施　在报告事故前，站务人员应根据事故的严重性，果断采取下列措施：

1）若发现任何可能影响列车安全运行的情况，例如信号设备损坏、异物落入轨道等异常情况，则必须利用下列方法，截停可能受影响的列车。

① 操作车站控制室内的紧急停车按钮。

② 按动站台紧急停车按钮。

③ 猛烈摇动“危险”手信号，或猛烈摇动任何物品。

2）若发现设备或装置有故障，则必须立即停用或隔离有关故障设备或装置。

3）突发事件的报告内容。报告突发事故时，应尽可能全面，主要包括下列内容：

① 报告人姓名、职务、单位。

② 事件发生的时间、地点。

③ 事件发生的概况、原因（初步判断）及对运营的影响程度。

④ 人员伤亡情况、设备设施损毁情况。

⑤ 已经采取的措施。

⑥ 请求救援的内容（例如公安、消防、救护等）。

⑦ 其他必须说明的内容。

4）突发事件报告程序。突发事件发生后，现场人员应严格遵守报告程序迅速报告，调度控制中心根据当时各部门、各车站上报的情况及时汇总，确认突发事件性质、原因，作出准确判断，高效调动、协调企业内外资源，确保事态得到有效控制，力争将损失降到最低限度。因此，城市轨道交通运营企业内部必须建立起一套严格、高效的信息传递程序。具体通报流程，如图4-1所示。

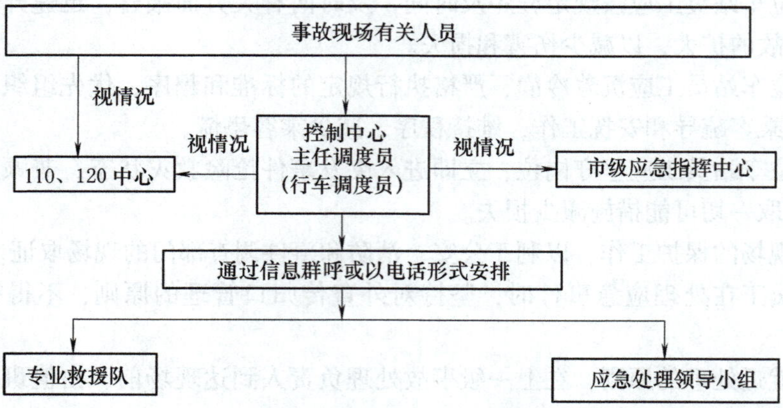

图4-1　突发事件通报流程

3. 车站突发事件客运组织措施

在某些特定情况下，如城市轨道交通设施遭到损坏、正常的营运秩序被打乱、乘客的出行时间被扰乱或人身安全遭到威胁，此时要求客运服务人员保持清醒的头脑，在站长的领导下，按照应急处理办法有步骤地解决问题，在最短时间内恢复车站正常的乘降秩序。

在关键时刻要保持良好的心理状态，将乘客安全放在首位，除了有全心全意为乘客服务的思想，还要有扎实的业务基础，本部分内容介绍在几种特殊情况下的客运组织措施，但遇到实际情况，仍需随机应变，寻找最佳处理方案。

（1）客流突然大量激增时　在列车运行正常情况下，遇有大量集中乘客购票时，要立即委派专人维持售票窗口旁的秩序。售票窗口处要设专人宣传，在尾处设专人理顺队伍，增加售票员，加开售票口。

在人工售检票情况下，检票处要放宽检票通道，检票员要站立检票，必要时可撤除检票亭。若售票口秩序混乱有发生危险的可能性，站务员及公安人员来不及补充与调动时，经站长批准，对不报销车票的采用收取现金（零钱）进站的办法暂时缓解客流，待售票处稍有缓和，立即恢复凭车票进站正常售、检的办法。

在自动售检票情况下，每台闸机都调整为可进可出状态。若检验票口秩序混乱有发生危险的可能性时，可改为人工售票或者凭不计里程票进站，出站口人工收取磁卡。

（2）列车因运行秩序不正常而造成长时间无车时　列车运行图紊乱，高峰时段10min以上无车时，应立即进行“因城市轨道交通运力不足，列车间隔较大，有急事者请乘坐地面交通车辆”的宣传，减少售票员并降低售票速度。

站务人员要进行宣传解释和安全巡视，并做好解释工作，若大厅乘客拥挤不堪、难以出入时，马上采取派人把口节流和分批进站的方法，或临时关闭大门，只出不进。

(3) 列车密集到达，站台拥挤、出站困难时　当站台拥挤、出站困难时，应立即在车站咽喉处疏导迅速出站，对进出口分开的车站，如进口客流不大或进出比例在 3:7 以下的岛式车站，可临时用进站口疏散乘客，利用车站广播进行宣传并监视站台边缘乘客动态。当站台出站乘客不得不处在安全线以外时，不能再由车上下人，行车值班员与行车调度员联系并经同意后，应立即采取后续列车在站外一度停车，在本站通过或通知到达列车驾驶员，暂缓开启车门的办法。

(4) 遇有已知的重点运输情况时　遇有已知的重点运输情况时，应提前作出客运组织方案，确定地上售票地点，张贴各种标志。售票地点要与进站口拉开距离 5m 之外，进站口要分开，售票点安排不少于三位维持秩序的人员（队头、队中、队尾），进站口处要用护绳、围栏隔开，等候买票的乘客要劝阻其在护栏之外。站台、大厅、出口要有接力传递信息的人员或专职人员，随时对售票速度进行灵活掌握和控制。如果遇到有晚间重点运输时，站外要装有足够的照明设施。

(5) 在车站进行临时清车时　进行临时清车时，站台站务员、值班站长、行车值班室无作业时的行车人员要全部出动，对乘客既要做好宣传解释，使之有紧迫感，又要主动劝慰，确保清车工作顺利进行。

(6) 因特殊原因造成群众不满而在车站集结闹事时　乘客在车站闹事时，除请公安人员协助外，应将个别领头人带到僻静地点进行教育，如确因城市轨道交通原因造成的，可主动与其单位联系，讲明情况或开具证明，或给其退款。对大多数乘客应做好耐心说明工作；对与驾驶员纠缠的乘客应主动做好劝解工作，确保驾驶员及时开车。

(7) 车站照明全部熄灭时　车站照明全部熄灯时，应立即通知行车调度员及有关部门，同时利用广播进行宣传，其内容是“现在临时停电，请乘客不要乱跑，照看好老人、小孩和自己携带的物品，向站台中部移动……”，以此用以安定乘客的心理。并立即停止售票，派人把守，停止进站。站务人员应携带喇叭和电筒，缓慢引导乘客出站；行车值班员应及时通知行车调度员，使上下行列车在本站通过不停车，如有少量事故影响照明时，售票处要控制售票，必要时采取派人把口分批进站的措施。

(8) 遇有大风、大雪、大雨使出入口和通道堵塞时　遇有大风、大雪、大雨时，在出入口处增派人员以防止大量乘客涌入，对下车乘客应引导出站，其余站务人员应引导乘客在两侧墙处待避，疏通中间通道，并暂停电梯使用。大厅混乱时，要着重维持售、检两处的秩序；出现危急情况时，在得到行车调度员同意后，使列车在本站通过不停车。

(9) 车门在车站发生故障时　列车车门在车站发生故障时，驾驶员应负责处理故障，站务人员一方面应注意乘客安全，另一方面应做好跟车护送的准备，并及时与行车值班员和驾驶员联系，在行车值班员请示行车调度员后，应果断跟车护送到终点站或直至有人替换。岗上抽调人员跟车后应及时补充，无多余人员时，应由客运值班员代岗。如果两个门有故障，已确定无人护送时，应向行车调度说明后，取消列车或采用其他措施。

(10) 发生意外伤害时　列车在站内或区间发生乘客伤害事故时，除按公司规定的处理办法外，站务人员要及时疏散乘客，注意他们的动态，防止再发生事故。同时，站务人员不得声张事态情况，更不得离岗躲避或离岗观看，事故处理后，应及时对出事地点清迹复原。

(11) 列车在区间、隧道内停车时　列车在区间、隧道内由于线路、设备故障无法运行时，值班站长接到通知后，应立即组织站务人员做好应急措施的准备工作，听候行车调度命令。如果一时无牵引动力，列车需在区间、隧道内停留较长时间时，在接到行车调度命令后，值班站长应赶赴现场，加强安全宣传，稳定乘客情绪，采取有效措施使车内空气流通，每节车厢应派人防护，必要时可疏散乘客。

4. 乘客受伤事故处理办法

在城市轨道交通运营过程中，乘客在城市轨道交通运营范围内感到不适、发病、昏迷或因意外事故受伤等事件，车站工作人员应按照下列原则和程序进行处理。

（1）乘客受伤事故处理原则

1）车站在处理乘客受伤事件时，要以维护公司形象、保护公司最大利益为原则，以人为本，给予乘客必要的帮助。

2）车站在处理乘客受伤事件时，要在第一时间内进行取证工作，尽可能得到旁证及当事人签字确认，以事实为依据，客观记录，充分留下原始资料。

3）及时将事件的处理结果报告给相关部门，以备后续处理。

（2）乘客受伤事故处理办法 乘客受伤事故处理程序如下：

1）车站现场工作人员发现或接到受伤乘客求救时，应立即报告给值班站长并赶赴现场，了解伤（病）者情况及初步原因。

① 视伤（病）者情况，若其意识清醒，应询问其是否需要车站协助致电120急救中心，征得同意后帮助其拨打120急救电话。询问伤（病）者家人联系电话，设法联系其家人尽快来站救护。伤（病）者家人到站后，由其家人将其接走，如果车站致电120急救中心，救护人员到达后，车站协助将伤（病）者送至救护车上。如果乘客认为是车站原因导致其受伤，要求车站派人同往医院时，车站员工应请示站长及运营单位客伤主管部门获准后方可派人陪同前往医院。

② 若伤（病）者情况危急，意识不清，不及时救护可能会有生命危险，车站应及时致电120急救中心，同时车站需及时上报给行车调度员、车站站长及运营单位客伤主管部门。

2）如果因城市轨道交通设备造成事故，应立即停止该设备运作（影响列车运行的设备除外），并报告给车站控制室。

3）疏散围观群众，寻找目击证人，收集、记录有关证人资料。

4）需要时，对乘客外伤进行简单的包扎处理。

5）如果调查需要，应保护好现场，必要时对有关区域进行隔离，并用相机记录有关现场情况。

6）必要时，根据值班站长安排，站务人员到紧急出入口引导急救人员进站。

7）必要时协助警方进行事故调查。

为保证乘客出现伤亡时的及时抢救和快速处理，城市轨道交通运营公司一般设置乘客伤亡紧急处理经费。若初步判断乘客受伤属于城市轨道交通责任时，车站应立即向有关部门、单位报告，车站可安排车站员工陪同伤者前往医院检查治疗；伤者在医院所花费用，经请示同意后，可由车站在有关处理经费中垫付。伤者提出索赔时，车站应配合相关部门人员与当事人协商处理。

5. 列车撞人、撞物事故处理办法

（1）意外伤亡事故处理办法 在城市轨道交通运营线路上，发现列车撞压外部人员或与其他车辆、物体碰撞，造成人员伤亡，即列为地外伤亡事故。伤亡事故的现场处置应按以下办法进行。

1）车站发生伤亡事故，由值班站长担当现场指挥工作；区间发生伤亡事故，由列车驾驶员担当现场指挥工作。

2）车站发生伤亡事故，列车驾驶员必须立即停车，将情况向车站行车值班员汇报，行车值班员应根据情况要求接触网（轨）停电，本着尽快开通线路的原则进行处置，并设法挽留1~2名证人。

3）区间发生伤亡事故，列车驾驶员必须立即停车，将情况向行车调度员或邻近车站行车值班员报告；根据情况要求接触网（轨）停电，在事发地点做好标记，并将伤者送到最近前方车站交车站妥善处理。对死者要将其移至不妨碍行车的地点。如果是地面的线路时，应对死者尸体进行遮盖，处理完毕后，请求送电，恢复行车。

4）车站行车值班员接到报告后，应立即上报给行车调度员，并通知公安部门。行车调度员上报给值班经理，值班经理接到报告后及时通知公安部门。

5）对伤亡事故现场不妨碍行车的事故遗留物品采取保护措施。

6）公安机关、城市轨道交通工作人员接到报告后，应迅速赶到现场。

7）城市轨道交通工作人员要协助公安机关调查取证，维护车站秩序，处理现场，尽快恢复通车。对事故列车，行车调度员要及时调整回段，由公安机关进行勘查。

8）接触网（轨）停电、送电和列车的移动要服从现场指挥。公安机关、城市轨道交通工作人员需要进入运营线路勘察、清理现场，必须经现场指挥认定，工作结束时由现场指挥清点人数后，方可要求接触网（轨）送电。

9）城市轨道交通工作人员应如实向公安机关陈述事故发生经过，其他知情者应及时向公安机关提供证据。

10）公安机关依法对事故现场、设备进行勘察。需要时，城市轨道交通工作人员应给予配合。

11）发生伤亡事故，城市轨道交通客运部门应及时将伤者送往医院进行抢救。死者由公安机关依据有关规定进行处理。

12）发生伤亡事故，车站行车值班员、列车驾驶员应及时告知乘客。对乘客的广播宣传工作要按以下标准用语执行。

① 列车广播词：“各位乘客请注意，现在是临时停车，由于前方发生人员侵入轨道线路事件，公安机关正在积极处理，列车很快将恢复运行，由此给您带来不便，请谅解。”

② 车站广播词：“各位乘客请注意，由于发生人员侵入轨道线路事件，公安机关正在积极处理，列车很快将恢复运行，由此给您带来不便，请谅解。”

13）发生伤亡事故，需要向媒体发布有关信息时，由城市轨道交通运营公司新闻发言人负责。

14）伤亡事故的善后处理，由城市轨道交通运营企业应根据公安机关出具的事故调查结论，依照《城市轨道交通安全运营管理办法》处理。

（2）站务人员应急处理程序　车站发生撞人、撞物等事故后，各站务岗位人员应急处理程序如下。

1）车站发生撞人、撞物、地外伤亡事故后，行车值班员应立即向行车调度员、公安派出所报告，通知值班站长、站区长等上级领导。

2）值班站长应立即赶赴现场并在上级领导及公安人员未到达之前担当现场负责人，组织指挥现场处理并做好以下工作：

① 指定专人负责挽留两名以上非城市轨道交通车站员工的目击者作为证人，索取证明材料。证人有急事不能留下时，应记下其工作单位、家庭地址及联系电话等。

② 利用车站广播设施做好乘客宣传解释工作，劝导乘客改乘其他交通工具。

③ 售检票人员维护好站厅秩序，依据现场情况采取限制售票或停止售票方式控制乘客进站。

④ 需下站台查看及处理时，必须在接触网（轨）停电后由现场负责人指定专人进行。

⑤ 查看现场时，在未发现之前或当事人未死亡的情况下，严禁送电、动车，找到被撞压者后应查看其伤亡情况，无法断定是否死亡的一律按伤者处理，应设法将其尽快移至站台。

⑥ 如被撞压者未亡，应尽一切努力避免动车去救人，但在只有动车方可救人的情况下，由现场公安人员作出动车决定。

⑦ 需对伤者进行救护时，应及时通知急救中心，指派专人到指定出入口迎候救护车辆。

⑧ 如当事人已经死亡，其位置不妨碍列车运行时，可先行送电通车；如其位置妨碍列车运行，可将尸体移上站台或移至边墙、道沟等不侵界位置，再行送电通车，必要时再次停电处理，并做好标记。

⑨ 除现场处理以外的其他车站工作人员应做好疏散围观乘客和维护站台、站厅秩序的工作。

⑩ 车站工作人员应积极协助公安人员的调查工作，涉及刑事案件的地外伤亡事件，应尽量保护现场，尽一切可能留住嫌疑人、知情人及可提供线索者，积极协助公安人员的工作。

6. 炸弹、不明气体、物体恐吓（袭击）事件应急处理办法

城市轨道交通车站内时常会遇到无主物品，一般为乘客大意遗留或有意丢弃，但也有可能是犯罪分子有意放置的危险物品。对车站、列车范围内的不明物品，城市轨道交通工作人员应保持警惕，严格按照可疑物品处理预案执行，不可麻痹大意，延误处理时机，而对乘客造成人身、财产的伤害。以下简要介绍某市城市轨道交通运营公司对炸弹、不明气体、物体恐吓（袭击）事件的应急处理办法。

（1）炸弹、不明气体、物体恐吓（袭击）事件应急处理办法 当城市轨道交通工作人员接到电话、书面或电子邮件等各种形式的恐吓信息时，应按下列应急预案开展工作。

1）接获恐吓信息后，城市轨道交通车站员工应立即向其上级领导报告。控制中心 OCC 应立即向公安部门报告该恐吓事件，并通知受影响车站的值班站长、行车线上的列车驾驶员及各级紧急救援抢险部门。

2）由公安部门确定恐吓信息的真实性，在车站进行不公开或公开的搜索行动。

① 不公开搜索，无需疏散乘客，由城市轨道交通车站员工与公安人员联合进行。

② 若公安部门已掌握相关信息，或确实已发现可疑物品时，需在车站进行公开搜索。搜索前需局部或完全疏散乘客，并由公安人员单独进行搜索行动。车站员工停留在安全的范围内，为搜索人员提供协助。

（2）车站接到恐吓信息后，不公开搜索程序

1）值班站长安排停止所有清洁工作，依次搜索所有公众范围及所有非公众范围，及时将最新进展通报给值班经理。

2）公安人员前往有关车站，参与搜救行动，与值班站长保持密切联系，了解搜索工作的最新进展。

3）若发现可疑物品或有毒气体，值班站长应立即封锁现场，决定局部或完全疏散乘客，并立即通知值班经理。进行疏散前，必须先搜索所有疏散线路，确保疏散乘客的安全。

车站员工发现可疑物品后，应立即向上级报告该物品的形态及准确位置，切勿触摸该物品，并留意周围形迹可疑的乘客。且不得在可疑物品 50m 范围内使用手机、无线电对讲机等通信设备，设置警戒区域封锁物品的四周范围，疏散周围乘客。

4）若未发现可疑物品或有毒气体，值班站长应报告给公安人员负责人，请示是否进行二次搜索。公安人员负责人向所有搜索人员查询搜索情况，将搜索结果上报给上级公安部门。

【实践操作】

1. 操作练习

1）根据本章所学的知识，针对站长、值班站长、客运值班员岗位职责与作业标准进行实际训练。

2）针对车站突发事件情境模拟客运组织措施。

2. 书面练习

1）简述客运值班员的管理范围、职责和岗位技能。

2）简述月度检查火灾自动报警系统的项目有哪些。

3）简述列车撞人、撞物事故处理办法。

【评价跟进】

1. 教师的评价

由教师在完成本章的教学任务后填写，在相应表格中画“√”

评 价 项 目		教师的评价			
序号	题　　目	好	较好	一般	较差
1	对本章教学过程的控制				
2	在本章教学过程中，学员的参与情况				
3	学员对本章知识学习后的效果反馈				
教师对本章教学的总结评价意见及跟进措施					

2. 学员的评价

由学员在完成本章的教学任务后填写，在相应表格中画“√”

评价项目		学员的评价			
序号	题目	好	较好	一般	较差
1	在本章教学执行过程中教师的表现				
2	本章教学内容与社会实际需求的联系情况				
3	自己在本章学习过程中的表现				
学员对本章教学的总结评价意见及跟进措施					

3. 知识跟进

(1) 从互联网上了解城市轨道交通车站站长、值班站长、客运值班员基本要求与工作制度。

(2) 从互联网上了解城市轨道交通车站客运规章制度有哪些创新。

第5章 车站行车值班员基本要求与作业方法

【问题导入】

为加强车站行车作业组织，必须建立和健全各项行车作业制度，做到行车作业制度化、程序化和标准化。车站行车作业的制度主要有车站值班员岗位责任制、交接班制度、检修施工登记制度、道岔擦拭制度、巡视检查制度和行车事故处理制度等。

【学习目标】

1. 能掌握行车组织原则。
2. 能说出车站行车作业基本要求。

【教学建议】

1. **教学场地**：在普通教室、能连接互联网的多媒体教室及城市轨道交通系统的各种模型实训室中进行，课后可实地参观。

2. **设备要求**：各种城市轨道交通车站的仿真模型1套，或能播放视频投影的设备及相关课件、视频。

3. **课时要求**：共6课时，其中课堂讲授6课时。

【理论知识】

5.1 行车组织原则

1. 行车组织基本原则

1）车站行车组织指挥工作，必须坚持安全生产的方针，贯彻高度集中、统一指挥和逐级负责的原则。

2）车站行车组织工作由车站当班值班站长统一负责，值班站长必须服从行车调度员的统一指挥，执行行车调度员的命令。

3）《运营时刻表》是行车组织工作的基础，《运营时刻表》以运作命令或值班主任调度命令的形式发布执行。

4）行车时间以北京时间为准，从零时起计算，实行24h制。行车日期划分：以零时为界，零时以前办妥的行车手续，零时以后仍视为有效。

5）指挥列车在正线运行的命令只能由行车调度员发布，列车驾驶员必须严格遵照《运营时刻表》规定的时间，按信号行车，并接受行车调度员的指挥和命令。

6）正线、辅助线和出/入厂线的行车组织由行车调度员负责。出/入厂线属行车调度员管理范围；按规定的“X”下行、“S”上行信号机为界的车厂线的行车组织由车厂调度员负责。所有与正线相关或影响行车的作业，于开始前必须得到行车调度员批准。

7）出/入车厂线被视为区间，属行车调度员管理范围，按规定办理有关行车手续。空客车、调试列车、工程车和救援列车出入某车厂均按列车办理。

8）两条线的联络线被视为区间，属某号线管理范围；如组织列车过线，按规定办理有关行车手续。

9）所有车厂控制中心（DCC）交付使用的列车，操纵权属驾驶员，所有与列车相关的操作必须得到驾驶员同意或授权。客车在运行中驾驶员应在前端驾驶，如果推进运行时由一名具备监控员资格的员工在前端驾驶室引导和监控客车运行。

10）在车厂范围内指挥列车或车厂调车的信号以地面信号和调车专用电台为主，手信号旗/灯为辅。

11）调度电话、站车无线电话用于联系行车工作，需使用标准用语。

12）客车晚点统计方法：比照《运营时刻表》单程每列晚点3min以下统计为正点，3min及以上统计为晚点；若因排队晚点时则按统计指标的相关要求进行统计。行车调度员应根据客车晚点情况及时采取措施，调整客车运行。

2. 行车指挥

（1）城市轨道交通行车指挥机构

1）城市轨道交通行车指挥执行层次，如图5-1所示。

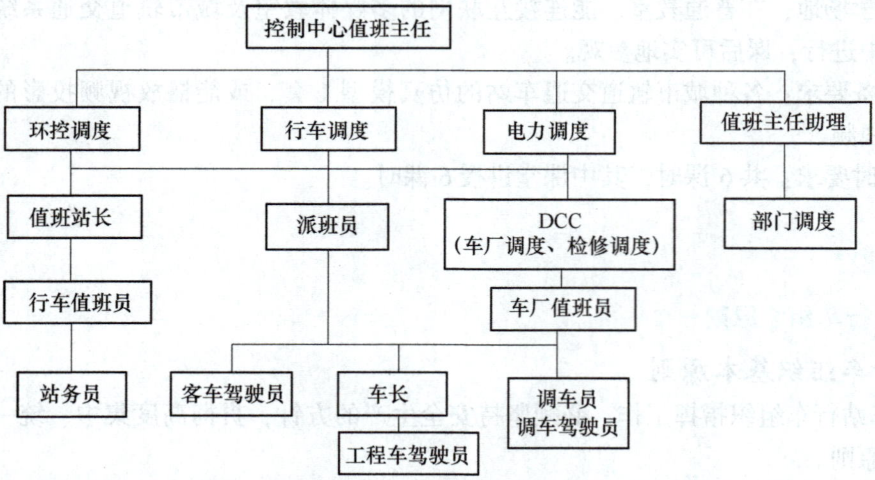

图5-1 城市轨道交通行车指挥执行层次图

2）运营指挥机构：

① 运营指挥分为一级、二级两个指挥层级；二级服从一级指挥。

② 一级指挥为行车调度、电力调度、环控调度和值班主任助理。

③ 二级指挥为车站值班站长、车厂调度员、车厂控制中心（DCC）检修调度和部门调度（其中，电力调度员兼任供电部部门调度、环控调度员兼任机电部部门调度）。

④ 各级指挥要根据各自职责任务独立开展工作，并服从OCC值班主任总体协调和指挥。

3）城市轨道交通运营控制中心（OCC）：

① 城市轨道交通运营控制中心（OCC）是城市轨道交通日常运营、设备维护和行车组织的指挥中心，是城市轨道交通运营信息收发中心。城市轨道交通运营控制中心（OCC）代表有限公司总经理指挥运营工作，代表有限公司与外界协调联络城市轨道交通运营支援工作。

② 值班主任是OCC当值调度班组长，各调度由值班主任协调统一指挥。在处理突发事件、事故时，各调度有责任向值班主任提供本岗位的协助处理方案，并及时报告相关信息。

③ 行车工作由行车调度员（以下简称行调）统一指挥。

④ 供电设备运作及维修、抢险组织由电力调度员（以下简称电调）统一指挥。

⑤ 环控和防灾报警设备运作及维修、抢险组织由环控调度（以下简称环调）统一指挥。

⑥ 通号维修部、AFC维修部和工建部的抢险组织由值班主任助理统一指挥，涉及车辆专业外的跨专业、跨部门的抢险组织由值班主任助理统一指挥。

4）维修组织（部门调度）：各维修部门设置部门调度。

① 各维修部门的部门调度是除车辆设备以外的城市轨道交通设备计划性维修和故障维（抢）修的组织中心。跨部门间设备抢修配合工作由值班主任助理协调。

② 各维修部门的部门调度主要负责维修本专业管理范围内的故障（事故）信息接收、传递、反馈和处理的组织、协调及统计分析工作。

③ 各维修部门的部门调度还负责本部门检修作业计划的审核、协调及作业的实施监控等工作。

5）车厂控制中心（DCC）：

① 车厂控制中心（DCC）是车厂运作管理、车辆维修的中心，DCC设有车辆检修调度及轮值技术员、车厂调度员。

② 车厂控制中心（DCC）负责车厂范围内的行车组织、维修施工管理。

③ 车厂控制中心（DCC）负责车辆日常检修、清洁、定修和临修工作控制，为城市轨道交通运营及设备维修施工提供质量良好和数量足够的客车和工程车。

④ 车厂由车厂调度员统一调度指挥。

6）车厂信号控制室：

① 车厂信号控制室是车厂内所有轨道线路的信号联锁设备的集中控制点，隶属车厂调度员管理。

② 车厂信号控制室负责车厂信号联锁系统的控制及与所连接车站共同组织列车进出车厂。

③ 车厂信号控制室设乘务值班员，负责排列车厂内的调车作业和列车进出车厂的运行进路。

7）列车在区间时，客车由驾驶员负责指挥，工程车由车长负责指挥；列车在车站时，由车站值班站长负责指挥。或由行车调度员使用无线电话直接指挥列车驾驶员。

（2）行车指挥具体内容

1）行车有关人员必须服从行车调度员指挥，执行行车调度员命令，行车调度员应严格按《运营时刻表》指挥行车。

2）指挥列车运行的命令和口头指示，只能由行车调度员发布。行车调度员发布命令前应详细了解现场情况，听取有关人员的意见。调度命令的发布规定如下：

① 发布口头命令的内容有：临时加开或停开列车（包括客车、工程车及救援列车）；客车推进运行、退行，工程车退行；停站客车临时变通过；改变列车驾驶模式时。

② 发布书面命令的内容有（可先用口头命令，事后补发书面）：发布线路限速或取消限速；封锁、开通线路时；行车调度员认为有必要记录的命令。

3）行车调度员发布命令时，在车厂由派班员负责传达，在正线由车站值班站长（行车值班员）负责传达，传达给驾驶员或其他有关人员的书面命令应盖有车站（车厂）行车专用章。

4）同时向几个受令单位或部门发布调度命令时，行车调度员应指定其中一人复诵，其他人核对，确保无误。书面命令需填写《调度命令登记簿》。

5）行车调度员应掌握工程车的运行情况，了解装卸作业进度，检查工程车进出工程领域的情况，确保安全。

(3) 列车车次的规定

列车车次的规定如下：

客车车次由 8 位数组成。左边 3 位为目的地码，中间 3 位为服务号；右边 2 位为序列号，末位偶数为上行，奇数为下行，顺序编号。

例如：

“011 001 01”车次表示开往堤角站方向、第一工作班、第一列（01 是下行的第一列列车）、下行列车。

“011 001 03”车次表示开往堤角站方向、第一工作班、第二列、下行列车。

“012 001 02”车次表示开往东吴大道方向、第一工作班、第一列（02 是上行的第一列列车）、上行列车。

“012 001 04”表示开往东吴大道方向、第一工作班、第二列、下行列车。

调试车车次比照客车车次，使用服务号区分。客车、专列和调试车的服务号见表 5-1。

表 5-1　客车、专列和调试车的服务号

列车类别	服务号	备注
客车	001 ~ 049	
空客车	071 ~ 089	
专列	95 ~ 99	
调试车	051 ~ 059	

工程列车、救援列车的车次为 3 位数。工程列车、救援列车的车次规定见表 5-2。

表 5-2　工程列车、救援列车的车次规定

列车类别	某号线上的列车车次	备注
工程列车	501 ~ 519	
轨道列车	571 ~ 589	含网轨检测车、打磨车
救援列车	671 ~ 679	含客车、工程车

(4) 有关列车标志、编组的规定

1）客车标志有：本城市轨道交通徽记、车辆编号和标志灯等。

2）工程列车尾部必须挂有标志灯。当工程列车按首尾机车编组时，应使用首端机车驾驶，当首端机车故障而使用尾端机车驾驶时，按推进运行办理。

3）列车编组，在列车中的机车和车辆的制动机，应全部加入列车的制动系统。具体规定如下：

① 客车：客车始发不准编挂空气制动系统故障的车辆，在运行途中发生制动系统临时故障时，允许切除一辆，到达终点站后退出服务或按“本线列车故障处理指南”的要求处理。

② 工程列车：编入工程列车的车辆不准有关门车，如果在运行途中因自动制动机发生故障时，应报告给行车调度员并按其指示办理。

（5）客车、工程列车应按规定的编挂条件进行编组 下列车辆禁止编入列车：

1）车体倾斜超过规定限界的。

2）曾经发生脱轨或冲撞事故，未经检查确认的。

3）装载超出限界、长轨或集重货物时，不符合《作业通用安全守则》的范围。

4）平板车装载货物违反装载和加固技术条件的。

5）平板车未关闭侧板的。

6）制动系统故障的车辆。

7）未按规定维护保养或清洁的客车。

3. 车站行车作业基本要求

车站行车作业包括列车接发作业、列车折返作业等。车站行车作业应按照列车运行图要求，不间断地接发列车与折返列车，确保行车安全与乘客安全。对车站行车作业，有如下几个基本要求：

1）执行命令，听从指挥。严格执行单一指挥制，车站行车作业由车站值班员统一指挥。列车在车站时，列车驾驶员应在车站值班员指挥下工作。车站值班员应认真执行行车调度员的命令和上级领导的指示。

2）遵章守纪，按图行车。认真执行行车规章制度，遵守各项劳动纪律。办理作业正确及时，严防错办和漏办，严禁违章作业。当班必须精力集中，服装整洁、佩戴规范，保证车站安全、不间断地按列车运行图接发列车。

3）作业联系及时准确。联系各种行车事宜时，必须程序正确、用语规范、内容完整、条理清楚，严防误听、误解和臆测行事。

4）接发列车，目迎目送。接发列车严肃认真，姿势端正。认真做好看、听、闻，确保列车安全运行。

5）行车报表填写齐全。行车报表包括各种行车凭证、行车日志和各种登记簿。行车凭证有路票、绿色许可证和调度命令等；登记簿有《调度命令登记簿》、《检修施工登记簿》和《交接班登记簿》等。填写时，应按规定内容、格式认真填写，保持报表完整、整洁。

4. 联锁设备管理

1）某号线全线共24个站，划分为A站、B站两个联锁区，在A站、B站联锁站及C站、D站、E站、F站、G站、H站、I站设备站（它们都相隔2~3个站），共9个车站分别设有LOW设备工作站，用于设置列车进路。

2）A站联锁区负责半个区段的各站，B站联锁区负责半个区段的各站，A站、B站两联锁区分界点为某站至某站区间某公里+某米处。

3）OCC中央控制室设有中央联锁工作站（CLOW），在各LOW工作站正常时只监视不控制，CLOW用于行车调度员观察全线列车进路及列车运行信息。

4）《运营时刻表》由行车调度员在TTP或中央HMI上进行装载。

5）车厂信号联锁设备：

① 车厂采用微机联锁，由信号楼操作控制。

② 车厂与某站连接的信号接口，设有相互进路照查电路。即列车从车厂进入正线或正线列车进入车厂时，确认照查电路表示灯不亮才能开放进出车厂的信号。

6）正线道岔锁定规定：

① 根据信号提供的条件，具备联锁功能的道岔，通过进路或“单独锁定”对相关道岔进行电子锁定。

② 不能使用电子锁定的道岔，在办理行车进路时，由车站或车厂行车人员使用钩锁器对道岔人工锁定。

5.2 车站行车作业制度

为加强车站行车作业组织，必须建立和健全各项行车作业制度，做到行车作业制度化、程序化和标准化。车站行车作业的制度主要有车站值班员岗位责任制、交接班制度、检修施工登记制度、道岔擦拭制度、巡视检查制度和行车事故处理制度等。

1. 车站值班员岗位责任制

车站行车作业实行单一指挥制，车站值班员是车站行车作业的组织者和指挥者。根据行车作业的需要，车站还可设置车站助理值班员，但在采用ATC系统时一般不设。

车站值班员的岗位职责是：执行行车调度员的命令和指示，统一指挥车站的行车作业；监视行车控制台的进路开通方向、道岔位置及信号显示，监视列车运行状态和乘客乘降情况；在实行车站控制时，按列车运行图及行车调度员下达的列车运行计划办理闭塞、排列进路、开闭信号和接发列车；填写行车凭证和其他各种行车报表；办理设备检修施工登记；组织交接班工作等。

车站助理值班员的岗位职责是：接送列车、监护列车运行，交递调度命令及行车凭证，手信号发车，调车作业现场组织，进行站线巡视和协助乘客乘降组织，在不设助理车站值班员岗位时，上述职责由站台服务员等员工承担。

2. 交接班制度

车站值班员交班时，应将列车运行和设备状态，上级指示和命令及完成情况等填记在《交接班登记簿》上，并口头向接班车站值班员交代清楚。

车站值班员接班时，要了解列车运行情况，对行车设备、备品和表报进行检查后，签认接班。内、外勤车站值班员实行对口交接。

3. 检修施工登记制度

车站值班员对各项检修施工作业，应根据检修施工计划，向检修施工负责人交代有关注意事项后，方可登记。凡影响行车作业的临时设备抢修，要在与行车调度员联系作业时间并获同意后，方可登记。检修施工作业结束后，行车设备经试验、确认技术状态良好后，方可签认注销。

4. 道岔擦拭制度

道岔必须由专人负责定期擦拭。擦拭道岔，必须与行车调度员联系，办理控制权下放手续。道岔擦拭时，车站控制室要有人监护，不准随意扳动道岔；擦拭道岔人员一律穿绝缘鞋，携带防护用具，擦拭前施放木楔，无关人员不得擅自进入道岔区；如果需换道岔，室内监护人员与现场擦拭人员应进行联系，说明道岔号码及定、反位，现场擦拭人员要离开岔道。道岔擦拭完毕，要认真清理现场，清点工具，撤除木楔，并检查有无妨碍列车运行及道岔转换的物品；试验道岔及确认良好后，与行车调度员办理控制权上交手续，有关按钮由信号人员加封并做记录；填写《道岔擦拭登记簿》。

5. 巡视检查制度

送电前，车站值班员应进行站线巡视，检查线路上有无影响列车运行的异物。对站内检修施工后的现场进行巡视检查，应符合检修施工登记注销情况。同时，应检查行车控制台是否有异常情况。

6. 行车事故处理制度

发生行车事故后，应立即采取有效措施进行处理，同时向行车调度员及有关部门报告。认真记录事故发生的时间、地点、列车车次、车号、关系人员姓名及人员伤亡和设备损坏情况。赶赴现场，查找人证与物证，并做好记录。清理现场，尽快开通线路。对责任行车事故，应认真找出原因，提出处理意见，制定防范措施。

客运服务是城市轨道交通客运组织工作的一项重要内容，是完成城市轨道交通运营任务的重要组成部分，也是反映城市轨道交通服务质量的一个主要因素。在日常工作中，客运服务人员要以端庄大方的仪容举止，给乘客提供美好的形象服务；以热情、和蔼和谦虚的态度，给乘客提供礼貌的语言服务，以文明、和谐的乘车氛围，给乘客提供赏心悦目的文化服务。为了体现城市轨道交通一流的服务质量，客运服务人员必须恪守职业道德，讲究服务艺术，提高服务质量。

客运服务工作必须以确保乘客安全及列车正点为目的，为及时、快速地疏导乘客而提供优美舒适的乘车环境和便利周到的各种服务。为了提高服务质量，客运人员必须认真学习客运服务有关规章制度与标准，掌握服务技能，严格按照各工种的岗位作业标准进行操作，本着全心全意为乘客服务的原则，让乘客享受到城市轨道交通一流的服务。

5.3　接发列车作业

由于国内城市轨道交通信号系统普遍实现中央级控制（自动列车监控系统，ATS），列车实行自动驾驶运行，城市轨道交通车站原则上不办理接发列车作业。车站对列车运行情况进行监视，负责向行车调度员报点，各站间相互报点，当发生意外事件时，向行车调度员请示，经同意后暂不报点；站台站务员按有关规定迎送列车。只有在信号联锁故障，需人工排列进路组织列车运行及列车开到区间因故障要退回车站等特殊情况下才需办理接发列车作业。这里首先介绍列车进路与联锁以及人工排列进路的基本概念和方法，再介绍具体接发列车作业。

1. 列车进路与联锁

（1）列车进路与联锁　列车在车站到达、出发或通过所需占用的一段线路称为列车进路。列车进路的排列通常涉及道岔位置的转换，列车进路的防护则由设置在进路入口处的信号机担当。

为了确保列车进路的安全，在道岔和信号机之间以及信号机之间建立的相互制约关系成为联锁。联锁设备是实现联锁关系的技术设备。

（2）联锁关系 联锁关系可以归纳为以下几点：

① 只有进路上有关道岔开通位置正确，防护这一进路的信号机才能开放。

② 当防护某一进路的信号机开放以后，该进路上的所有道岔均不能转换。

③ 当防护某一进路的信号机开放以后，所有敌对进路的信号机均不能开放。

④ 在正线出站信号机开放以前，进站信号机不能显示正线通过信号。

1）电气集中联锁。在采用电气集中联锁设备时，列车进路办理在行车控制台上进行。在行车控制台上按下拟建立进路的始、终端按钮，只要该进路区段无车辆占用以及无敌对进路存在，与进路有关的所有道岔机就会自动转换到规定位置并锁闭，即进路排列完成。此时，在行车控制台的显示盘上，选出的进路从始端到终端呈现出一条白色光带，防护该进路的信号机也同时开放，信号复示器显示绿灯。

当列车驶入进路，防护信号机关闭，信号复示器显示红灯，白色光带随着列车运行逐段变为红色光带，表示该进路被占用。

列车出清进路后，光带有红色变为灭灯状态，表示该进路已经解锁。进路解锁可以是分段解锁，也可以是一次解锁。

2）微机联锁：在采用微机联锁设备时，列车进路办理在操作员工作站上进行。

在工作站显示器窗口的视窗上，用鼠标单击拟建立进路的始、终端要素（信号机），然后单击“排列进路”按钮，再单击“执行”按钮，计算机根据输入的操作命令，经过联锁判断，自动建立进路、开放信号。

当列车驶入进路，防护信号机关闭，随着列车的运行，进路可逐段解锁。

2. 人工排列进路

（1）人工准备进路的作业程序

1）需要人工准备进路时，车控室人员负责召集人员。相关人员到位后应做好人工排列进路准备工作。

2）车控室值班人员应按《行车组织规则》附录里的标明，向准备进路人员布置任务。

3）人工准备进路需不少于两人，其中一人岗位职务必须是车站值班员及以上，另一人岗位职务必须是站务员及以上。人工准备进路人员穿上荧光衣，戴好手套，携带对讲设备（800M 和 400M 无线便携台）和工具包按照规定赶赴现场。工具包内须有：红闪灯、信号灯（红/绿）、手摇把、蝶形钥匙、钩锁器（另有存放要求除外）、尖嘴锤、锁具及其钥匙（钥匙通用）和手电筒（另有要求除外）。

（2）行车值班员及时开启隧道工作照明和紧急照明

1）人工准备进路人员到指定地点（尽可能接近下轨行区的位置）待命，行走途中应与行车调度员取得联系，告知其 800M 无线便携台号码，确认有关道岔和列车进路。人员进入轨行区必须请示行车调度员并得到行车调度员的许可。

2）人工排列进路时防护红闪灯在来车方向距故障道岔约 15m 处设立；当道岔距离列车不足 15m 时，可在来车方向合适位置设置。

3）人工准备进路时必须确认进路上所有故障道岔开通位置正确。如果一条进路有多副道岔故障，从车站方向由近及远人工准备进路，返回时由远及近确认整条进路是否正确。

4）人工准备进路人员由职务较高者负责现场统一指挥。没有得到行车调度员的允许，现场不得进行影响行车的抢修作业。

5）人工准备进路人员既要分工明确，又要相互配合默契。现场确认道岔，需要转向时应一人操作，两人共同确认。确认道岔位置正确后，用钩锁器锁定（折返站需经常转换的道岔钩锁器锁可只挂不锁）。

6）一条进路上有多副道岔，摇岔人员仅对故障道岔按照规定进行处理。其他正常道岔不需作任何处理（行车调度员另有指示除外）。

7）人工准备进路人员确认道岔位置开通正确、线路出清后，在安全位置（根据作业要求进入安全避让点或回到站台）通过800M无线便携台（或其他法定通信方式）向行车调度员汇报。行车调度员接到进路准备好、线路出清的报告后指示车站接（发）列车；SICAS故障采取站间电话行车法时，确认道岔位置开通正确后，准备进路人员向车控室汇报（通过无线便携台或轨旁电话）。车控室接到进路准备好、线路出清的报告后，指示接发列车人员接（发）列车。

8）SICAS故障需要采取站间电话行车法时，车站各自根据行车调度员指示完成人工进路准备后，直接向行车调度员汇报。

9）手摇道岔工作必须严格执行“手摇道岔六步曲”，即一看、二开、三摇、四确认、五加锁、六汇报。

① 看：查看道岔尖轨及辙叉心是否有异物；查看道岔开通位置是否正确。

② 开：打开盖孔板（如果转辙机处于通电状态，必须先切断转辙机电源）及钩锁器的锁，拆下钩锁器（如果位置正确则转到第四步，位置不正确则执行第三步）。

③ 摇：将手摇把插入手摇把孔，摇道岔转向所需的位置，在听到“咔嚓”的落槽声后停止（如果听不到落槽声时，则确认尖轨密贴即可）。

④ 确认：两人共同确认尖轨密贴。一人手指尖轨，口述“×号（道岔编号最后2位号码，下同）道岔开通左（或右）位，尖轨密贴”，另一人共同确认。

⑤ 加锁：用钩锁器锁定道岔尖轨，并将钩锁器加锁（钩锁器的位置应在尖轨锁闭杆所在位置）。折返站需经常转换的道岔钩锁器锁可只挂不锁。

⑥ 汇报：道岔故障时向行车调度员汇报进路准备情况，汇报用语：“行车调度员，×号道岔开通×位（依次说出所有故障道岔），全部加锁，×道（线）至×道（线）方向接（发）车进路准备完毕，线路出清”。采用站间电话行车法时，准备进路人员向车控室汇报，汇报用语：“车控室，×号道岔开通×位（依次说出所有故障道岔），全部加锁，×道（线）至×道（线）方向接（发）车进路准备完毕，线路出清”。

3. 控制中心办理接发列车作业

在采用自动闭塞时，区间闭塞是自动办理的，但进路排列有两种情形。

在行车指挥自动化时，控制中心ATS根据使用列车运行图及列车运行实际情况，通过车站联锁设备自动排列进路、实时控制列车接发作业。在控制中心ATS自动功能故障时，列车进路由行车调度员人工排列。

在调度集中时，由行车调度员通过进路控制终端控制管辖线路上的信号机、道岔，人工排列列车进路，办理列车接发作业。

在上述两种情况下，车站值班员通过行车控制台监视列车进路排列、信号显示、列车到发、通过情况以及列车运行状态是否正常等。

4. 车站办理接发列车作业

在采用区间闭塞设备时，行车闭塞法为双区间闭塞法；在停用自动闭塞设备时，行车闭塞法为电话闭塞法；在上述两种情形下，区间闭塞由车站值班员办理。

在区间闭塞由车站值班员办理的情况下，列车进路也由车站值班员排列。此外，如果仅是控制中心 ATS 的自动排列进路功能故障，列车仍可按自动闭塞法行车，此时，OCC 行车调度员将控制权下放给集中站，办理列车接发工作。

5. 双区间闭塞法行车接发列车作业

在采用调度监督方式、双区间闭塞法行车时，控制权下放给车站。此时，车站值班员办理接发列车作业，行车调度员监督现场设备和列车运行状态。接发列车作业的内容、程序与办法如下：

(1) 准备进路 接发列车进路可根据行车调度员下达的列车运行计划预先办理。

(2) 办理闭塞 发车站车站值班员用站间行车电话向接车站请求闭塞，接车站车站值班员接到请求闭塞电话后，确认前次列车已经到达前方站、接车区间空闲、接车进路畅通、有关道岔位置正确，以及确认影响接车进路的调车作业已经停止后，按压同意接车按钮。此时，接车站接车表示灯由黄灯显示变为灭灯。关于表示灯的显示颜色与意义见表 5-3。

表 5-3 表示灯的显示颜色与意义

表示灯类型 / 表示灯显示	发车表示灯	接车表示灯	到达表示灯
红灯	出站信号开放	邻站出站信号开放	列车到达本站
绿灯	可以开放出站信号	-	-
黄灯	列车到达接车站	列车到达前方站	-
红黄灯	-	列车达到本地	-
灭灯		同意接车	-

(3) 开放信号 发车站车站值班员确认发车进路正确无误后，按压发车信号按钮。此时，发车站发车表示灯由绿灯显示变为红灯显示，出站信号机的绿灯显示；接车站接车表示灯变为红灯显示以及闭塞电铃鸣响。

(4) 列车出发 列车发出后，发车站车站值班员拔出发车信号按钮，向接车站车站值班员和行车调度员报点，填写《行车日志》；接车站的车站值班员接到报点后填写《行车日志》。此时，出站信号机变为红灯显示。

(5) 列车到达 列车到达后，接车站的车站值班员向发车站的车站值班员和行车调度员报点，填写《行车日志》；发车站的车站值班员接到报点后填写《行车日志》。此时，发车站发车表示灯为黄灯显示；接车站列车到达表示灯为红灯显示以及闭塞电铃鸣响，接车表示灯为红黄灯显示。

(6) 取消闭塞 在发车站请求闭塞、接车站同意接车和发车站尚未开放出站信号时，如果因故需要取消闭塞，由发车站的车站值班员用站间行车电话向接车站的车站值班员请求取消闭塞，接车站的车站值班员接到请求取消闭塞电话后，破封登记，按压故障按钮。此时，发车站发车表示灯为黄灯显示；接车站接车表示灯为红黄灯显示。

(7) 接送列车 列车在车站上到发或通过时，助理车站值班员应按规章要求站在规定地点接送列车，密切注意列车运行状态与乘客乘降情况，发现有危及行车安全和乘客安全的情况应立即采取有效措施妥善处理。

6. 电话闭塞法行车接发列车作业

改用电话闭塞法行车，必须有行车调度员命令。由于电话闭塞法行车时无设备控制，为了防止因疏忽向占用区间发车，造成通向列车追尾，要求车站值班员在接发列车作业过程中，严格按照规定的作业程序和要求进行，以确保接发列车作业安全。电话闭塞法行车时，车站值班员办理接发列车作业的内容、程序与办法如下：

(1) 办理闭塞　发车站向接车站请求闭塞。接车站确认接车区间空闲，接车进路准备妥当后，向发车站发出承认某次列车闭塞的电话记录号码，并填写《行车日志》；所谓进路准备妥当是指接发列车进路空闲、有关道岔位置正确和影响接发列车进路的作业已经停止。闭塞办妥后，因故不能接车或发车时，应立即发出停车手信号进行防护，并由提出一方发出电话记录号码作为闭塞取消的依据，取消闭塞应及时向行车调度员报告。

(2) 发出列车　发车站接到接车站承认闭塞的电话记录号码后，填写路票交给列车驾驶员，向驾驶员显示发车手信号。列车出发后，发车站向接车站和行车调度员报名，并填写《行车日志》。

(3) 接入列车　接车站在列车停车位置向驾驶员显示停车手信号。列车整列到达停妥后，向列车驾驶员收取路票。

(4) 闭塞解除　接车站在列车整列发出或进入折返线，以及接车进路准备妥当后，向发车站发出到达列车闭塞解除的电话记录号码。向行车调度员点名，并填写《行车日志》。

7. 站间电话行车法接发列车作业

(1) 站间电话行车法发车作业

站间电话行车法发车作业程序见表5-4。

表5-4　站间电话行车法发车作业程序

作业标准 / 作业程序	车控室	接发列车人员	准备进路人员	备注
一、请求发车	根据《行车日志》确认区间空闲（首列车需根据调度命令与行车调度员共同确认区间空闲）	携带行车许可证、笔、红色信号灯（旗）到站台头端墙屏蔽门端门外方待命	携带相关备品在指定位置待命	
	向前方站请求发车："×线×次请求发车"，并听取复诵			
	接收前方站发出的电话记录号："同意×线×次发车，电话记录××号"，并复诵。填写《行车日志》			
二、准备进路	指示准备进路人员："准备×线×次发车进路"		复诵："准备×线×次发车进路"	发车进路上道岔固定开通位置的车站除首列外可省略此步骤

（续）

作业标准 作业程序	车控室	接发列车人员	准备进路人员	备注
二、准备进路	复诵："×线×次发车进路准备好（线路出清）"		将进路上的道岔开通至正确位置并加锁。确认正确后出清线路，向车控室报告："×线×次发车进路准备好了（线路出清）"	发车进路上道岔固定开通位置的车站除首列外可省略此步骤
三、办理凭证及发车	指示接发列车人员："×线×次准备发车"，并听取复诵	复诵："×线×次准备发车"，填写行车许可证，确认无误后交与驾驶员，并汇报给车控室		
	通过 CCTV 监视列车出发	监视列车出发		车门、屏蔽门关好后，站台保安向驾驶员显示"好了"信号
四、报点及收点	向前方站和行车调度员报点："×次×站×点×分开"，填写《行车日志》			
	听取前方站报点："×次×站×点×分到"，并复诵。填写《行车日志》			

（2）站间电话行车法接车作业程序

站间电话行车法接车作业程序见表5-5。

表5-5 站间电话行车法接车作业程序

作业标准 作业程序	车控室	接发列车人员	准备进路人员	备注
一、准备进路	听取后方站发车请求："×线×次请求发车"，并复诵	携带行车许可证、笔、红色信号灯（旗）到站台头端墙屏蔽门端门外方待命	携带相关备品在指定位置待命	
	根据《行车日志》确认区间及站内接车线路空闲（首列车需根据调度命令与行车调度员共同确认区间空闲）			
	指示准备进路人员："准备×线×次接车进路"，并听取复诵		复诵："准备×线×次接车进路"	接车进路上道岔固定开通位置的车站除首列外可省略此步骤

（续）

作业程序 \ 作业标准	车控室	接发列车人员	准备进路人员	备注
一、准备进路	复诵：“×线×次接车进路准备好（线路出清）”		准备进路，确认正确后出清线路，报告给车控室：“×线×次接车进路准备好（线路出清）”	接车进路上道岔固定开通位置的车站除首列外可省略此步骤
	向后方站发出电话记录号码：“同意×线×次发车，电话记录××号”，并听取复诵。填写《行车日志》			
二、准备接车	听取后方站报点：“×次×站×点×分开”，并复诵。填写《行车日志》			
	指示接发列车人员：“准备×线×次接车”，并听取复诵	复诵：“准备×线×次接车”		
三、接车	通过 CCTV 监视列车到达	在站台头端墙指定处显示停车信号，向驾驶员收回行车许可证，并打“×”，同时报告给车控室“行车许可证收回”		
	列车停稳后向后方站和行车调度员报点：“×次×站×点×分到”，并听取复诵。填写《行车日志》			

（3）接到行调“人工准备进路”命令的工作程序

1）在接到行调“人工准备进路”的命令时，车控室以此图布置任务，在进路所经道岔旁用圈作标记，标明道岔需开通位置（左位/右位）。任务布置完毕后车控室与准备进路人员签名确认，如图 5-2 所示。

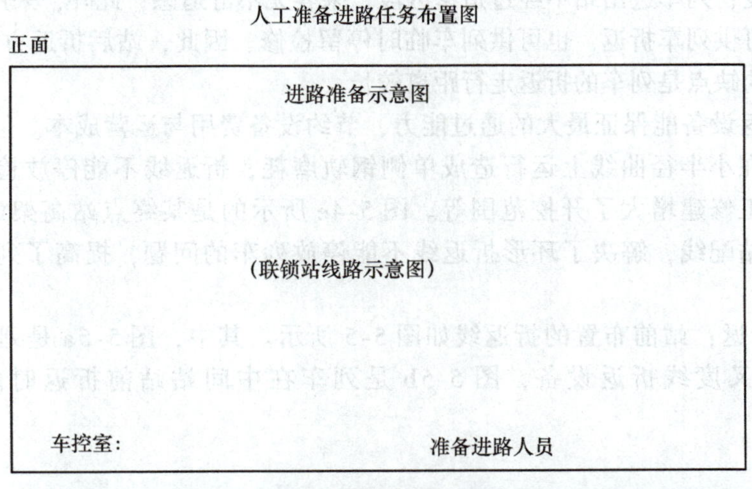

图 5-2　人工准备进路示意图（正面）

2）准备进路人员在摇道岔时可参考“道岔的左右位判别”图，判别左右位，确保进路道岔开通位置正确。

站在两基本轨之间面对尖轨，若尖轨与基本轨分离在左侧（密贴在右侧），即该道岔开通左位，若尖轨与基本轨分离在右侧（密贴在左侧），则开通右位，图 5-3 所示的是开通右位。

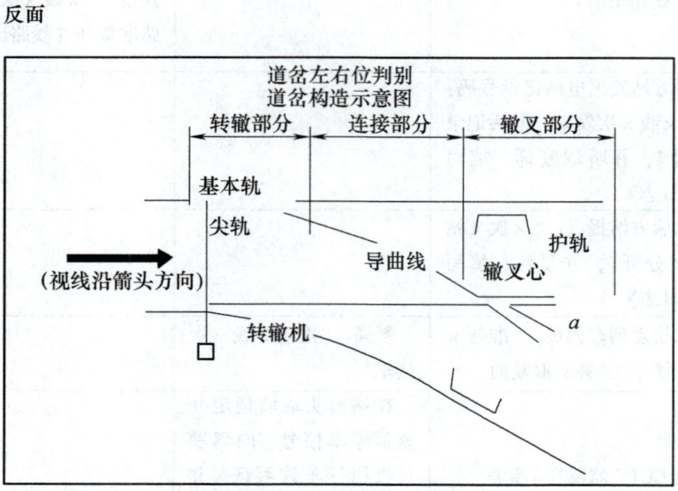

图 5-3　道岔的左右位判别图

8. 列车折返接发作业

(1) 列车折返方式　根据车站折返线的布置，列车折返主要有站后折返、站前折返和混合折返三种。

1）站后折返：站后布置的折返线如图 5-4 所示。其中，图 5-4a 所示是列车在终点站站后折返时的尽端线折返设备，图 5-4b 所示是列车在中间站站后折返时的单渡线折返设备，图 5 –4c 所示是列车在终点站站后折返时的环形线折返设备。

采用站后折返方式，出发列车与到达列车不存在敌对进路；列车进出站速度较高，有利于提高旅行速度；列车进出站不经过道岔区段、乘客无不舒适感；此外，采用尽端线折返设备，折返线即可供列车折返，也可供列车临时停留检修。因此，站后折返方式被广泛采用。站后折返方式的缺点是列车的折返走行距离较长。

环形线折返设备能保证最大的通过能力，节约设备费用与运营成本。但它也存在一些缺点，如列车在小半径曲线上运行造成单侧钢轨磨耗，折返线不能停放检修列车，以及若用明挖法施工修建增大了开挖范围等。图 5-4c 所示的是某终点站高架站环形折返线，该站修建了车站配线，解决了环形折返线不能停放列车的问题，提高了列车折返作业组织的机动性。

2）站前折返：站前布置的折返线如图 5-5 所示。其中，图 5-5a 是列车在终点站站前折返时的交叉度线折返设备，图 5-5b 是列车在中间站站前折返时的单渡线折返设备。

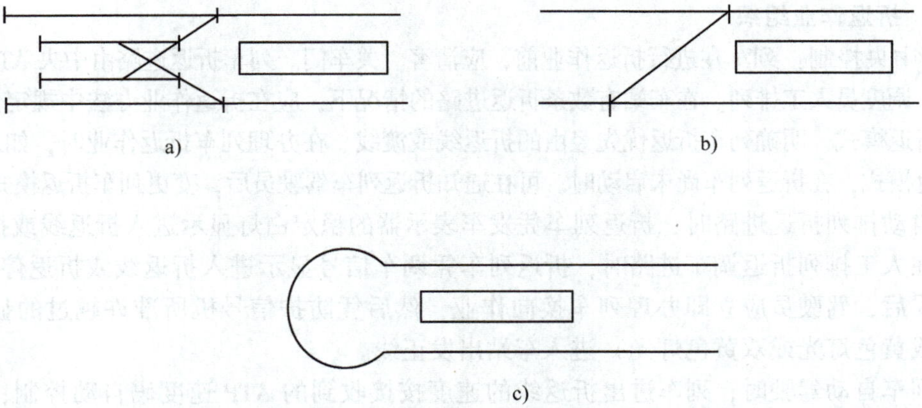

图5-4　站后折返时的折返设备示意图

a）双尽头端线折返设备示意图　b）单渡线折返设备示意图　c）环形线折返设备示意图

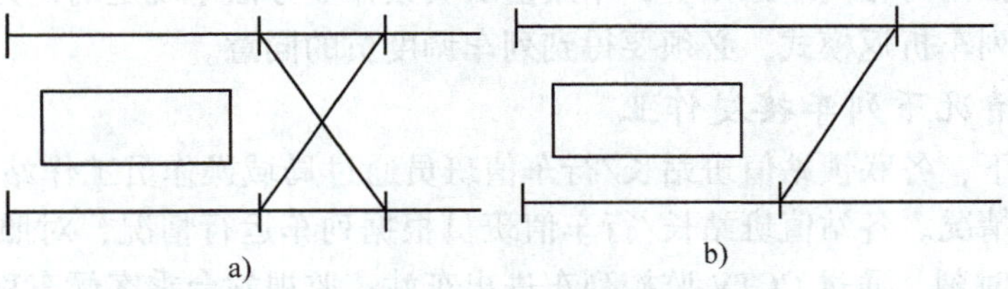

图5-5　站前折返时的折返设备示意图

a）站前折返时交叉渡线折返设备示意图　b）站前折返时单渡线折返设备示意图

采用站前折返方式，列车无空驶折返走行；乘客上下一起进行能缩短停站时间；车站正线兼折返线以及站线长度缩短，有利于车站造价的节省。站前折返方式的缺点是出发列车与到达列车存在敌对进路；因列车进站或出站侧向通过道岔，不仅使列车速度受到限制而且影响乘坐的舒适感；在大客流的情况下，站台秩序会受到影响。

产生交叉干扰的条件是空间上存在进路交叉、时间上占用进路的时间相同，两个条件同时具备才构成真正的进路交叉。在采用站前折返方式的情况下，要完全消除接发列车作业的交叉干扰难度较大。而为了避免进路交叉，只能将接发列车作业在时间上错开，但这样又会对终点站的列车折返能力、甚至是线路的最终通过能力产生不利影响。

3）混合折返：站后、站前混合布置的折返线如图5-6所示。采用混合折返方式的目的是为了提高列车折返能力与铁路通过能力。混合折返兼有站后折返与站前折返的特点。

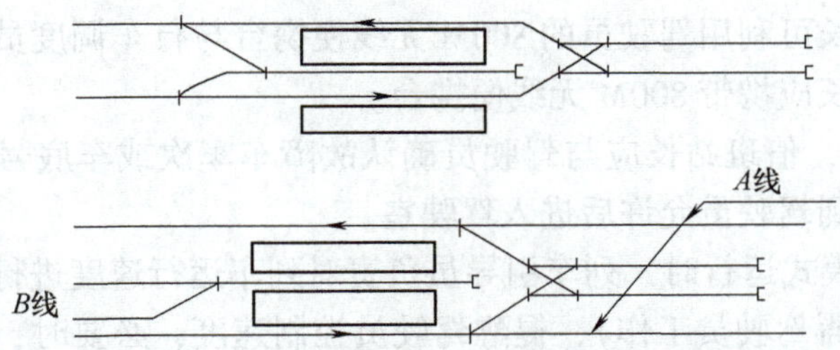

图5-6　混合折返站的折返设备示意图

(2) 折返作业组织

1）中央控制：列车在进行折返作业前，应清客、关车门。列车折返进路由中央ATS自动排列或行车调度员人工排列。在车站有数条折返进路的情况下，应在折返作业办法中规定优先采用的列车折返模式，明确列车折返优先经由的折返线或渡线。在办理列车折返作业时，如果要变更列车折返模式，在折返列车尚未启动时，可在通知折返列车驾驶员后，变更列车折返模式。

在自动排列折返进路时，折返列车凭发车表示器的稳定白灯显示进入折返线或折返停车位置。在人工排列折返调车进路时，折返列车凭调车信号显示进入折返线或折返停车位置。列车停妥后，驾驶员应立即办理列车换向作业，然后凭防护信号机所准许越过的显示（绿色灯光或黄色灯光或双黄色灯光）进入车站出发正线。

在列车自动驾驶时，列车进出折返线的速度按接收到的ATP速度码自动控制；在列车人工驾驶时，列车进出折返线的速度根据有关规定，由驾驶员人工控制。

2）车站控制：车站控制时的折返作业组织，除列车折返进路由车站值班员人工排列外，其余与中央控制时相同。原则上，车站值班员按作业办法中规定的优先模式排列折返进路，如果要变更列车折返模式，必须要得到列车调度员的同意。

9. 非正常情况下列车接发作业

在正常情况下，各联锁站值班站长/行车值班员通过局域操作员工作站（LOW）监视本联锁区列车运行情况。各站值班站长/行车值班员根据列车运行情况，对照当日《运营时刻表》列车的到发时刻，通过CCTV监控列车进出车站；监视站台乘客候车秩序，确保站台安全。在非正常情况下：

1）特殊情况下接发列车时显示手信号的时机和地点按《行车组织规则》的规定执行。当列车发出“两短一长”的呼唤信号后，车站人员必须向驾驶员提供所需要的帮助或显示相应的手信号。

2）在车站级控制时，行车值班员、值班站长在LOW上设置列车进路，监视列车在该联锁区的运行情况，发现问题按规定处理并及时报告给行车调度员。确认进路防护信号开放后，当运营停车点不能自动取消时，待列车停稳10s后取消运营停车点。

3）列车引导员有关要求：

① 列车引导员适用于列车以URM模式运行或单列车采用推进方式运行情况下。

② 当有关车站接到行车调度员命令安排列车引导员时，应当立即询问故障车到站大约时间，记下行车调度员代号和车次号或者车底号，并及时通知值班站长。

③ 原则上由值班站长担任列车引导员。值班站长携带800M无线电台，携带便携台应根据故障车到站时间灵活处理，能带就带，不能带则及时通知行车调度员或者要求下一站送交。必要时，值班站长可利用驾驶员的800M无线便携台与行车调度员联系，但列车推进需要上车引导时值班站长应携带800M无线便携台。

④ 登乘驾驶室前，值班站长应与驾驶员确认故障车车次或车底号，自报姓名、工号及行车调度员代号，得到驾驶员允许后进入驾驶室。

⑤ 列车以URM模式运行时，列车引导员负责对列车运行速度进行监控，协助驾驶员前方进路确认（不得妨碍驾驶员工作），提醒驾驶员控制速度，必要时，可操作紧急停车按钮停车；单列车采用推进方式运行时，列车引导员负责前方进路确认，与驾驶员保持不间断联系，指挥后端驾驶员驾驶列车运行，必要时，可操作紧急停车按钮停车。

⑥ 完成任务后，列车引导员应根据行车调度员指示返回车站。如果客车进入区间存车线，则根据行车调度员指示留守列车或经轨行区安全到达车站。未经允许，严禁列车引导员擅自离开列车进入轨行区。

10. 计算机联锁SICAS故障处理的有关规定

1）一条线一个或多个联锁区SICAS故障时，由主任调度员决定采用站间电话行车法组织行车。一条线一个或多个联锁区计算机联锁SICAS故障时，也可按单线双向模式组织一列车改用URM模式（限速45km/h）维持运营服务，其他列车退出服务。

2）采用站间电话行车法，每一站间区间及前方站接车站线只允许一趟列车占用，行车凭证为行车许可证，相邻车站间办理接发车作业程序时需使用行车专用电话。

3）由值班站长派站务人员在每个需接发列车的站台头端墙屏蔽门端门外方负责接发列车。

4）接发车人员需携带信号灯及足够数量的《行车许可证》、黑色笔。

5）接发车人员接车时显示停车信号的位置应在屏蔽门端门外方4m处防护栏杆的外上方（如车站设备情况不允许，可视现场情况在最接近规定地点的安全位置处）。

6）接发车人员与行车值班员办理行车凭证时有关通信联系应以设在端墙上的车控室直线电话为主，无线通信电台或其他通信工具辅助。

7）行车值班员必须在接到接车车站（或车厂）电话记录号码和发车进路准备妥当后方可指示站台接发车人员填写行车许可证。

8）列车对标停车后，接发车人员应收回手信号，向驾驶员收回行车许可证（打“×”作废），并填写同意发车的行车许可证后交递给驾驶员。

9）信号系统恢复正常时相关车站或实行站间电话行车法区段两端站仅回收行车许可证而不需交递本站行车许可证。

10）站台接发车人员负责收回许可证，并报告给车控室。当现场人工排列进路人员进路准备妥当后，向车控室汇报，并向驾驶员显示道岔开通信号，作为列车折返作业的凭证。接发车人员得到行车值班员的发车指示后填写行车许可证，填写好后交递给驾驶员。

11）使用单一股道接发列车时，接发车人员在靠近站台屏蔽门端门外方负责收回行车许可证，并按照行车值班员的发车指示填写行车许可证后交递给驾驶员。

12）电话记录号码规定：上行自2开始连续偶数、下行自1开始连续奇数，一个运营日内不得重复。

5.4　车站行车值班员工作范围、职责、岗位技能、交接班

1. 车站行车值班员的工作范围

一般要定时的观察车控室的站点照明及自动扶梯监控系统是否正常运行。如果发现站点某处的照明或者自动扶梯出现问题，则应立即通知维修部门及时进行维修。同时，要通过车站闭路监视系统和售检票控制系统，了解列车进出站情况以及客流的情况，判断是否出现列车运能不足或者过剩，这样可以通知调度中心相应的增加或者减少列车运行班次。

车站行车值班员还要时刻通过列车自动广播系统，发布列车到站、列车目的地、车站出入口和天气提示等相关信息。（现场声）也可以提供特殊情况下的广播找人、失物招领等信息。同时在车站站厅、站台的电视屏幕信息，也是由行车值班员通过自动广播系统发布。

与此同时，行车值班员要通过专门的仪器观察列车的运行情况，如果发现列车运行故障

或者是列车轨道岔道出现故障，则应立即采取相应措施，汇报情况，通知维修部门立即进行处理，保证列车正常正点运行。

行车值班员的工作并不是按部就班的，需要时刻高度集中思想，遇到特殊问题时需及时进行处理。

车控室设有防盗监控系统，如果存放钱款的编码室发生盗窃或者其他突发事件，可以通过防盗监控器把报警信息传达给行车值班员，这时行车值班员要立即报警或者采取其他相应措施。在车控室还设置了紧急疏散系统，如果车站内发生火灾、爆炸等紧急情况的时候，列车值班员要立即按下紧急疏散按钮，及时疏散车站乘客。

2. 车站行车值班员的岗位职责

1）执行运营公司、部、中心、车站的有关规章制度，做到有令必行，有禁必止。

2）在值班站长的领导下，负责车站行车工作。

3）服从行车调度员指挥，执行行车调度员命令，严格按列车运行图组织行车。

4）严格执行一次作业程序，熟悉行车设备的性能，掌握其操作方法。

5）控制车站广播，密切关注监视屏，掌握站台乘客动态，并视情况及时广播。

6）LOW 停用时负责现场人工排列进路。

7）非运营时间做好巡道、设备维修的登记和注销手续。

8）保管使用行车设备备品，正确填写各种行车日志，要求字迹清楚。

9）值班站长不在车站控制室时，应代理其职责。

10）完成上级领导临时交办或外部门需协办的其他工作。

3. 车站行车值班员的岗位技能

1）了解车站突发及紧急情况下处理方法。

2）熟悉列车时刻表，并严格按照列车时刻表办理行车。

3）掌握现场操作局域操作员工作站（LOW）的操作使用，闭路电视 CCTV、环境自动控制 BAS、火灾自动报警 FAS 等系统的监控。

4）熟练使用车站广播系统，能够做到及时广播。

5）做好对现场施工及施工过程的监控。

6）其他需要掌握的技能。

4. 行车值班员交接班

1）按规定班制、规定的交接班时间上下班。

2）签到后，与交班行车值班员按车站日常管理交接班制度规定进行交接；交接完毕后，与交班行车值班员共同在《值班人员登记本》交接班栏上签认，登记进入局域操作员工作站（LOW）及车控室车站票务计算机 SC 系统、门禁系统、乘客资讯系统 PIS、电力和机械控制系统 EMCS、火灾报警系统 FAS。

3）工作内容：

① 监视车站行车、客运和票务等各类设备的运行情况。

② 监视车站消防设备设施运作情况，及时记录火灾报警系统 FAS 系统报警信息，填写《火灾报警系统 FAS 报警登记本》。

③ 负责车站行车工作，通过闭路电视 CCTV 监视列车的到发情况及乘客动态，并按规

定进行广播。

④ 遇危及行车安全的情况时，在主控制面板 MCP 控制盘上按压紧急停车按钮，并执行应急处理程序。(MCP 控制盘为控制室外屏蔽门、自动扶梯和照明等设备的动作，并准确显示屏蔽门、自动扶梯、消防自动报警、照明设备、供配电、给排水及通风等设备的工作状态及报警。)

⑤ 遇突发事件、事故时根据值班站长的指示执行相应的应急处理预案。

⑥ 接到文件、通知时及时登记、汇报，并协助值班站长处理本班工作。

⑦ 做好施工的请销点登记手续及安全防护监督工作。

⑧ 按程序及值班站长的指示开关站。

⑨ 与接班行车车站值班员按车站日常管理交接班制度规定进行交接；交接完毕，与接班行车值班员共同在《值班人员登记本》交接班栏上签字确认，退出 LOW 工作站（联锁站）及车控室车站票务计算机 SC 系统、门禁系统、乘客资讯系统 PIS，签字后即可下班。

5.5　车站行车值班员一日作业流程

1. 车站行车值班员主要工作

行车值班员在值班站长的领导下，主管行车组织工作，协助值班站长开展客运、票务以及监督站务员等相关工作；按列车运行图及行车调度命令监护列车运行，负责监控、操作控制区域的列车运行；非运营时间应做好巡道、设备维修的登记和注销手续；监控站厅、站台情况，观察车站客流及列车到发情况，按要求播放广播等；完成上级领导交办的其他工作。

具体要求：接班时，提前到站与上一班行车值班员进行交接工作（车站控制器 STC 工作站操作情况、车站施工情况、上一班接收的文件、通知等）。

2. 车站行车值班员一日作业过程

车站行车值班员班分为四班二运转早、晚两班：一般早班时间为 8:00 ~ 20:00；晚班时间为 20:00 ~ 次日 8:00。

（1）早班作业

1）接班。

① 7:30 前在车站控制室的《车站工作人员签到簿》上签到。

② 与上一班行车值班员进行交接，详细了解当前运作情况；查看《行车值班员日志》、《技术工作联系单》、《车站防火巡查登记簿》、《设备故障登记簿》、《施工登记簿》、《调度命令登记簿》及相关文件通知。

③ 检查、清点钥匙和行车备品柜内物品是否齐全、状态是否良好。

2）班中。填写相关台账、处理日常事务及交班需完成的工作：

① 监控 CCTV，播放广播，处理相关事务，负责车站各岗位人员调配，传达相关重要信息。

② 列车进出车站时，监控列车运行状态、站台乘客上下车情况。

③ 监控站台岗，发现险情或危及乘客人身及行车安全时，应及时采取应急措施。

④ 做好施工登记，加强对现场施工及施工过程的监控。

⑤ 协助当班值班站长处理一些简易事务。

⑥ 在特殊情况时的替班工作。

⑦ 做好交接前准备工作，把当班未完成需下一班完成的工作交接清楚，补充交班记录，填写各类台账，准备交接班。

3）交班。19:30 与下一班行车值班员交接，强调注意事项，交接清楚、完整并签名后即可下班。

（2）晚班作业

1）晚班接班。

① 19:30 前在车站控制室的《车站工作人员签到簿》上签到。

② 与上一班行车值班员进行交接，详细了解当前运作情况；查看《行车值班员日志》、《技术工作联系单》、《车站防火巡查登记簿》、《设备故障登记簿》、《施工登记簿》、《调度命令登记簿》及相关文件通知。

③ 检查、清点钥匙和行车备品柜内物品是否齐全、状态是否良好。

2）班中。填写相关台账、处理日常事务及交班需完成的工作：

① 监控 CCTV，播放广播，处理相关事务，负责车站各岗位人员调配，传达相关重要信息。

② 列车进出车站时，监控列车运行状态、站台乘客上下车情况。

③ 监控站台岗，发现险情或危及乘客人身及行车安全时及时采取应急措施。

④ 做好施工登记，加强对现场施工及施工过程的监控。

⑤ 协助当班值班站长处理一些简易事务。

3）运营结束前。

① 上/下行尾班车开车前 10min 开始广播。

② 上/下行尾班车开出前 5min，通知停止售票和进站检票工作，并广播。

4）运营结束后。

① 尾班车开出后按时广播，关闭一般照明、广告照明，协助值班站长清客关站。

② 做好各项施工销点登记手续，做好施工和工程车开行的安全防护措施。

③ 检查对讲机、应急照明等设备的充电情况。

④ 按要求关闭部分环控设备并检查运行情况。

5）次日运营开始前。

① 运营前 30min，应组织检查线路出清情况并及时报告给行车调度员（如红闪灯有无撤除等）。

② 按要求模式打开环控设备并检查运行情况。

③ 首班载客列车到站前 15min，应打开车站照明。

④ 首班载客列车到达前 10min 应确认出入口、闸机和自动售票机 TVM 等开启。

⑤ 全面负责车站行车组织、车站广播播放和文件收发。

⑥ 做好交接前准备工作，把当班未完成而需下一班完成的工作交接清楚，补充交班记录，填写各类台账，准备交接班。

6）交班。7:30 与下一班行车值班员交接，强调注意事项，交接清楚、完整并签名后即可下班。

【实践操作】

1. 操作练习

1）根据本章所学的知识，实地训练非正常情况下车站行车组织。

2）实地训练电话闭塞法行车。

2. 书面练习

1）简述站间电话行车法发车作业程序。

2）简述行车值班员的工作范围有哪些。

3）简述城市轨道交通行车组织方法和指挥机构具体内容。

【评价跟进】

1. 教师的评价

由教师在完成本章的教学任务后填写，在相应表格中画“√”

评价项目		教师的评价			
序号	题　目	好	较好	一般	较差
1	对本章教学过程的控制				
2	在本章教学过程中，学员的参与情况				
3	学员对本章知识学习后的效果反馈				
教师对本章教学的总结评价意见及跟进措施					

2. 学员的评价

由学员在完成本章的教学任务后填写，在相应表格中画“√”

评价项目		学员的评价			
序号	题　目	好	较好	一般	较差
1	在本章教学执行过程中教师的表现				
2	本章教学内容与社会实际需求的联系情况				
3	自己在本章学习过程中的表现				
学员对本章教学的总结评价意见及跟进措施					

3. 知识跟进

1）从互联网上了解城市轨道交通车站行车作业基本要求与作业制度现状如何。

2）从互联网上了解城市轨道交通车站客运规章制度有哪些创新。

第6章

局域操作员工作站（LOW）及其操作

【问题导入】

局域操作员工作站（LOW）是信号系统网络的区域终端设备，微机联锁系统的本地操作和显示都是通过LOW工作站完成的，也可以通过LOW处理信号系统中的ATS故障和联锁设备故障。LOW与行车安全密切相关，在城市轨道交通运营中担负着重要作用。

【学习目标】

1. 掌握LOW的显示和操作界面。
2. 掌握LOW操作方法。

【教学建议】

1. 教学场地：在普通教室、能连接互联网的多媒体教室及城市轨道交通系统的各种模型实训室中进行，课后可实地参观。

2. 设备要求：各种城市轨道交通车站微机联锁仿真模型1套，或能播放视频投影的设备及相关课件、视频。

3. 课时要求：共10课时，其中课堂讲授10课时。

【理论知识】

6.1 LOW的显示和操作界面

1. 局域操作员工作站（LOW）的简介

ATS系统分为中央集中控制层和本地控制、操作层。ATS系统的集中控制层位于控制中心，采用VICOS OC 501系统，实现线路集中控制功能，如图6-1和图6-2所示。

本地控制、操作层主要分布在各车站，一般采用城市轨道交通运行控制系统（MOCS）的ATS产品，系统的功能主要包含于中央车站操作员工作站（C-LOW）、局域操作员工作站（LOW）、列车排路计算机（TRC）和时刻表处理器（TTP）等设备。

LOW（Local Operator Workstation，局域操作员工作站）是信号系统网络的区域终端设备，每个联锁站和设备站都有一套LOW设备，其由一台计算机和一台记录打印机组成。SICAS联锁系统的本地操作和表示是通过LOW来完成的。联锁等设备和行车状况（轨道占用、道岔位置和信号显示等）在彩色显示器上以站场图形式显示，使用鼠标和键盘，在命令对话窗口上可以实现常规命令及安全相关命令的联锁操作。在 LOW 上所有的操作及设备故障报警等信息将被记录存档，如图 6-3 所示。

图 6-1　城市轨道交通控制中心（OCC）工作状态图

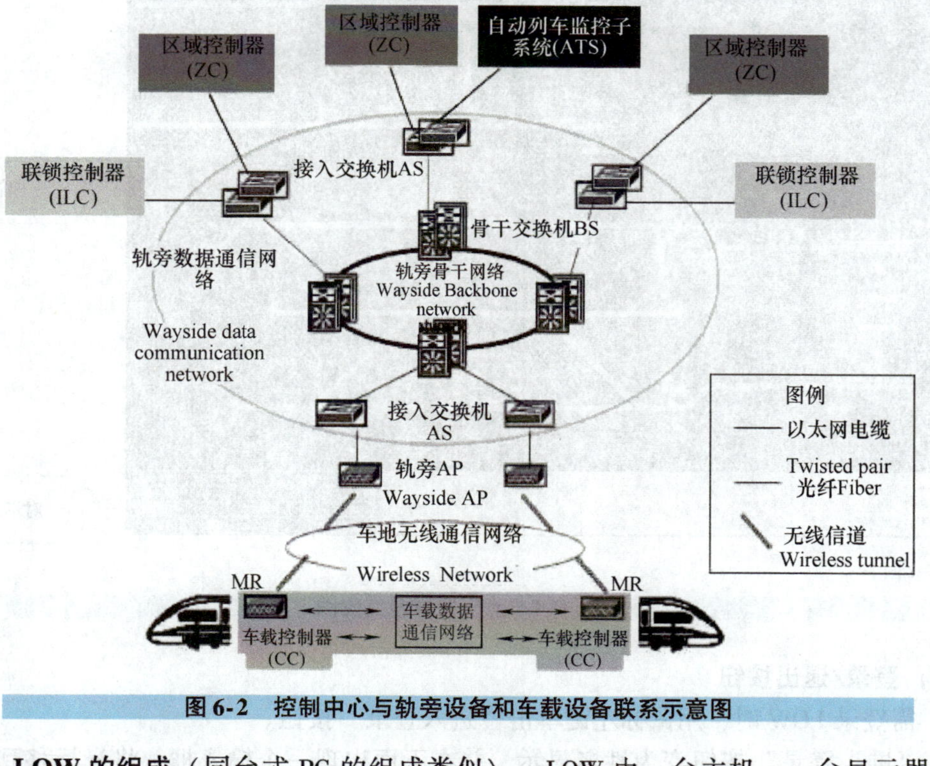

图 6-2　控制中心与轨旁设备和车载设备联系示意图

（1）LOW 的组成（同台式 PC 的组成类似）　LOW 由一台主机、一台显示器（可根据需要增加）、一台记录打印机、一个键盘、一只鼠标和一对音响组成。

（2）屏幕显示的组成　显示器屏幕上由三个窗口组成，分别为基础窗口、主窗口和对话窗口，每个窗口的排列是固定的。

基础窗口：包括“进入登录/退出登录”按钮、图像按钮和“48 小时记录”调档按钮等基础菜单的显示，如图 6-4（附彩图）和图 6-5 所示。

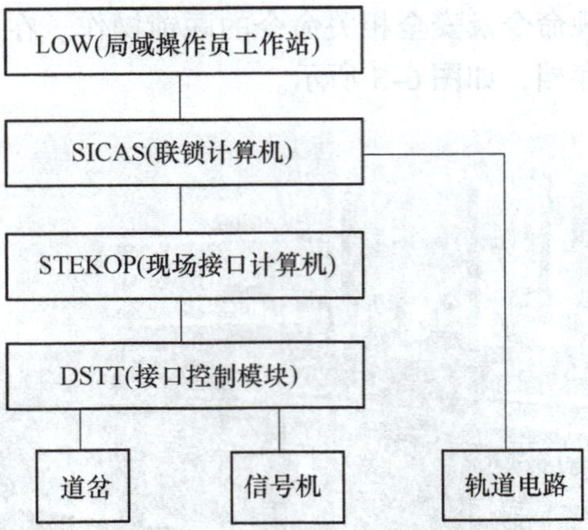

图 6-3　LOW 与 SICAS 型计算机联锁总体结构图

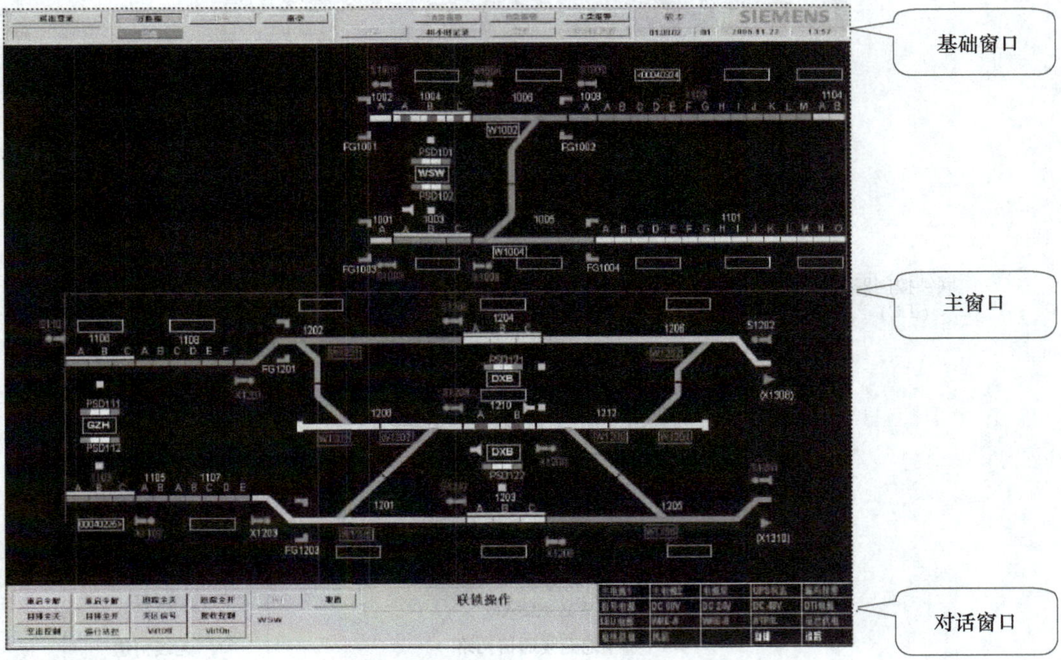

图 6-4　显示器屏幕实物图

(3) 登录/退出按钮

1）需登录 LOW 时，用鼠标左键单击“进入登录”按钮。

2）“进入登录”按钮变为姓名显示，并在下面出现一个输入框，将光标移到输入框，通过键盘输入正确的姓名后，按压回车键（ENTER）确认。

3）姓名显示改为口令显示，并在下面出现一个输入框，将光标移到输入框，通过键盘输入正确的口令后，按压回车键确认。

4）系统将检查姓名及口令，如果正确，“进入登录”按钮将改为“退出登录”按钮，并且下面的输入框将使用者的姓名灰显。这时，说明已成功登录 LOW，可以根据自己的权

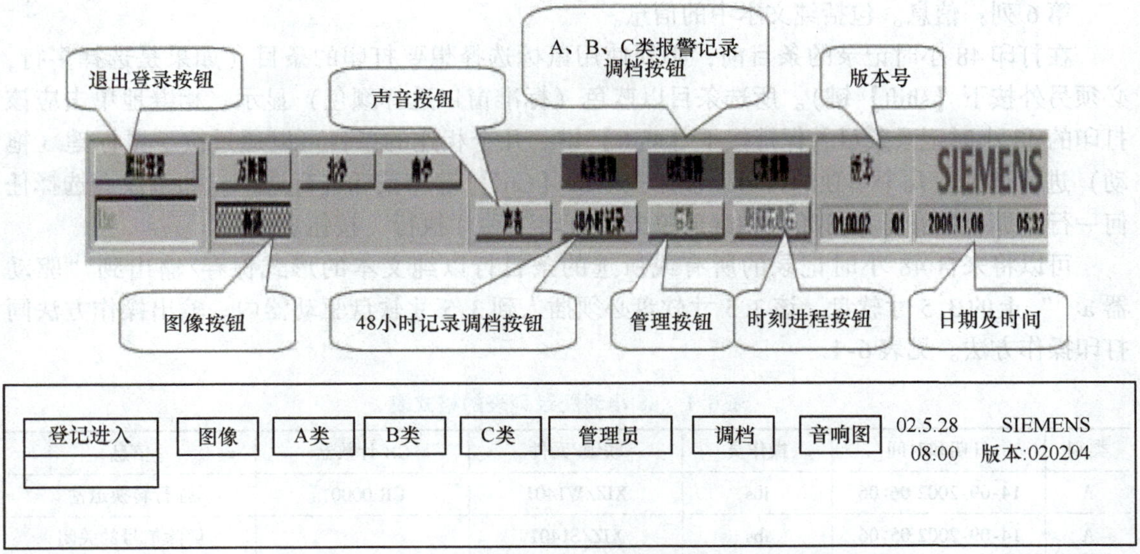

图 6-5　显示器屏幕基础窗口示意图

限对 LOW 进行操作。

5）当输入的姓名或口令不被系统认识时，系统将仍然处于进入登录状态。在已成功登录 LOW 后，可以通过单击“退出登录”按钮来退出 LOW 操作系统，系统回复到进入登录状态。

（4）图像按钮　位于“进入登录/退出登录”按钮的右端，用于在主窗口中显示联锁区的站场图。根据操作员的需要选择不同的站场图将其显示在主窗口中，若需要选择另外一个联塑的站场图显示时需要先选择联锁区。

颜色及状态：红色闪烁、红色稳定、灰色。

1）红色闪烁：该站对应的 A～C 类报警列表中有未确认的信息。

2）红色稳定：报警列表中仍然有已经被确认的信息。

3）灰色：表示该设备站没有任何报警信息。

（5）48 小时记录按钮

1）单击可以打开 48 小时记录清单以及 48 小时调档对话。

2）48 小时记录按照三个不同的级别 A、B 和 C 将电子联锁装置 48 小时内发生的特别情况及系统操作情况记录存档。48 小时以后，记录被自动删除。

3）开启 48 小时记录后出现自定义功能键：打印、输出。打印和输出功能需要管理员密码登录才会显示实体。

48 小时记录列表由 6 列构成：

第 1 列：类别。包括值范围为 A，B 或 C 的类别。

第 2 列：日期/时间。包括构成 48 小时记录条目的日期和时间。

第 3 列：操作员。包括通知的操作员；或者当出现条目时没有操作员登录，则为空。

第 4 列：联锁/元件。显示带有元件名的联锁名。

第 5 列：CR 计数器。安全相关操作的递增计数器。

第6列：信息。包括纯文本中的信息。

在打印48小时记录的条目前，必须使用鼠标选择想要打印的条目（如果是选择多行，必须另外按下【shift】键)。所选条目以蓝色（标准窗口选择颜色）显示。相继地单击应该打印的48小时记录条目并保持按下【shift】键。几个相连的条目可以通过按下鼠标键（拖动）进行选择。几个单独的行可以使用按下的【Ctrl】键和鼠标进行选择。如果没有选择任何一行，那么所有行都打印。相继地单击“打印”和“执行”按钮。

可以将来自48小时记录的所有或所选的条目行以纯文本的形式保存/输出到“驱动器a:”上的3.5寸软盘。该3.5寸软盘必须插入到3.5寸软盘驱动器内。输出操作方法同打印操作方法。见表6-1。

表6-1　48小时纪录列表的格式表

类别	日期和时间	操作员	联锁/元件	CR计数器	信息
A	14-09-2002 06:06	ibs	XIZ/W1401	CR 00001	强行转换道岔
A	14-09-2002 05:06	ibs	XIZ/S1401		解除信号的关闭

(6) A类、B类、C类报警按钮

1）详细轨道图按钮的右侧是报警列表按钮。这三个报警列表按钮用于开启具有相应优先级的报警列表。

2）A类报警列表具有最高的优先级，C类报警列表则具有最低的优先级。

3）出现带有一定优先级的报警列表，相应的报警列表按钮就开始闪烁。只要还有需要确认的信息，闪烁就不会停止。

4）列表中仍然有已经被确认的信息，按钮呈现红光，但不闪烁。如果一条信息有来自联锁的“已消失信息”，并且如果该信息已被确认，则从报警列表中将其删除。

5）C类优先级信息不需确认。当出现“已消失信息”时，未确认的信息/报警（该信息/报警需要确认）不删除，除非进行了另外的确认。

6）报警列表由6列构成，见表6-2。

第1列：包括值范围为A，B或C的类别。

第2列：包括构成LOG-48条目的日期和时间。

第3列：包括字母“Q”，且其后紧跟着有“*****”，如果到当前为止仍有需要确认的话，该单元格将显示“Q‘操作员’”，其中操作员为对具体报警进行确认的操作员的登录名。对于已经清除的故障，确认将删除该条目。

第4列：显示联锁名。

第5列：显示元件名。

第6列：包括纯文本的信息和实施的组件。

表6-2　报警列表条目的构建表

类别	日期和时间	操作员	联锁名	元件名	信息和实施的组件
A	14.05.06:06	Q Chang	XIZ	W1401	S0:连接受干扰
A	14.05.05:06	Q *****	XIZ	W1403	

注：在读取报警信息时务必把每一栏的信息都做完整记录，如图6-6和图6-7所示。

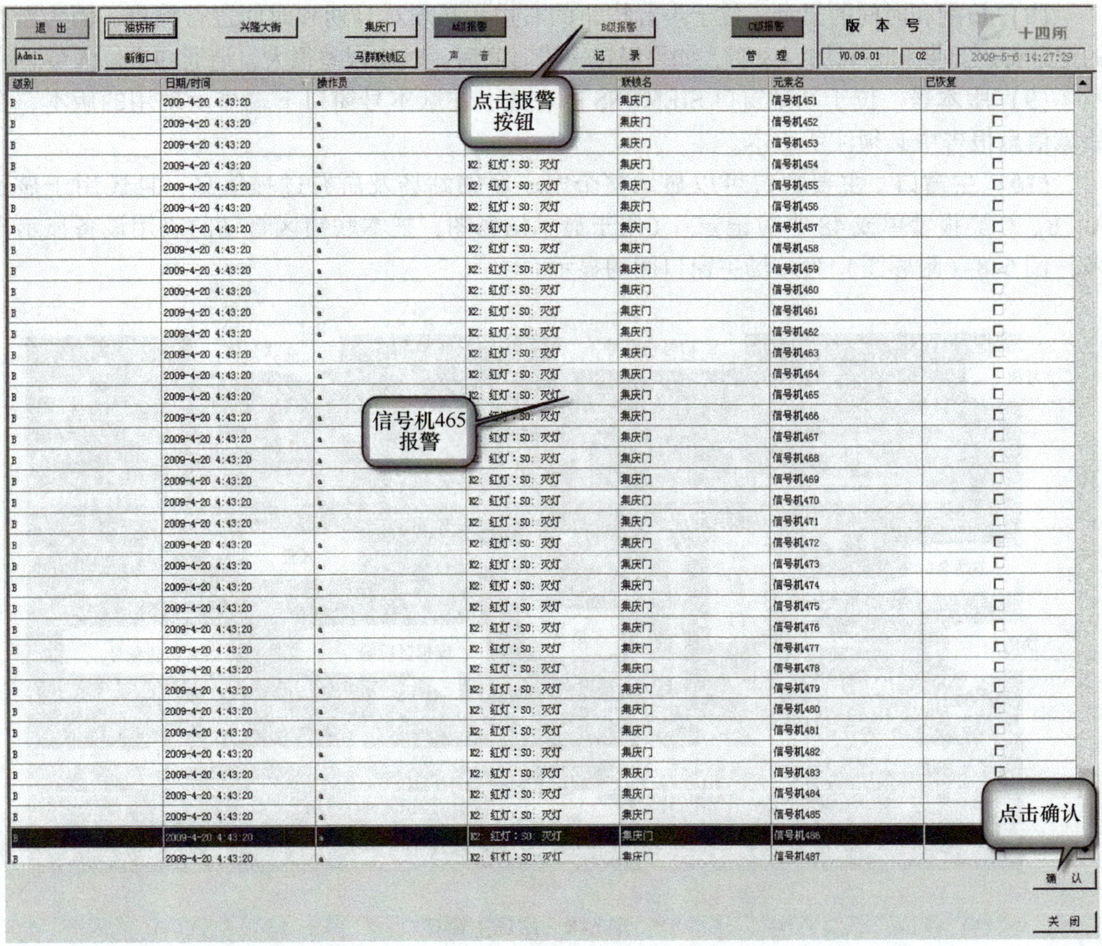

图 6-6　报警信息时记录实物图

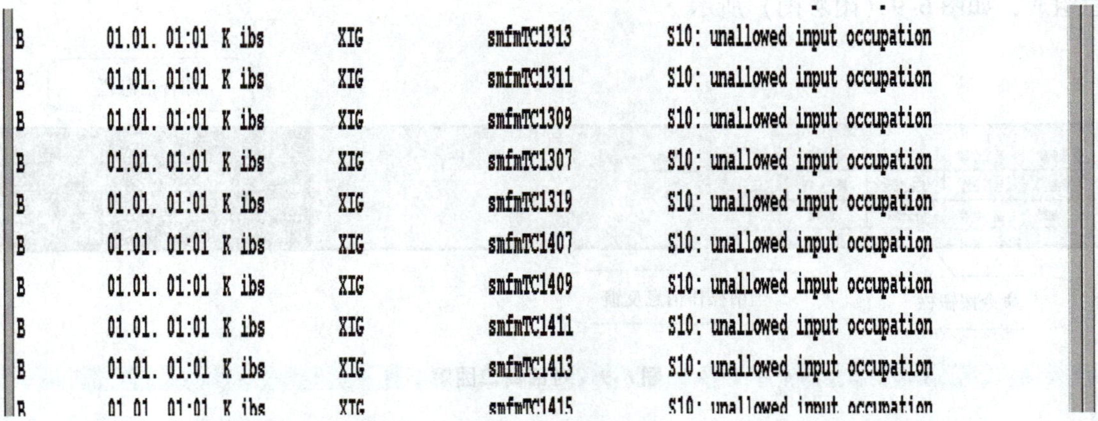

图 6-7　B 类报警的屏幕视图示例

（7）声音按钮　位于“48 小时记录”调档按钮的右边，只要单击音响按钮一下，就可以关闭报警声音，直到下一次报警出现。

（8）日期和时间的显示 位于声音按钮的右边，必须对日期和时间进行检查，因为所有的记录都以日期和时间加以说明，如果经过一段时间后，时间误差很大，请通知维修人员。

（9）版本号 位于基础窗口 SIEMENS 的左边，在版本号窗口下端显示现用的版本，在故障信息报告中必须注明版本。

（10）主窗口 主要窗口可以显示整个电子联锁站场及所有过程信息，且还用于显示 A、B、C 类报警单或 48 小时记录。（用于显示站场图，把本联锁区管辖的表用设备显示出来）图 6-8（附彩图）为站场主窗口图的显示。

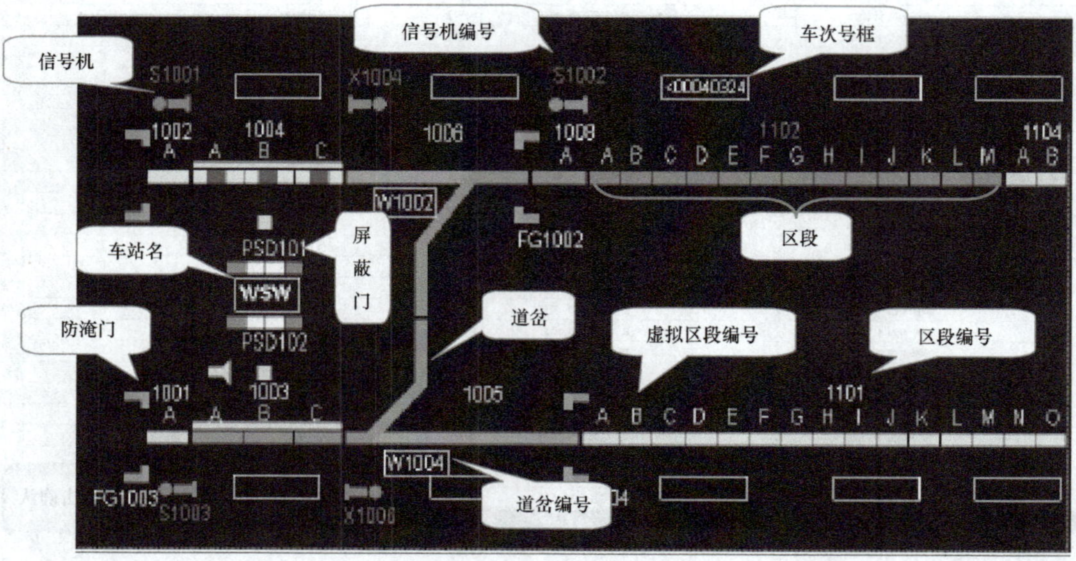

图 6-8 站场主窗口

（11）对话窗口 对话窗口主要由命令按钮栏、执行按钮、取消按钮以及综合信息显示栏组成，如图 6-9（附彩图）所示。

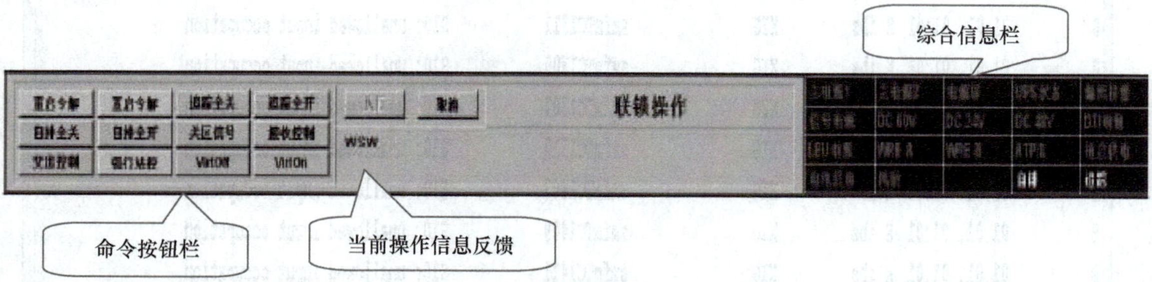

图 6-9 对话窗口图解

1）命令按钮栏：显示当前在主窗口中选择的元件对象可提供选择的命令，包括常规命令和安全相关命令。浅蓝色底色的命令为安全相关命令。

2）执行、取消按钮：在选定单击命令按钮需执行的命令后，“执行”按钮变成实体可以操作，单击后选定的命令才会被实际执行。按取消按钮可以取消命令按钮的选定。

3）右键菜单：在本线的LOW界面中，除了提供在命令按钮栏选择命令执行的方法外，对所有的元件还另外提供了一个快捷的右键命令菜单供操作员选择使用。在已选定的元件上用右键单击即会出现右键菜单，它上面可选的命令内容与命令按钮栏的可选命令一致，但在选中命令后，所有元件不需要再次按“执行”按钮而直接执行。安全相关命令依然要按规定进行“CR1”、“CR2”的确认操作。

4）当前操作信息反馈：在主窗口选中元件后，会在此处显示被选中的元件名称，在单击命令按钮后显示元件名称及将要执行的命令，单击执行按钮后会反馈执行成功或者联锁拒绝的信息。

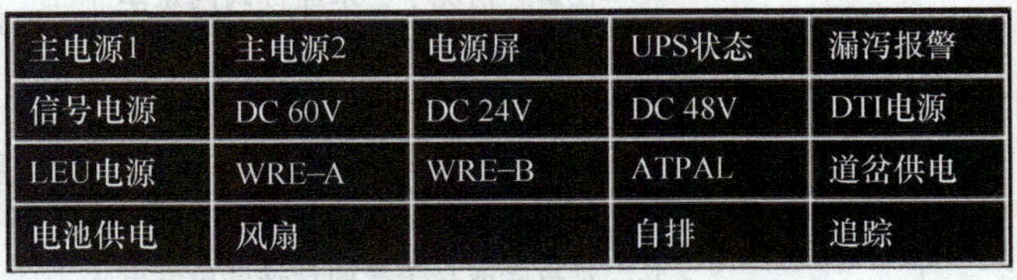

图6-10 对话窗口实物图

5）综合信息显示栏：用于显示信号系统的各种供电情况以及自排、追踪情况。如果相应的供电正常，相应的显示为绿色字体，如果有故障则显示为红色字体；如果没有打开自排功能时，自排全部的字体为白色，一旦打开了自排功能则自排全部字体为绿色。对于追踪进路，如果打开追踪功能，追踪进路字体为黄色，没有打开追踪功能，则追踪进路字体为白色，如图6-10所示。

2. LOW对常规命令及安全相关命令的操作

（1）LOW的命令按对行车安全或设备安全的影响分类可分为两类

1）安全相关命令和常规命令的区别：

常规命令是指该命令执行后对行车安全或设备安全不会造成影响的命令。安全相关命令是指该命令执行后可能会影响行车安全或设备安全的命令。此命令执行前必须获得行调的同意及根据行规的要求来执行。

2）安全相关命令使用的相关规定见表6-3。

表6-3 节选对安全相关命令的操作要求表

序号	按钮名称	命令含义	命令种类	备注
1	强解区段	解锁进路中的轨道区段	K	K－安全相关命令、R－常规命令（以下同）
2	强解道岔	解锁进路中的道岔	K	
3	开放引导	开放引导信号	K	
4	挤岔恢复	取消挤岔标记，并转换道岔	K	
5	单独锁定	锁定单个道岔，阻止转换	R	可不到现场检查（一对命令）
6	取消锁定	取消对单个道岔的锁定	K	
7	封锁区段	将区段封锁，禁止通过该区段排列进路	R	（一对命令）
8	解封区段	取消对区段的封锁	K	
9	封锁道岔	将道岔封锁	R	（一对命令）
10	解封道岔	取消对道岔的封锁	K	

（续）

序号	按钮名称	命令含义	命令种类	备注
11	封锁信号	不允许开放信号	R	可开放引导（一对命令）
12	解封信号	取消对关闭状态下信号的封锁	K	
13	强行站控	在紧急情况下，未经行调同意车站强行取得 LOW 控制权	K	强行站控后，应报告给行调
14	强行转岔	非逻辑空闲时强行转换道岔	K	需现场检查、确认后方可操作
15	计轴区段复位	对故障或受干扰的计轴区段发出复位命令，但仍需相关的辅助手段（通过一列车）才能真正完成复位	K	需确认空闲后方可操作

3）使用安全相关的操作命令时，必须检查列车进路，确认进路空闲、道岔位置正确后，方可实施。使用强行转岔命令前，车站需派人到现场确认该岔区有没有列车或其他杂物侵限。

4）在操作 LOW 过程中，操作员必须确认进路要素是以正确的方式显示，否则必须立即停止和取消该项操作，并报告给行车调度。行车调度根据具体情况，不能正常操作时，发布停止使用命令，按 LOW 设备故障处理组织行车。

（2）常规命令的操作

1）首先在主窗口用鼠标左键点选所需要控制的联锁元件（以道岔为例，其余设备均以一样的流程操作）。用鼠标左键单击元件后，元件会被浅蓝色的框框住，如图 6-11（附彩图）所示。

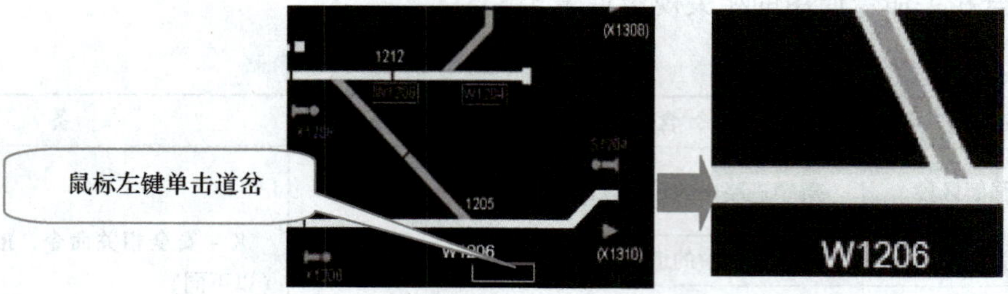

图 6-11　左键点选所需要控制的联锁元件图

2）如图 6-12 所示，在对话窗口栏左边的命令按钮栏中出现“道岔”可供执行的所有命令选项，此时可以根据需要，用鼠标左键单击需要执行的命令按钮。

3）如图 6-13 所示，“执行”命令按钮变为实体，在执行命令下方显示将要执行的命令信息，“W1206 锁定道岔，禁止转动”。

4）确认命令正确后使用鼠标左键单击“执行”按钮，命令将被执行。在执行按钮下方显示“执行中……”。若命令执行成功则在执行按钮下方显示“执行成功”。若经过联锁的逻辑运算，该命令不符合执行条件则会在执行按钮下方返回一个“联锁拒绝”的信息显示。在单击“执行”按钮前可随时单击“取消”，终止操作，如图 6-14 所示。

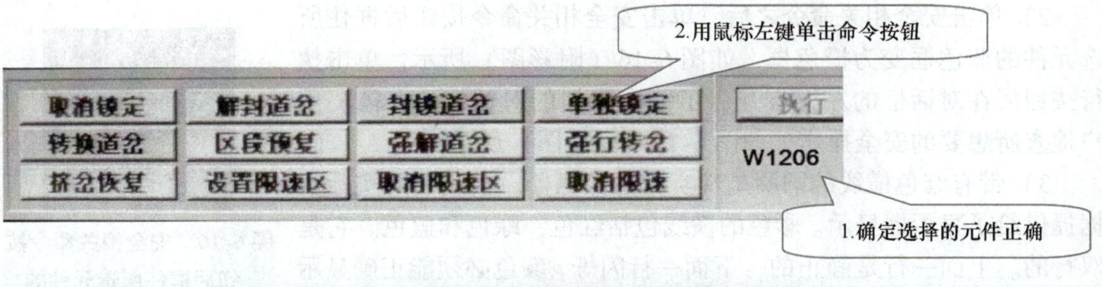

图 6-12　鼠标左键单击需要执行的命令按钮图

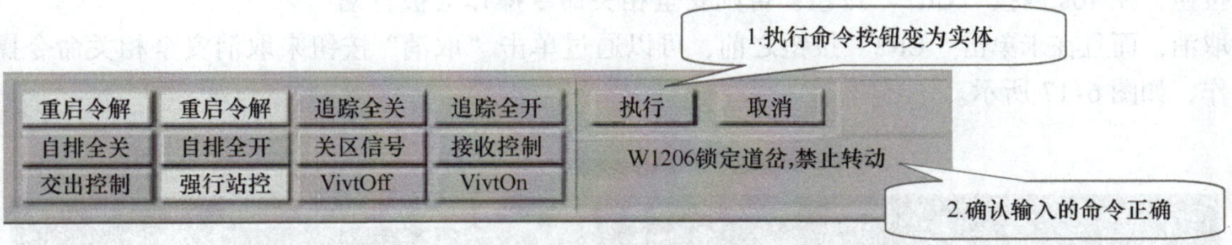

图 6-13　执行命令按钮变为实体、道岔禁止转动，“执行”按钮图

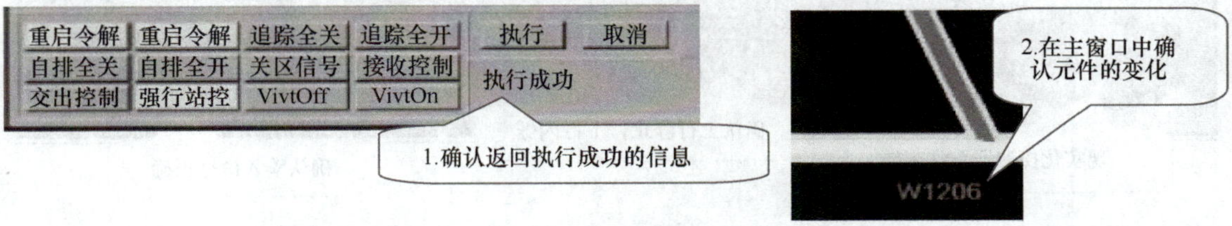

图 6-14　确认命令正确后使用鼠标左键点击执行按钮图

3. 安全相关命令的操作

1）首先在主窗口用鼠标左键点选所需要控制的联锁元件（以道岔为例，其余设备均以一样的流程操作）。用鼠标左键单击元件后，元件会被浅蓝色的框框住。在命令按钮栏选择相应的命令，如图 6-15 所示。

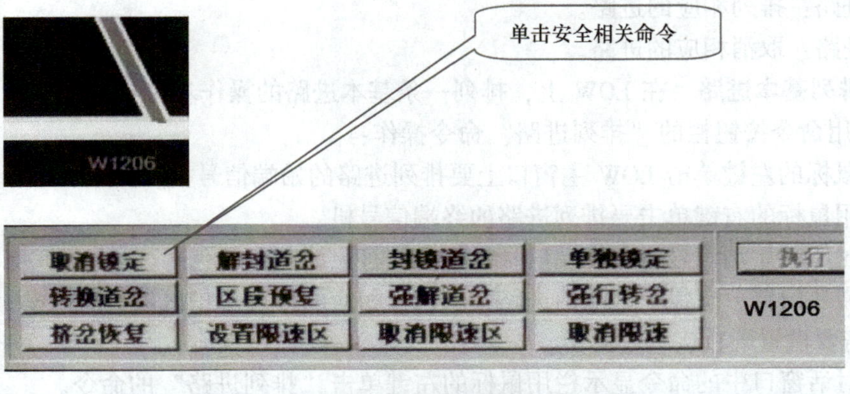

图 6-15　命令按钮栏选择相应的命令图

2）单击安全相关命令之后，单击安全相关命令按钮后框住所选元件的蓝色框变为橙色框，如图6-16（附彩图）所示。单击执行按钮后在对话框的左下方开启了一个附加的对话窗口，需要用户检查所想要的安全操作，如图6-17（附彩图）所示。

图6-16　安全相关命令按钮后框住所选元件的蓝色框变为橙色框

3）带有红色横线的圆圈是现实化的探测器。横线表明实际数据提供给了显示器显示。彩色的横线包括红色、绿色和蓝色。它是双行的。上面一行是静止的，下面一行闪烁。颜色必须能正确显示而且闪烁必须能工作。在上述条件满足后，必须在15s内按“CR 1”按钮，在10s内按“CR2”按钮，否则安全相关命令操作会被自动取消，而且在未单击“CR2”按钮之前，可以通过单击“取消”按钮来取消安全相关命令操作，如图6-17所示。

图6-17　需要用户检查所想要的安全操作图

6.2　LOW对进路、联锁、区段的操作方法

1. LOW对进路的操作

信号系统正常时，进路可自动排列。需要时，也可在OCC的MMI上、CLOW上或在LOW上排列进路。

（1）“排列进路”、“取消进路”的功能

排列进路：排列相应的进路。

取消进路：取消相应的进路。

（2）排列基本进路　在LOW上，排列一条基本进路的操作步骤：

1）使用命令按钮栏的“排列进路”命令操作：

① 用鼠标的左键单击LOW主窗口上要排列进路的始端信号机。

② 再用鼠标的右键单击要排列进路的终端信号机。

③ 此时所选始端信号机和终端信号机都会被打上淡蓝色底色。

④ 对需要设置分支保护区端的进路，应选择相应的分支保护区段。（操作方法详见步骤2），若不需要设置则直接跳过此步。

⑤ 在对话窗口中的命令显示栏用鼠标的左键单击“排列进路”的命令。

⑥ 再用鼠标的左键单击对话窗口中的“执行”按钮。

注意：若进路中含有非空闲的道岔的时候，需要在排列进路前使用“强行转岔”命令，先把道岔转到排列进路需要的位置并单独锁定后再排列进路。

此时，联锁计算机就会自动检查该进路的进路建立条件，如果满足进路的建立条件，相应的进路会自动建立，并进入相应的监控层；如果达到了主信号层，且始端信号机正常时，始端信号机就会自动开放，但如果只达到了引导层或移动闭塞层，则始端信号机不会开放信号，只能在满足开放引导信号的条件下人工开放引导信号。

排列进路后，被进路征用的计轴区段的所有虚拟区段都变成绿色（征用），在列车进入该进路前可正常人工取消进路，但若强行解锁时，需进行逐个虚拟区段的解锁，如图 6-18（附彩图）所示。

图 6-18　计轴区段的所有虚拟区段进路被征用状态图

2）分支保护区段的设置

① 有某些进路设计有分支保护区段，一般是在保护区段处于正方向道岔区段的时候出现。

② 对于需要设置分支保护区段的进路，应按进路的方向选择需要的分支保护区段。

③ 设置方法：

● 左键单击始端信号机。

● 右键单击终端信号机。

● 在对话窗口中部“执行”按钮下方出现选择框，选择相应的分支如图 6-19 所示。

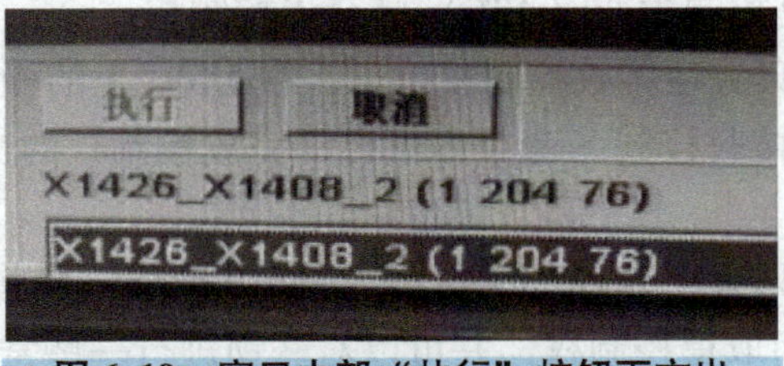

图 6-19　窗口中部“执行”按钮下方出现选择框，选择相应的分支图

● 在对话窗口的命令按钮栏单击排列进路，然后单击执行按钮完成排列进路。

注意：完成排列后需在 48 小时记录中确认排列的分支保护区段选择正确。

（3）取消基本进路

1）取消进路的操作

取消进路命令只能对完整的进路操作。

用鼠标的左键单击 LOW 主窗口上该进路的始端信号机，再用鼠标的右键单击该进路的终端信号机，此时所选始端信号机和终端信号机都会被打上蓝色底色，然后在对话窗口中的命令显示栏用鼠标的左键单击“取消进路”的命令，再用鼠标的左键单击对话窗口中的“执行”按钮即可。以上操作亦可使用右键菜单选择相应的“取消进路”命令完成操作。

注意：选择分支保护区端的进路后，如需人工取消，则在取消进路时，也应选择相应的分支保护区端。（在 CTC 阶段，常规进路不需要排列保护区段）

2）取消进路的现象

进路的取消会按以下的步骤发生：

① 始端信号机立即关闭。

② 列车未占用设计的接近区段，进路立即取消（始端信号机前一区段为接近区段）。

③ 列车已占用接近区段，进路将延时（30s）取消，或占用列车为装备列车，且 ATP 系统接收到列车发出的停车保证后立即取消。

④ 如果进路中没有占用，可以取消整条进路。若进路中有占用显示，则进路取消只能取消到距始端信号机最近的占用区段后一轨道区段。

⑤ 保护区段在进路解锁后自动解锁。

停车保证：取消进路后列车的移动授权发生改变，允许的移动距离变短，列车的车载信号系统会计算，以列车目前的速度，若即时开始减速，能否在不发生紧急制动的情况下，在始端信号机前停稳。若能停稳，则车载信号系统会向 ATP 系统返回一个信息，这个信息即为停车保证。

2. LOW 对联锁的操作

其具体操作如下：

(1) 联锁控制命令菜单 在 LOW 显示屏空白处单击左键或刚进入登录后出现在命令栏内的所有命令均为对联锁的操作命令。联锁的命令菜单由重启令解（SICAS）、重启令解（ATP）、追踪全关、追踪全开、自排全关、自排全开、交出控制、接收控制、强行站控、减活标记、激活标记共 11 个命令组成。(目前版本没有关区信号)

(2)“接收控制”、“交出控制”、“强行站控”的功能

1）接收控制的条件是控制中心（ATS）已交出控制权。

功能：接收控制权。只有在接收控制权以后，在 LOW 上的操作才有效。当中央 ATS 故障时，车站不需要操作“接收控制”命令即可自动完成控制权的交换。

2）交出控制。

功能：交出控制权。只有在 LOW 上执行了“交出控制”操作，控制中心（ATS）才可以执行“接收控制”，从而取得控制权，并可以对联锁进行一些常规命令的操作。但在 LOW 故障的情况下，不需要在 LOW 执行“交出控制”操作，LOW 的控制权可以自动切换到控制中心（ATS）操作。

3）强行站控。

功能：车站强行取得控制权。即在控制中心（ATS）没有下放控制权的情况下，都可以通过该操作来取得对 LOW 的控制权，对联锁进行相关的操作。

(3) LOW 的控制权描述 除“减活标记”、“激活标记”的操作外，其余 LOW 命令的执行必须先要取得相应的控制权。OCC、联锁站、设备站间同一时间只能有一方可以拥有对系统的操作权。OCC、联锁站、设备站之间可以采用接收控制权、交出控制权以及强行站控等命令进行控制权的交接。

1）接收控制权、交出控制权以及强行站控均属于联锁命令，如图 6-20 所示。

2）控制权的所属情况主要通过车站名不同的颜色和状态表示，如图 6-21（附彩图）所示。

各颜色表示的具体功能为

① 绿色：本地控制（局控）。

② 白色：控制权不在本地。

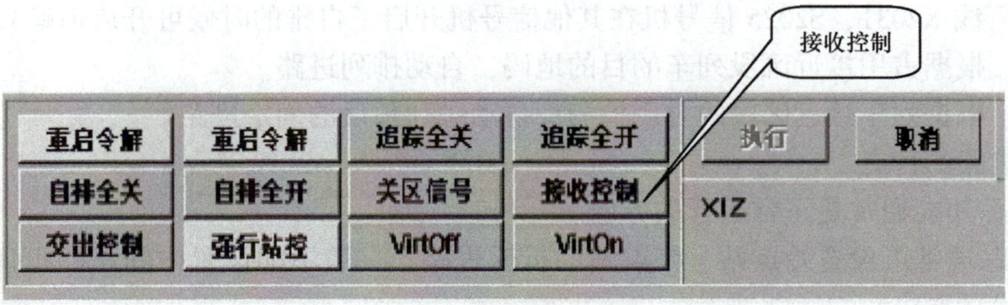

图 6-20　接收控制权、交出控制权按钮图

③ 灰色：控制权没有被接收。(OCC、联锁站、设备站均没有控制权)

各颜色闪烁状态表示的具体功能为

① 绿色闪烁：车站交出控制、对方未接受。(控制权仍在车站)

② 白色闪烁：控制权不在本地，等待接受。(控制权仍在原使用者)

(4)“交出控制”、“接收控制”、强行站控的操作说明

1）交出控制：站名处在绿色稳定状态下“交出控制”命令执行有效，执行后站名处于绿色闪烁状态，此时需要等待对方接收，待对方接收后站名处于白色稳定状态，此时本地失去控制权。但在 LOW 故障的情况下，不需要在 LOW 执行“交出控制”操作，LOW 的控制权可以自动切换到控制中心（ATS）操作。

2）接收控制：站名处于灰色或者闪烁状态下“接收控制”命令执行有效，执行成功后站名处于绿色稳定状态，本地拥有控制权。若拥有控制权方在基础窗口执行退出操作，站名显示为灰色，此时所有使用者（OCC、联锁站、设备站）操作“接收控制”有效。当中央 ATS 故障时，车站不需要操作“接收控制”命令即可自动完成控制权的交换。

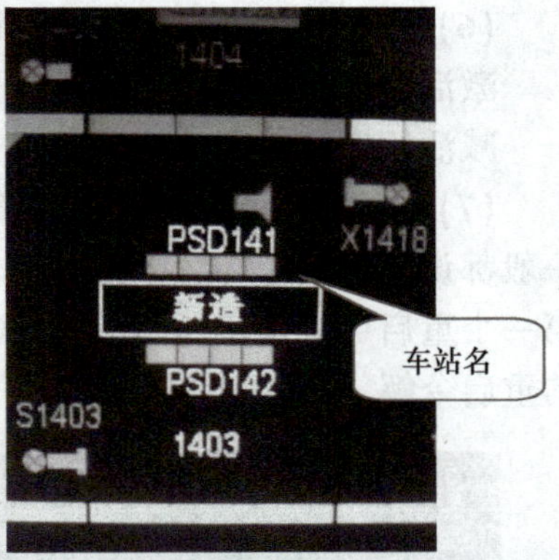

图 6-21　控制权的所属情况主要通过车站名不同的颜色和状态表示图

3）强行站控：“强行站控”站名不显示绿色的时候均可执行有效，执行成功后本地拥有控制权，此命令为安全相关命令，使用前必须要先获得行调授权。以下为“强行站控”命令的功能描述：

① 无论控制权在联锁站或者设备站，OCC 都可以通过强行站控获得全线任一控制区的控制权。

② 无论控制权在 OCC 或者设备站，联锁站都可以通过强行站控获得本联锁区内任一控制区的控制权。

③ 无论控制权在 OCC 或者联锁站，设备站都可以通过强行站控获得本站控制权。

(5)“追踪全开”、“追踪全关”、“自排全开”、“自排全关”的功能

1）自排功能与追踪功能的作用与区别。开启了自排或追踪功能的信号在有列车占用接近区段后均会按照一定的条件自动设置列车的行车进路（接近区段指信号机前一计轴区段，下文中提到的接近区段均按照此说明解释）。在同一个联锁区内不能同时开启追踪和自排功能（出入厂线 X2031，S2025 信号机在其他信号机开启了自排的时候可开启追踪）。

自排：根据占用接近区段列车的目的地码，自动排列进路。

追踪：根据列车接近区段的占用检测，自动排列预设的固定进路。

追踪进路的特点：

① 追踪功能通常是正常运营的方向。

② 追踪通常可设置始点站、终点站的折返进路，一般不能设置中间站的折返进路（除非是特殊设计要求）。

2）“追踪全开”、“追踪全关”、“自排全开”、“自排全关”命令的操作说明。

① 追踪全开：把本联锁区全部的信号机设置为自动排列追踪进路状态，如图 6-22（附彩图）和图 6-23 所示。

② 追踪全关：为所有信号机关闭进路自动排列。

③ 自排全开：把本联锁区全部的信号机设置为自动排列进路状态。

④ 自排全关：为所有信号机关闭进路自动排列。

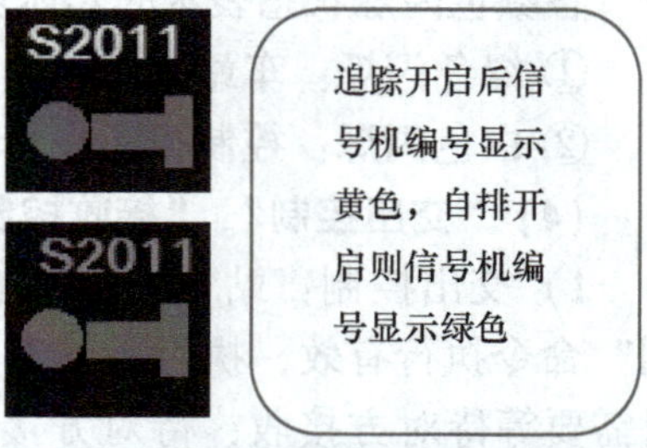

图 6-22　追踪开启、自排开启信号机颜色变化图

(6)“激活标记”、“减活标记”命令的功能

激活标记：打开虚拟区段编号显示。

减活标记：关闭虚拟区段编号显示。

(7)“重启令解”命令的功能　在 LOW 联锁命令中一般都设有两个重启令解命令。按照从左至右的顺序，第一个重启令解按钮是用于 SICAS 系统的重启令解，第二个重启令解按钮是用于 ATP 系统的重启令解。

图 6-23　追踪及自排功能开启后综合信息栏颜色变化图

(8) SICAS 故障及 ATP 故障的现象

1）SICAS 故障的表现：联锁区内的 LOW 全灰（OCC 的 CLOW、联锁站及设备站的 LOW 全灰），联锁区内全部信号机现场显示红灯，联锁区内所有列车的速度码为零。

2）ATP 故障的表现：LOW 会出现 B 类报警信息，全部列车变为 IXL 级别控制，列车占用显示全部变为红色的计轴区段显示，区段下方出现白色线条闪烁。

重启令解（SICAS）：SICAS 系统重新启动后（并非指 LOW 计算机重启），解除全部命令的锁闭。

重启令解（ATP）：在 ATP 系统功能恢复后使用。

3. LOW 对区段的操作

区段在 LOW 上是一个显示线路空闲/占用的基本单位，按照其检查占用空闲的方式可分为计轴区段和虚拟区段两种。LOW 会以不同的颜色显示标明区段的当前状态。

计轴区段是基于计轴系统，以计轴器的布置点划分的物理区段。一旦列车轮对压过其驶入端的计轴器，该区段则会马上被指示为占用。但对于装备列车以虚拟区段的占用指示优先。

虚拟区段是基于无线通信系统实现对线路上的区段进行空闲/占用检测时，在LOW上显示占用和空闲的单位。虚拟区段根据移动闭塞运行需要划分，比计轴区段对列车在线路上的占用检测定位更为精确，但只对具备连续式通信、处于连续式ATP保护下的装备列车有效。

虚拟区段的划分原则是：所有站台区段均被划分为三个虚拟区段，道岔区段不分割。其他区段（区间里、辅助线、折返线）被根据实际长度划分为若干区段。在此情况下若列车与地面设备的连续通信中断，列车的占用会马上转为整个计轴区段的占用。

对轨道区段进行操作，必须用鼠标的左键单击LOW主窗口（图像放大区）上的轨道元件或轨道元件编号，此时所选元件被打上灰色底色，然后在对话窗口中的命令显示栏（在LOW的左下角）用鼠标的左键单击所需的命令，最后用鼠标的左键单击对话窗口中的“执行”按钮即可，如图6-24（附彩图）所示。

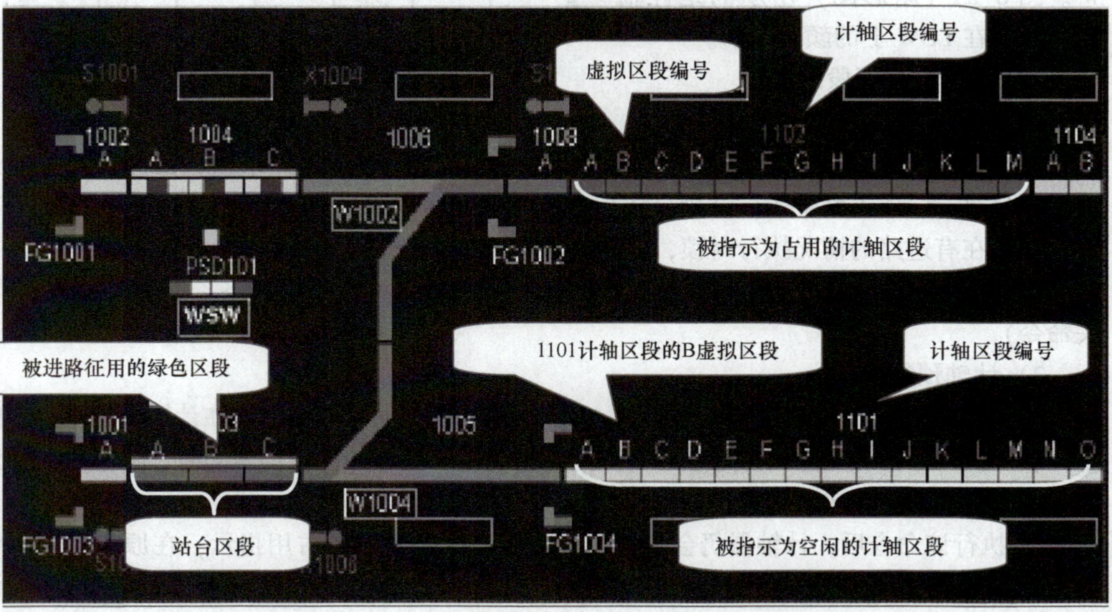

图6-24　区段各部分的显示

（1）区段的显示

1）轨道区段体部（含道岔区段）的颜色显示：

① 黄色表示常态、空闲、没有被进路征用。

② 绿色表示空闲、被进路征用。

③ 淡绿色表示空闲、被进路征用为保护区段。

④ 红色表示ATP有效状态下被装备车占用。

⑤ 紫色表示ATP有效状态下被非装备列车占用。

⑥ 红色（CTC）表示ATP有效状态下被装备列车占用。

⑦ 轨道中部深蓝色表示区段被封锁，若在有进路的情况下被封锁则区段中部蓝色闪烁。

⑧ 轨道中部淡粉色表示区段处于计轴预复位状态，若此时实施封锁则区段中部淡粉色闪烁。

⑨ 灰色表示无数据。

轨道区段的颜色显示有一定的优先顺序，共分 6 个级别。从高到低分别为灰色、深蓝色、红色（紫色、淡粉色）、绿色或淡绿色、黄色。例如：通过某一轨道区段排列进路后，此区段发生计轴故障，则此区段优先显示紫色，同时覆盖了绿色和黄色。

2）计轴区段编号的显示：

① 颜色。

白色表示正常。

灰色表示无数据。

红色表示计轴干扰，CTC 列车可以正常通过。此干扰会影响非装备车的正常运行，需要进行预复位操作恢复。

② 状态：出现编号闪烁时，表示为与 ATP 连接中断，稳定时，表示正常。图 6-25（附彩图）所示的是计轴轨道区段在 LOW 上的颜色显示。

图 6-25　计轴轨道区段在 LOW 上的颜色显示图

（2）LOW 对区段的命令

1）封锁区段、解封区段。

① 封锁区段：命令执行后，不能通过该轨道区段排列进路，如果该轨道区段已存在进路，则只对下一条进路生效。该命令执行对单个虚拟区段有效，执行成功后显示如图 6-26 所示。若在有进路的情况执行封锁，则会显示中部蓝色闪烁，如图 6-26（附彩图）所示。

② 解封区段：取消对该区段的封锁，允许通过该轨道区段排列进路。（此命令为安全相关命令）

2）计轴预复位。

① 计轴系统用于检测轨道空闲情况。“计轴预复位”的命令用于：在计轴过程中出现问题时，以及列车已经完全离开计轴区段但是计轴的驶入数和驶出数仍不同时，将一段计轴区间的状态设置为“零轴”。

② 执行该命令后，计轴器仍会为这个区间提供一个特殊的占用指示，在原有占用颜色的基础上在虚拟区段中部显示淡粉色（如图 6-27 所示，IXL 控制级别下预复位显示）。当沿着此计轴区间行驶的首列车按正确的计轴顺序行驶时，计轴系统就会提供区间空闲指示（该命令为安全相关命令），如图 6-27（附彩图）所示。

图 6-26　有进路的情况下执行封锁显示中部蓝色闪烁图

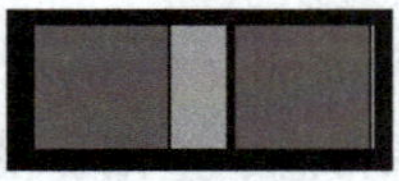

图 6-27　计轴器区间特殊的占用指示图

（3）强解区段

1）强行解锁的功能说明。在信号系统中，对进路的解锁可以分为自动解锁和操作员人为干预解锁两种，自动解锁一般是根据列车的运行情况，对经过的区段（含道岔区段）进行逐段解锁。操作员干预解锁是指操作员执行“取消进路”和“强解区段”命令，对进路发出一个解锁的指示。取消进路是对一条完整的进路发出一个解锁指示，而强解区段则是对单独一个区段（含道岔区段）发出一个解锁指示。

2）强解区段：解锁进路中的轨道区段。（此命令为安全相关命令）

执行强解区段命令后：

① 该进路的始端信号机会马上关闭。

② 如果接近区段及进路无车，区段立即解锁。

③ 任何在保护区段中的轨道区段，要强解时，均延时（30s）解锁。

④ 有车时将会延时解锁（30s），在延时解锁的过程中，区段会处于闪烁状态。

⑤ 进路元素强解后，相应的侧防元素也立即解锁。

⑥ 在延时解锁的过程中可以对其他轨道区段进行强解。

（4）设置限速区、取消限速区

1）设置限速的功能描述：设置限速只在 CTC 控制级别下对装备列车有效，对区段设置限速后，装备列车在通过该区段对应的线路的时候按照限速要求行使。非装备列车只能凭引导信号进入含有限速区段的进路（进路只能维持在移动闭塞层）。如果区段设置了限速，限速的列车最高速度会以红色的字体在相应的区段下方显示出来。此时，列车通过该区段的最高速度不能大于此限制速度。

图 6-28　限速区设置成功后显示允许通过该区段的最高速度

2）设置限速区：对通过该区段的列车的最高速度设置限制。设置成功后会在轨道区段下方以红色数字的形式显示允许通过该区段的最高速度，如图 6-28 所示。

3）取消限速区：取消已设置的限速区。操作成功后区段下方的红色数字消失。

6.3　LOW 对道岔、信号机、车次号的操作方法

1. LOW 对道岔的操作

道岔是使机车车辆从一股道转入另一股道的线路连接设备，由转辙机控制其开通方向。在 LOW 上会以不同的颜色显示表示出道岔不同的状态。

（1）道岔在 LOW 上的显示

1）道岔区段是一个带道岔的特殊轨道区段，道岔的颜色显示与区段的颜色显示一致（封锁、预复位、限速等的表现形式均和普通区段的表示方式一致），详细请参看区段的颜色部分，如图 6-29（附彩图）所示。

2）道岔的开通位置表述。

① 以道岔的锐角为参照点，右边为道岔的右位。当道岔的“道岔右位”及“道岔右位延伸”部分有颜色稳定显示（非灰色，可以是绿色、紫色、红色、黄色），“道岔左位”及“道岔左位延伸”部分显示灰色稳定的时候表示道岔开通右位，尖轨密贴。如图 6-30（附彩图）所示的道岔显示为开通右位。

② 以道岔的锐角为参照点，右边为道岔的左位。当道岔的“道岔左位”及“道岔左位延伸”部分有颜色稳定显示（非灰色，可以是绿色、紫色、红色、黄色），“道岔右位”及“道岔右位延伸”部分显示灰色稳定的时候表示道岔开通左位，尖轨密贴。如图 6-31（附彩图）所示的道岔显示为开通左位。

3）道岔短闪及长闪故障的显示。道岔短闪即表示道岔转不到位，道岔转不到位指的是

道岔在转换后，并没有位置信息反馈。联锁系统不能监测到道岔现场实际开通位置、尖轨是否密贴的情况。

道岔长闪即表示道岔挤岔显示，表示道岔不在转换过程中，突然失去位置表示。联锁系统不能监测到道岔现场实际开通位置、尖轨是否密贴的情况。

若道岔发生短闪或长闪故障，该道岔不能被进路征用为进路道岔、侧防道岔和保护区段道岔。若道岔故障是在进路排列好后发生的，则进路会因为联锁条件不能维持而降到相应的监控层或非监控层，但道岔仍处在进路锁闭的征用状态（编号被框框住）。

道岔短闪可分为道岔左位转不到位和右位转不到位两种情况。

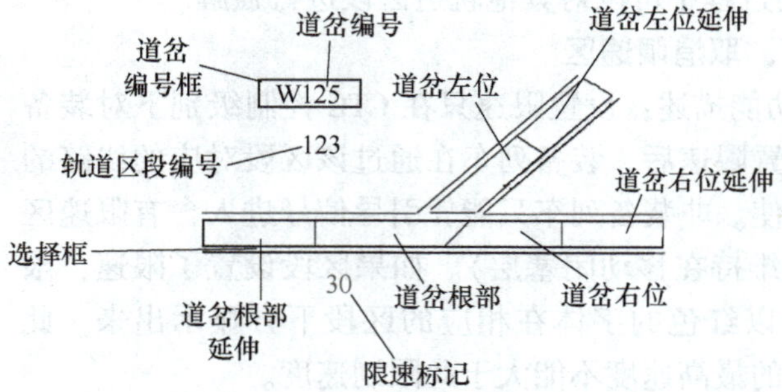

图 6-29　道岔的特殊轨道区段道岔的颜色显示图

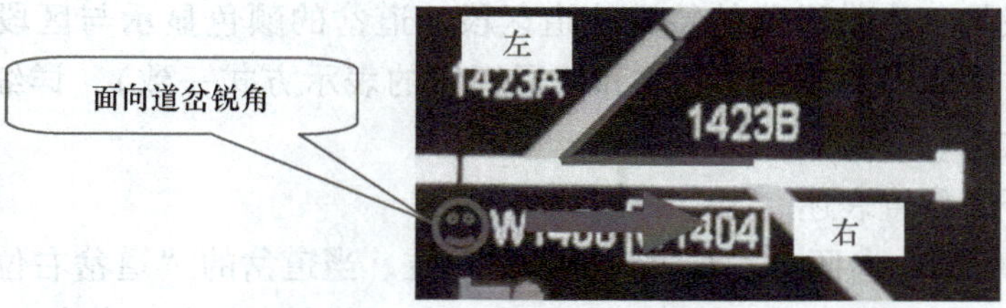

图 6-30　道岔显示为开通右位图

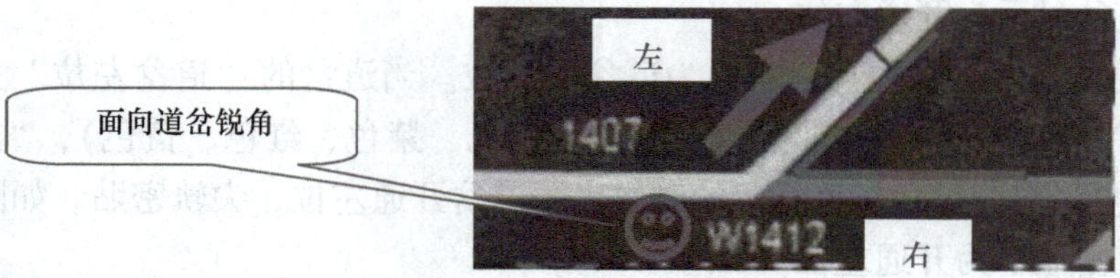

图 6-31　道岔显示为开通左位图

① 道岔左位转不到位的显示。若“道岔左位”部分闪烁，道岔其余各部分显示稳定，则表示为道岔左位转不到位。若在选择框包围的道岔腿部的一半在闪烁，则可判定为道岔短闪，如图 6-32 所示。

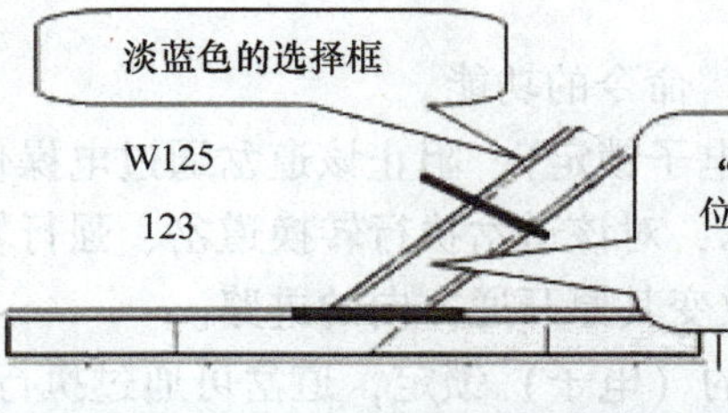

图 6-32　道岔左位转不到位的显示图

② 道岔右位转不到位的显示。若“道岔右位”部分闪烁，道岔其余各部分显示稳定，则表示为道岔右位转不到位。若在选择框包围的道岔腿部的一半在闪烁，则可判定为道岔短闪，如图 6-33 所示。

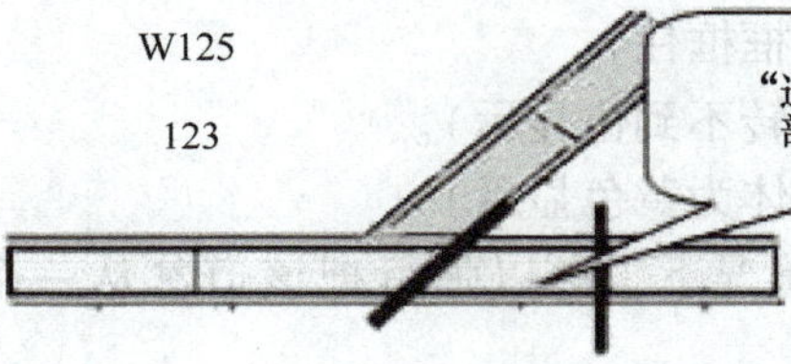

图 6-33　道岔右位转不到位的显示

③ 道岔长闪。若“道岔左位”、“道岔左位延伸”、“道岔右位”、“道岔右位延伸”四部分同时闪烁，道岔其余部分显示稳定则表示为道岔被挤岔。若在选择框包围的道岔腿部均在闪烁，则可判定为道岔长闪，如图 6-34 所示。

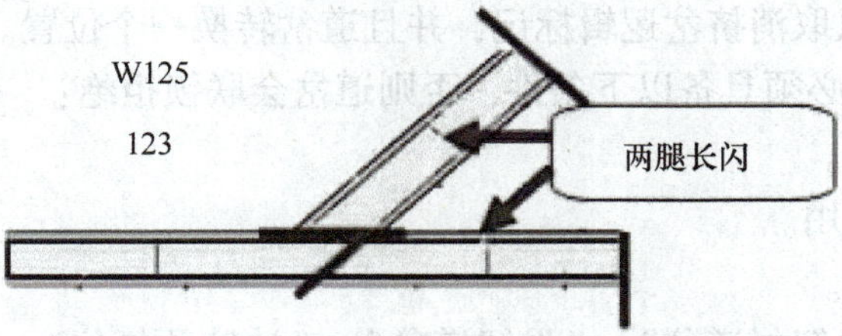

图 6-34　表示道岔被挤岔图

（2）道岔编号及道岔的轨道编号在 LOW 上的显示

1）道岔编号：

① 白色表示正常、无锁定。

② 红色表示道岔被单独锁定（道岔编号为红色的道岔不能通过 LOW 的任何操作转动该道岔）。

2）道岔编号框：它是道岔被进路锁闭的标记。当道岔被进路征用的时候该道岔的编号会被道岔的编号框框住（含主进路、侧防、保护区段的征用）。当道岔没有被征用的时候道岔编号框不显示，当进路解锁后编号框也会立即消失。

3）轨道区段编号：在道岔区段中，轨道区段编号只会显示灰色，道岔区段是一个带道岔的特殊轨道区段。

（3）LOW 对道岔的操作

1）“单独锁定”、“取消锁定”命令的功能。

① 单独锁定：锁定该道岔（电子锁定），阻止该道岔通过电操作转换。执行该命令成功之后，道岔的编号会变为红色显示，对该道岔执行转换道岔、强行转岔、挤岔恢复等命令无效，且不能通过该道岔排列需要改变其原开通方向的进路。

② 取消独锁：取消对该道岔的（电子）锁定，道岔可通过执行转换道岔命令自由转动。该命令对处于单独锁定状态的道岔有效，执行该命令成功之后，道岔编号会变为白色。

2）“转换道岔”、“强行转岔”、“挤岔恢复”命令的功能。

① 转换道岔：在道岔空闲的情况下，可以把该道岔从一个位置转换到另一个位置。

执行该命令前道岔必须具备以下条件，否则道岔会联锁拒绝：

- 道岔无单独锁定（编号显示白色）。
- 道岔无被进路征用（编号无框框住）。
- 道岔没有挤岔显示（可以有转不到位显示）。
- 道岔处于空闲状态（道岔岔体为黄色显示）。

② 强行转岔：在道岔占用的情况下，可以强行把该道岔从一个位置转换到另外一个位置。

执行该命令前道岔必须具备以下条件，否则道岔会联锁拒绝：

- 道岔无单独锁定。
- 道岔无被进路征用。
- 道岔没有挤岔显示。
- 道岔处于占用状态。

③ 挤岔恢复：可以取消挤岔逻辑标记，并且道岔转换一个位置。

执行该命令前道岔必须具备以下条件，否则道岔会联锁拒绝：

- 道岔无单独锁定。
- 道岔无被进路征用。
- 道岔有挤岔显示。

3）“封锁道岔”、“解封道岔”、“强解道岔”、“计轴预复位”、“设置限速区”、“取消限速区”命令的功能。

道岔区段，作为一个特殊的轨道区段，它拥有区段的所有命令，而且其操作方式、显示方式和功能均和区段对应的命令一致。（即使被封锁的道岔，也可以被操作正常转换）

2. LOW 对信号机的操作

信号机是指挥列车运行的设备，它会自动根据进路不同的联锁条件给出一个指挥信号。地面信号机由绿灯、黄灯、红灯三种颜色的信号灯组成。

地面信号机各灯位显示的含义是：

红灯：禁止越过。

绿灯：开通直股，允许越过。

黄灯：进路道岔中至少一个开通弯股，允许越过。

黄灯+红灯：引导信号，允许越过。

灭灯：信号机没有显示，列车运行处于移动闭塞有效状态。列车根据车载信号显示来行车。

注：绿灯或黄灯表示“信号开放”；信号机在红灯状态表示“信号关闭”。

（1）信号机在LOW上的显示　LOW一般将信号机分为机脚、机柱、灯头三个部分，信号机机柱不同的颜色显示和状态显示，表示线路上信号机的显示或状态，如图6-35（附彩图）所示。

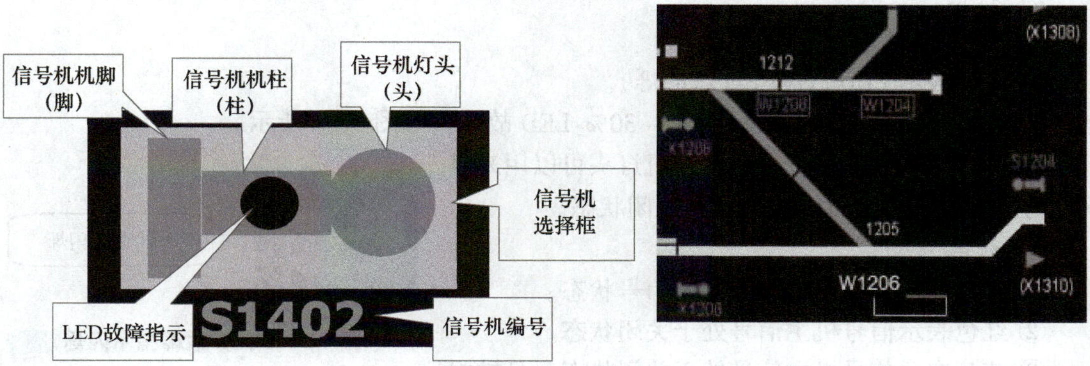

图6-35　信号机在LOW上的显示图

1）颜色。

① 红色表示处于人工排列进路状态。

② 绿色表示处于自动排列进路状态。

③ 黄色表示处于追踪进路状态。

2）状态。

① 显示状态稳定表示正常。

② 闪烁表示信号机LED故障。

如果信号机红灯为灭灯状态，则信号机机柱及信号机灯头同时闪烁。

（2）机脚的显示　信号机机脚可以显示出信号处于监控层还是非监控层。信号机与进路是联锁的互相制约关系，只有该信号机防护的进路建立了相应的监控级别状态后，该信号机才能开放，进路是否能符合信号显示的条件则在信号机的机脚反应。

1）颜色。

① 绿色表示主信号控制层（处于监控层：在进路状态）。达到可开放主信号状态，这时主信号可自动开放。

② 深绿色表示移动闭塞控制层（处于监控层：在进路状态）。装备列车可直接凭车载信号越过，对于非装备列车可开放引导信号允许越过。

③ 黄色表示引导信号控制层（处于监控层：在进路状态）。信号机可开放引导信号。

④ 红色表示非监控层（无进路状态或进路未建立）。信号机不可开放信号。

2）状态。

① 显示状态稳定表示正常。

② 闪烁表示在延时中，进路延时取消、进路延时建立或保护区段延时解锁。

(3) 信号机机柱（柱）　信号机机柱用以记录信号机的开放及关闭情况。

1）颜色。

① 绿色表示信号机开放，且开放主信号。

② 黄色表示信号机开放引导信号。

③ 红色表示信号机关闭，且未开放过（针对本次进路）。

④ 蓝色表示信号机关闭，但曾经开放过（针对本次进路：在重复锁闭状态）。

2）状态。

① 显示状态稳定表示正常。

② 闪烁表示 LED 故障（红灯闪烁）。

③ LED 故障指示闪烁表示 20% ~30% LED 故障，如图 6-36 所示。

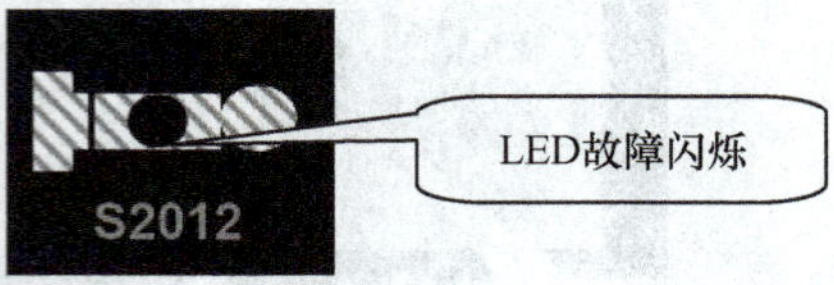

图 6-36　LED 故障指示闪烁

(4) 信号机灯头（头）　信号机灯头可以用来显示信号机主信号显示处于开放还是关闭状态。

1）颜色。

① 绿色表示信号机处于开放主信号状态。

② 红色表示信号机主信号处于关闭状态。

③ 蓝色表示信号机主信号处于关闭状态，且被封锁（但可以开放引导信号）。

④ 信号机灯头打叉表示信号机灭灯（移动闭塞模式，无非装备列车接近）。

在 CTC 控制级别下，现场信号机常态灭灯，当只有在有非装备列车接近约 800m 的时候，信号机才会根据联锁条件给出有效的显示。若进路可以满足主信号层的条件的时候，信号机可以给出主信号显示，如果进路不能达到主信号层条件的时候，信号机会给出红灯显示（含移动闭塞层、引导层）。

2）状态。

① 显示状态稳定表示正常。

② 闪烁表示 LED 故障（红灯闪烁）。

注：信号机机体灰色表示无数据。

信号机在 LOW 上的显示从脚、柱和头表示，例如：信号机在 LOW 上显示黄、蓝、红，代表信号机灯脚为黄色、灯柱为蓝色、灯头为红色。

(5) 替代信号机标识

1）替代信号机标识的主体为红色横三角形“▲”。

2）替代信号机标识的编号为白色。

注：在 LOW 上设置替代信号机标识，只是为了排列跨设备站站场图的进路而设置的，但并不反映实际信号机的开放及关闭状态，不具备信号机操作的命令。

(6) CTC 控制级别下的信号显示　在 CTC 控制级别下信号机常态显示灭灯，当只有非装备列车接近始端信号机约 800m 时，信号机才会给出有效显示。CTC 控制级别下的信号显示含义。

1）红红红（打叉）表示处于非监控层，现场信号机灭灯。

2）深绿红红（打叉）表示处于移动闭塞层，信号机关闭，现场信号机灭灯。

3）深绿绿绿（打叉）表示处于移动闭塞层，允许装备列车通过，现场信号机灭灯。

4）深绿红蓝（打叉）表示处于移动闭塞层，信号机被封锁，现场信号机灭灯。

5）红红蓝（打叉）：表示处于非监控层，在关闭状态且被封锁，现场信号机灭灯。

（7）LOW 对信号机的操作 “关单信号”、“开放信号”、“解封信号”、“封锁信号”、“开放引导”命令的功能。

1）关单信号：在信号机处于开放状态的情况下关闭信号显示（含引导信号）。

2）开放信号：在信号机达到主信号层、信号处于关闭状态、信号没有被封锁且信号机处于正常的情况下可把信号机设置为开放状态。

3）封锁信号：把信号机关闭并封锁。封锁的信号机灯头显示蓝色，不能开放主信号，且在人工解封后，（即使在信号没有开放过的情况下）信号不会自动开放，只可以人工再次开放信号。可以通过被封锁的信号机排列进路和开放引导信号（注意与封锁区段的功能区分）。

4）解封信号：取消信号机的封锁状态，允许开放主信号。

5）开放引导：开放引导信号的显示（黄灯 + 红灯）。

执行“开放引导”命令需要具备以下条件：

① 引导层的条件已满足（含移动闭塞层、主信号层）。

② 信号未开放。

③ 列车已占用始端信号机的接近区段（接近区段：始端信号机前方的轨道区段）。

④ 始端信号机红灯和黄灯正常。

当满足以上四个条件，可人工开放引导信号。

注意：当引导信号开放后，列车只能以 RM 或 URM 模式通过本次进路。若列车在信号开放 30s 后未能越过信号机占用进路的第一个区段，信号将自动关闭。

（8）“自排单开”、“自排单关”、“追踪单开”、“追踪单关”命令的功能

1）自排单开：开启单个信号机的自排功能（根据目的地码排列进路）。信号机编号显示绿色。

2）自排单关：关闭单个信号机的自排功能。信号机编号显示红色，变为人工排列进路状态。

3）追踪单开：开启单个信号机的追踪功能（自动排列预设进路）。信号机编号显示黄色。

4）追踪单关：关闭单个信号机的追踪功能。信号机编号显示红色，变为人工排列进路状态。

（9）“设置保护区段”命令的功能

1）功能：将信号机后一区段设置为保护区段。

2）保护区段：进路终端信号机后一区段，不是列车位移（运行）的必经区段。作用是防止列车因为某种原因不能在终端信号机前停车，冲出进路而造成危险而被进路征用的区段（含道岔区段）。

在保护区段被征用是建立主信号层进路的必要条件，但保护区段被征用不是移动闭塞层进路建立的必要条件。当系统处于 CTC 控制级别的时候，进路优先建立移动闭塞层进路，在进路建立的过程中不考虑保护区段是否满足被征用的条件，在此情况下，保护区段一般是在列车接近始端信号机时才被征用。若没有保护区段，装备列车的停车点则将前移。若进站列车停车点前移，则会令列车不能正常对标。在列车进站的时候若后续进路未排列、保护区段没有被自动征用，此时，必须使用“设置保护区段”命令，人工设置保护区段。

3. 车次号在LOW上的显示

（1）车次号框的组成

1）前面的箭头表示列车运行方向。

2）前三位（1~3位）数字表示目的地号。

3）中间三位（4~6位）表示列车服务号。

4）后两位（7、8位）表示序列号，如图6-37所示。

（2）车次号背景颜色的5级变化 在时刻表功能能实现的时候，列车号可以显示于LOW上的轨道图下的框中。根据当前偏差，列车号区字段的背景颜色有5级变化。不同的颜色显示偏差的状态，如图6-38（附彩图）所示。

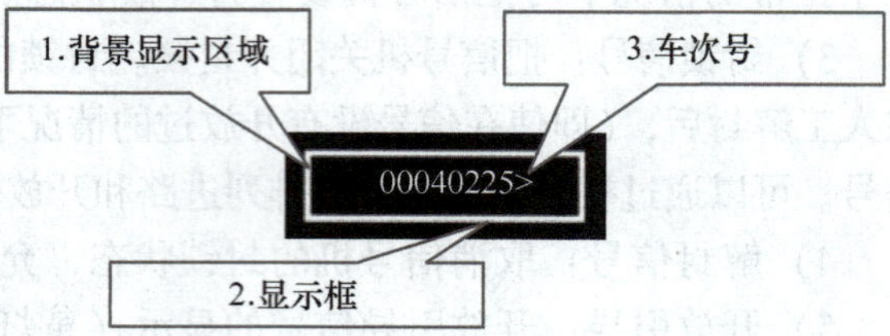

图6-37 车次号框的组成图

1）“提前”用蓝色和绿色来表示。

2）“准时”用黄色来表示。

3）“延误”用粉红色和红色来表示。

具体时间差值：

1）蓝色表示：偏差时间≤ -120s。

2）绿色表示：-120s<偏差时间< -15s。

3）黄色表示：-15s≤偏差时间≤ +15s

4）粉红色表示：+15s<偏差时间< +120s

5）红色表示：偏差时间≥ +120s

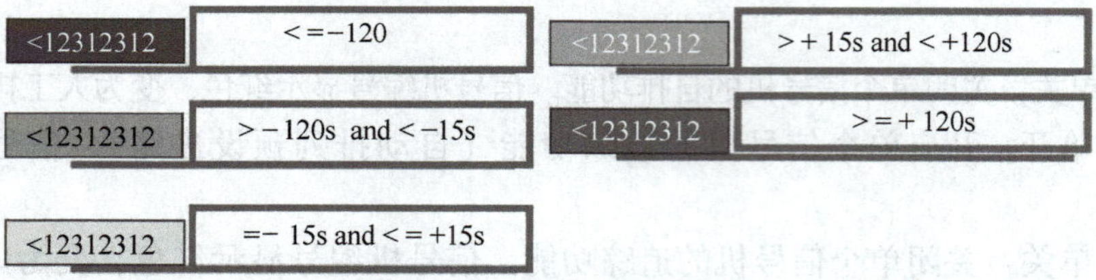

图6-38 车次号背景颜色的五级变化图

（3）LOW对车次号框的操作 操作员可通过以下步骤插入列车号：

1）插入车次号：在没有车次号的车次号框输入车次号。不能输入已经存在的车次号。

2）选择列车车次号显示字段，命令区显示命令，单击“插入”。

3）从车次号组合框选择需要的车次号。如果没有需要的车次号，操作员可人工输入它。

4）单击“执行”，实行操作，如图6-39所示。

（4）替换 替换车次号：修改一个已经存在的车次号。不能输入已经存在的车次号。其操作步骤如下：

1）选择一个带有车次号的显示框，如果有不止一个列车号，从车次号组合框中选择列车号，如图6-40所示。

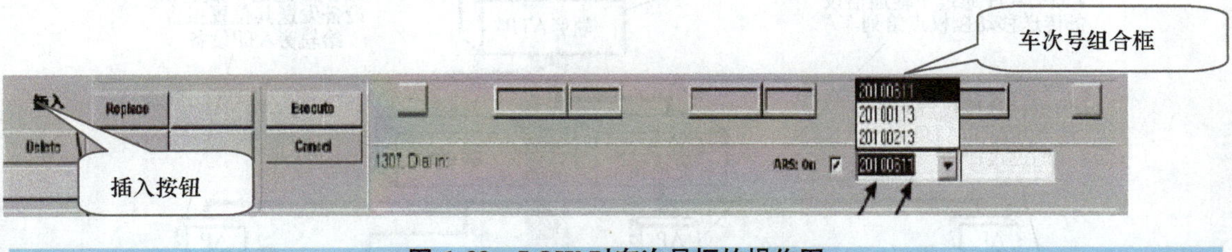

图6-39　LOW对车次号框的操作图

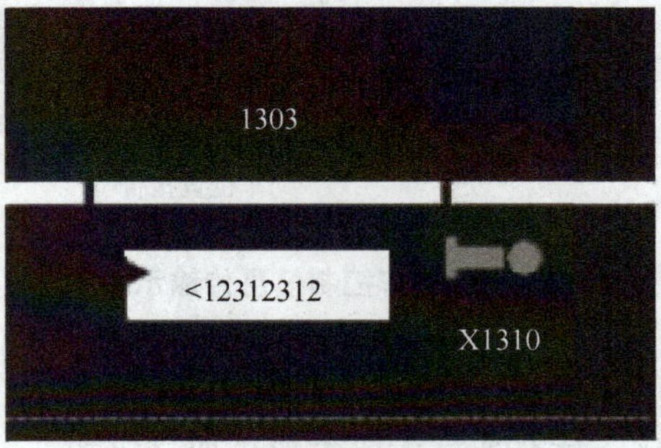

图6-40　选择列车号显示字段图

2）单击“替换”按钮，接着车次号组合框将出现。
3）从组合框中选择想要替代的车次号。如果没有想要的车次号，操作员可人工输入它。
4）单击“执行”按钮。

（5）删除列车号　删除车次号：清除一个车次号框记录的车次号。其操作步骤如下：
1）选择列车号显示字段，接着命令字段将显示命令按钮。
2）从列车号组合框中选择想要删除的列车号。
3）单击“删除”按钮，接着列车号组合框将出现。
4）单击“执行”按钮，如图6-41所示。

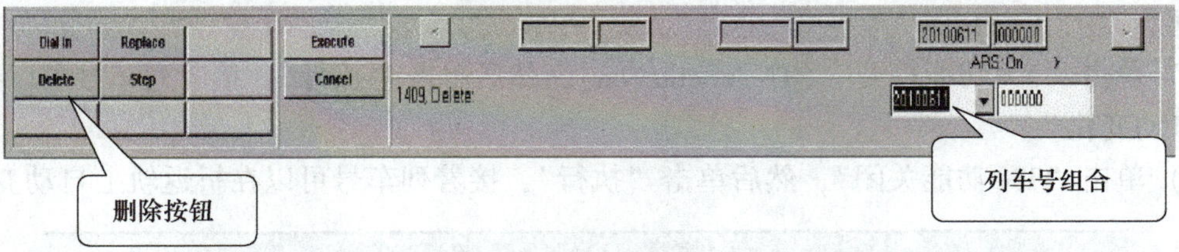

图6-41　删除列车号步骤图

（6）步进列车号　计算机内部模拟的列车从一个区段运动到相邻的区段叫做“步进”。

列车监控与追踪功能（TMT）提供所有列车在ATS系统中的具体位置，当列车的位置决定后，将以一个恰当的方法提供车次号，并使系统中的车次号根据列车的移动而向前步进，如图6-42所示。

步进车次号：当列车已经运动到下一区段，但车次号依然遗留在上一区段的时候，操作

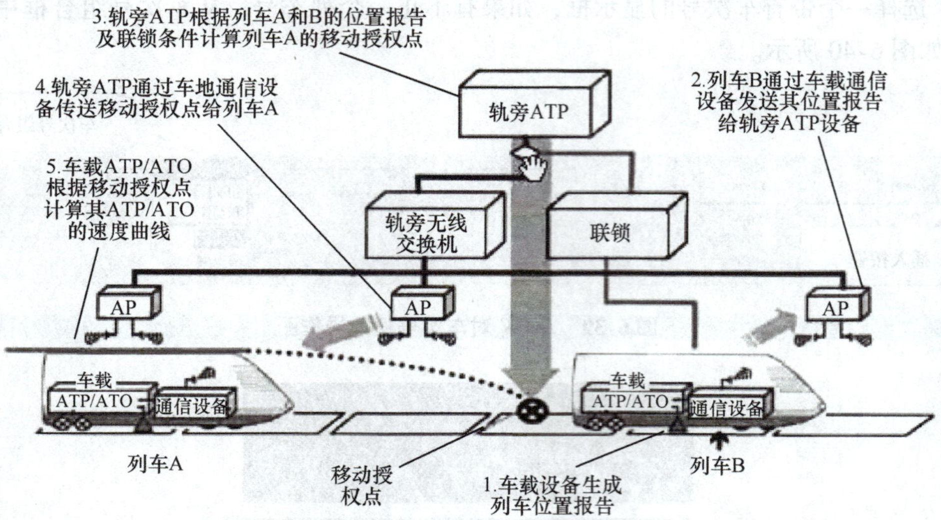

图 6-42　列车控制信息传输示意图

此命令可以令车次号向前运动一个区段。其操作步骤如下：

1）选择列车号显示字段，接着命令字段将显示命令按钮。

2）输入想要步进到列车号组合框中的列车号，如图 6-43 所示。

3）单击“Step”（步进）按钮，接着列车号组合框将出现。

4）然后单击“执行”按钮单击“步进”按钮后“执行”按钮才出现，如图 6-44 所示。

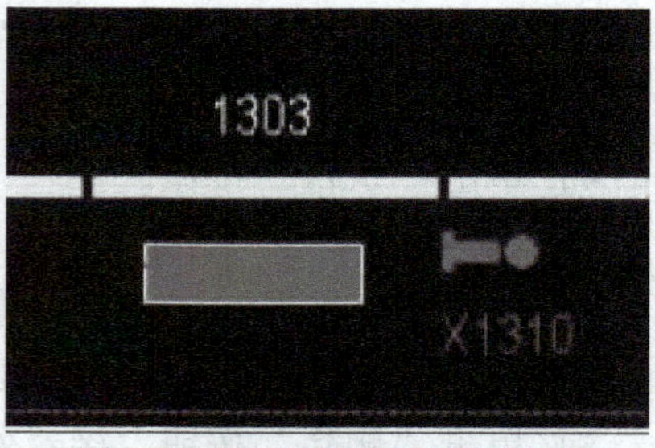

图 6-43　输入想要步进到列车号组合框中的列车号图

（7）车次号功能　列车折返后，TN 功能允许打开或者关闭列车号的替换。TTP 计算机运行后，操作员能够在 LOW 上用以下步骤关闭 TN 功能：

1）单击基本窗口的“时刻表进程”按钮。

2）接着将在以下步骤 3）、4）对话框窗口中看见对话框。

3）单击“TN 功能打开”（TN function on），然后单击“执行”，接着列车号可以在折返轨上自动变化。

4）单击“TN 功能关闭”，然后单击“执行”，接着列车号可以在折返轨上自动变化。

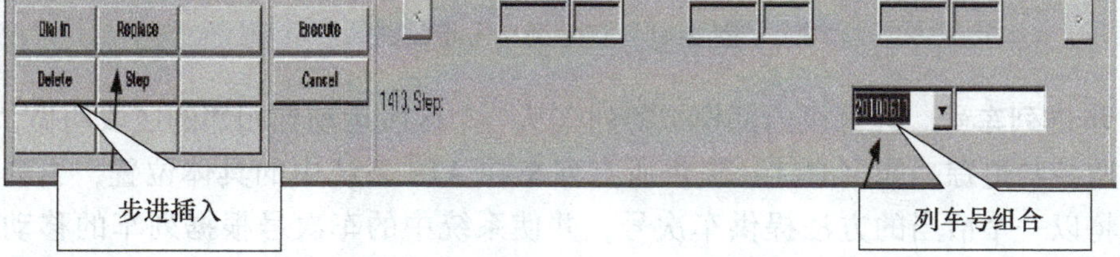

图 6-44　步进列车号步骤图

6.4　LOW 对车站周边元素、屏蔽门、防淹门的操作方法

1. LOW 对车站的操作

（1）车站及其周边元素在 LOW 上的显示

1）紧急停车标记。当在 IBP 盘或站台按压了紧急停车按钮时，LOW 上相应的站台区段会出现一个红色闪烁的小蘑菇，紧急停车生效，如图 6-45 所示。

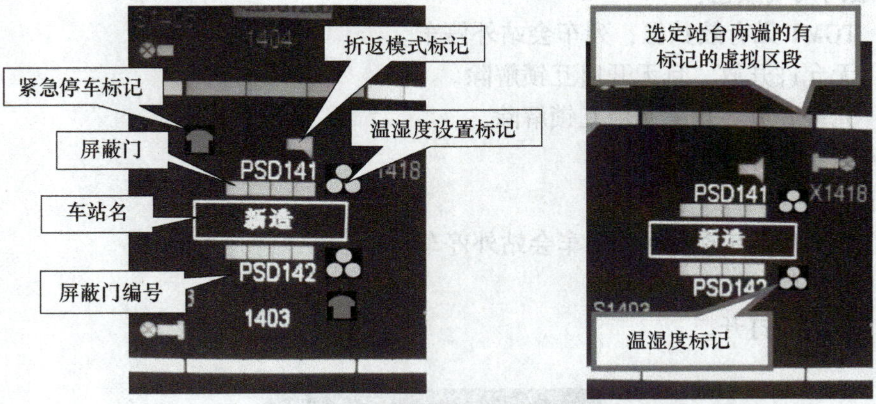

图 6-45　车站及其周边元素在 LOW 上的显示

2）温湿度设置标记：

① 只有地面站的两侧或与地面线路相邻的车站靠近地面线路一侧的虚拟区段可以进行温湿度设置。

② 进行了温湿度设置后 CTC 列车会根据此参数进行速度调整。

③ 点选相应的虚拟区段调出命令菜单，按照行调要求设置，如图 6-46 所示。

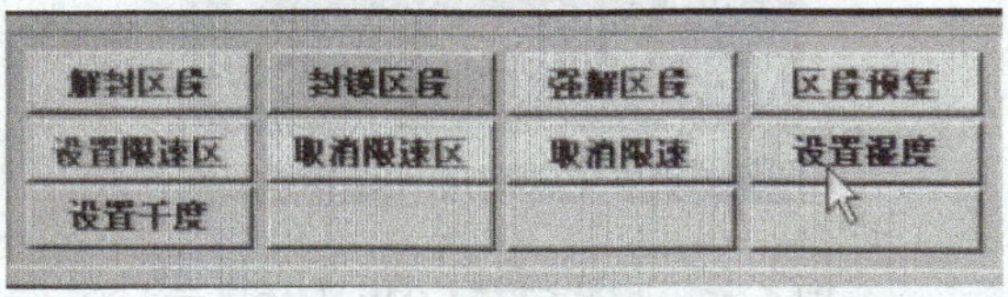

图 6-46　点选相应的虚拟区段调出命令菜单

3）温湿度设置标记的显示含义：

① 灰色表示 TGMT 数据无效。

② 天蓝色表示已设置。

③ 黑色表示无设置。

（2）折返模式标记

1）只有设计上有自动折返的车站才会有该项操作。

2）该设置命令在对应的站台虚拟区段调出。

绿色：TGMT 有效。

蓝色：TGMT 有效，已设置无人折返。

（3）LOW 对车站的操作

关站信号：关闭并封锁车站所属的所有信号机。

2. 屏蔽门在 LOW 上的显示

在正线的信号系统中，屏蔽门被列为进路的联锁条件监控。

(1) 屏蔽门在 LOW 上的显示

1）屏蔽门的显示，如图 6-47（附彩图）所示。

① 屏蔽门两端颜色：

灰色：TGMT 无有效数据，列车会站外停车。

红色：无允许开放，且无开启互锁解除。

绿色：允许开放，且无开启互锁解除。

红色闪烁：打开互锁解除。

② 中间颜色：

灰色：TGMT 无有效数据，列车会站外停车。

红色：屏蔽门关门。

黑色：屏蔽门打开。

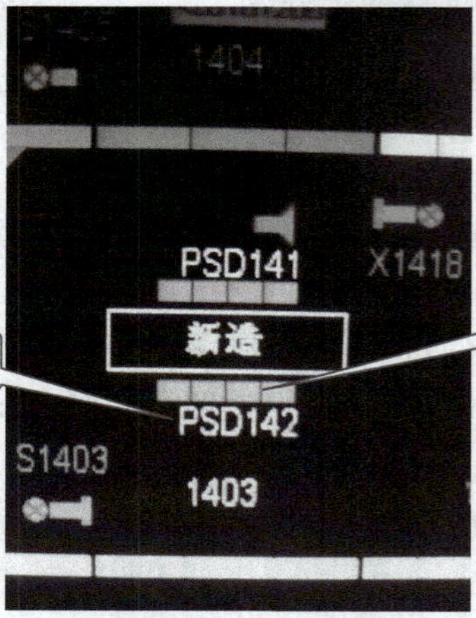

图 6-47　屏蔽门在 LOW 上的显示

2）站台颜色名称。

灰色：联锁输入数据无效。

红色：请求关门。

绿色：请求开门。

白色：既无请求关门也无请求开门 。

红色闪烁：联锁输入数据受干扰。

(2) 屏蔽门状态对进路的影响　当信号系统没有接收到屏蔽门安全回路接通（屏蔽门没有管好）的信息时，进站进路及出站进路的进路防护信号机会关闭。

(3) ATP 对屏蔽门的监控

ITC 车（点式控制运行时）：

① 当列车头部已经越过进站进路的防护信号机时，屏蔽门联锁对列车运行不受影响。

② 当列车停在车站时，屏蔽门在开门状态，屏蔽门联锁使速度码不能释放，列车不能动车。

③ 当列车离站，车头已越过出站进路的防护信号机时，屏蔽门联锁对列车运行不受影响。

CTC 车（连续式运行时）：

在屏蔽门打开时，站台区段上方出现蓝色光带，即 TRS 工作区（TPS，Temporary Speed Restriction 临时速度限制），在 TRS 工作区显示蓝色时列车不能动车：

① 列车正在进站时，停车点将前移至站台区段前 300m。若已经越过此停车点，屏蔽门联锁使列车会产生紧急制动。

② 列车在站台时，屏蔽门在开门状态，屏蔽门联锁使速度码不能释放，列车不能动车。

③ 列车离站时，若列车尾部已经出清站台区段则运行不受影响，若列车尾部未出清站台区段，屏蔽门联锁使列车会产生紧急制动。

3. LOW 上防淹门的显示

关于防淹门，信号系统在 LOW 上并没有提供对其进行操作的命令，只是把它的状态在 LOW 上显示出来，并将相关联锁信息传递给机电专业的防淹门设备系统。

（1）防淹门在 LOW 上的显示　其显示图如图 6-48（附彩图）所示。

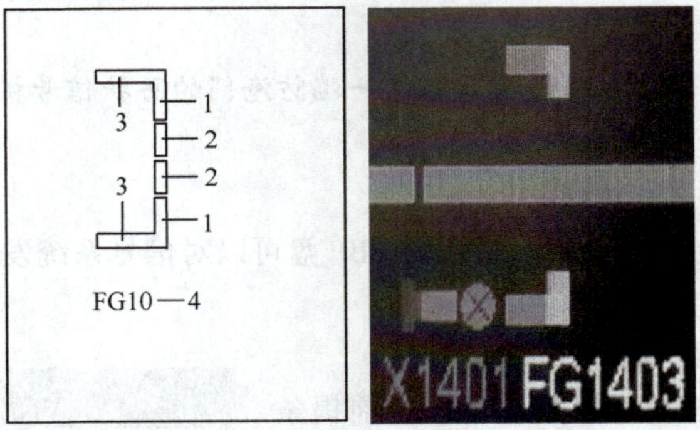

图 6-48　防淹门在 LOW 上的显示图

1—墙　2—门关　3—门开　4—标号

（2）墙的显示

1）灰色表示无数据。

2）棕色表示有数据。

（3）门关的显示含义

1）灰色表示无数据。

2）红色表示未打开（LOW 只显示防淹门在非开状态，不能确认防淹门已关闭）。

3）黑色表示打开。

4）黄色（闪烁）表示请求关门。

5）红色（闪烁）表示确认关门。

（4）门开的显示含义

1）灰色表示无数据。

2）黑色表示未打开（LOW 只显示防淹门在非开状态，不能确认防淹门已关闭）。

3）绿色表示打开。

（5）标号的显示含义

1）白色表示无故障。

2）白色（闪烁）表示有故障。

（6）关门请求 当联锁系统接收到（操作员的）“关门请求”信号时，联锁系统会立即关闭并封锁通过其设计区段的进路的信号机。

1）“允许关闭”信号发出的条件。

① 当未排列通过防淹门的进路且所有设计的轨道区段无列车占用时。

② 在已排列通过防淹门的进路中所有设计的轨道区段无列车占用、进路的接近区段无列车占用、防淹门在进路的保护区段中及保护区段的接近区段无列车占用或保护区段还未开始延时解锁时。

③ 进路的接近区段有列车占用、防淹门在进路的保护区段中及保护区段的接近区段有列车占用或保护区段已开始延时解锁时，同时在延时30s后列车仍没有越过防护信号机占用进路的区段时。

2）“不允许关闭”信号的发出。在已排列通过防淹门的进路中所有设计的轨道区段中只要有一个以上的区段出现列车占用现象或接近区段的列车在联锁系统延时30s期间越过了防护信号机占用了进路的区段。

注解：所有设计的轨道区段通常是指从一端防淹门的防护信号机前方第一区段至另一端防淹门所在区段的下一区段为止。

4. IBP盘对信号系统的操作

主控系统实现对车站设备的集中控制，IBP盘可以对信号系统发出紧急停车和扣车的指令，如图6-49所示。

（1）紧急停车功能 紧急停车的操作：

1）操作紧急停车按钮后对列车有效的前提条件是：列车处在CTC控制级别，受连续式ATP保护。紧停按钮只对CTC装备列车有效，对非装备或ITC、IXL联锁级别列车，按压后只会导致进出站进路防护信号机关闭，现场显示红灯。

2）紧急停车有效的区段范围是：相应的站台区段及进站前100～300m；如果列车尾部出清站台区段则无效。

3）紧急停车功能的激活：按压站台的紧急停车箱里的按钮或IBP盘上的紧急停车按钮，激活紧急停车功能。

4）在IBP盘上对紧急停车的操作步骤及现象：

① 在IBP盘上按压相应的紧急停车按钮。

② IBP盘上相应的紧急停车指示灯亮红灯，并发出电铃报警声音，同时在LOW上相应的站台区段出现红色蘑菇闪烁。

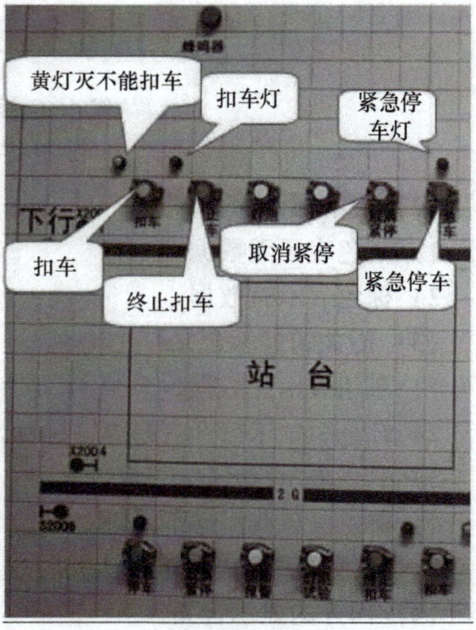

图6-49 IBP盘图

③ 进站进路及出站进路的进路防护信号机会关闭。

④ CTC 车在相应的保护范围内因 ATP 作用停车。

⑤ 执行切除报警操作，按压相应的切除报警按钮，消除报警声音。

（2）ATP 对紧急停车按钮状态的监控

1）ITC 车：

① 当列车头部已经越过进站进路的防护信号机时，IBP 联锁对列车运行不受影响。

② 当列车停在车站时，IBP 联锁使速度码不能释放，列车不能动车。

③ 当列车离站，车头已越过出站进路的防护信号机时，IBP 联锁对列车运行不受影响。

2）CTC 车：

① 列车正在进站时，停车点将前移至站台区段前 100m。若已经越过此停车点，IBP 联锁对列车则产生紧急制动。

② 列车在站台时，IBP 联锁使速度码不能释放，列车不能动车。

③ 列车离站，若列车尾部已经出清站台区段则运行不受影响，若列车尾部未出清站台区段，IBP 联锁则会使列车产生紧急制动。

（3）在 IBP 盘上切除紧急停车功能的操作步骤及现象

1）在 IBP 盘上按压相应的取消紧停按钮。

2）IBP 盘上相应的紧停指示灯灭，并发出电铃报警声音，同时在 LOW 上相应的站台区段的红色蘑菇的闪烁消失。

3）此时应执行切除报警操作，按压相应的切除报警按钮，消除报警声音。

4）信号机可以重新点亮，CTC 车的速度码可以释放。

（4）扣车功能　在 IBP 盘上进行扣车的操作。

1）操作扣车按钮后对列车停车有效的前提条件是：

① ATS 系统正常，列车在 SM、ATO 及 AR 模式下驾驶。

② IBP 盘上黄灯亮（黄灯灭不能扣车）。

2）扣车的有效区段是：站台区段。

3）“扣车”操作的步骤及现象：

① 在 IBP 盘上按压相应的“扣车”按钮后，在 IBP 盘上相应的扣车指示灯红灯闪烁。

注：如果是 OCC 扣车，IBP 盘上相应的扣车指示灯为稳定红灯。

② 同时在 LOW 上发生 B 类报警，记录了对应的站台区段的扣车提示内容，并发出报警声音。

（5）在 IBP 盘上对扣车进行“放行”操作的步骤及现象

1）在 IBP 盘上按压相应的“终止扣车”按钮，在 IBP 盘上相应的扣车指示灯灭。

2）按压相应的“扣车”按钮一次（复位）。

3）按压相应的“取消扣车”按钮一次（复位）。

4）同时在 LOW 上对应的 B 类报警的第三栏有“扣车恢复”的提示信息。

注意：列车扣车后原则上是谁扣谁放，只有在 OCC 的 HMMI 故障时，车站经行调授权才可取消扣车。

5. 信号机显示、操作命令汇总、区段颜色显示

信号机显示、操作命令汇总、区段颜色显示见表6-4、表6-5、表6-6。

表 6-4 信号机显示

序 号	现场灯颜色	LOW 上颜色	意 义
1	绿灯或黄灯	绿绿绿	处于主信号层，且开放为主信号
2	黄灯 + 红灯	绿黄红	处于主信号层，且开放为引导信号
3	黄灯 + 红灯	绿黄蓝	处于主信号层，且在封锁状态下开放引导信号
4	红灯	绿红红	处于主信号层，且信号机处于关闭状态
5	红灯	绿红蓝	处于主信号层，信号机在关闭状态且被封锁
6	红灯	绿蓝红	处于主信号层，信号机在关闭状态，但曾开放过
7	红灯	绿蓝蓝	处于主信号层，信号机在关闭状态且被封锁，但曾开放过
8	灭灯	深绿红红（打叉）	处于移动闭塞层，信号机关闭
9	灭灯	深绿绿绿（打叉）	处于移动闭塞层，允许装备列车通过
10	灭灯	深绿蓝红（打叉）	处于移动闭塞层，信号机曾经开放现在关闭，现场灭灯
11	红灯	深绿蓝红	处于移动闭塞层，信号机曾经开放现在关闭，现场红灯
12	红灯	深绿红红	处于移动闭塞层，信号机关闭
13	黄灯 + 红灯	黄黄红	处于引导层，且开放为引导信号
14	黄灯 + 红灯	黄黄蓝	处于引导层，且在封锁状态下开放引导信号
15	红灯	黄红红	处于引导层，且处于关闭状态
16	红灯	黄红蓝	处于引导层，在关闭状态且被封锁
17	红灯	黄蓝红	处于引导层，信号机在关闭状态，但曾开放过
18	红灯	黄蓝蓝	处于引导层，信号在关闭状态且被封锁，但曾开放过
19	灭灯	红红红（打叉）	CTC 模式下处于非监控层，现场灭灯
20	红灯	红红红	处于非监控层，信号关闭
21	灭灯	红红蓝（打叉）	CTC 模式下处于非监控层，在关闭状态且被封锁
22	红灯	红红蓝	处于非监控层，在关闭状态且被封锁
23	红灯	红蓝红	处于非监控层，在关闭状态，但曾开放过
24	红灯	红蓝蓝	处于非监控层，在关闭状态且被封锁，但曾开放过
25	黄灯或黄灯 + 红灯	红绿绿	正线与车辆段接口信号机，此信号机属车辆段管辖，信号已开放时，在车站 LOW 上可监视

表 6-5 操作命令汇总

命 令		描 述
信号机操作命令	开放引导	条件：列车占用接近区段等，参照“开放引导信号的条件”。功能：命令执行后，开放引导信号（黄灯 + 红灯）
	关单信号	条件：信号机已开放。功能：命令执行后把信号机设置为关闭状态
	封锁信号	功能：把关闭状态下的信号机封锁（如果信号机为开放状态，执行“封锁信号”命令后，信号机将会被关闭并封锁）。信号机被封锁后，将不能开放主信号，但可以开放引导信号，且在人工解封后，（即使在信号没有开放过的情况下）信号不会自动开放，只可以人工再次开放信号
	开放信号	条件：信号达到主信号层，信号没有被封锁，且信号机正常。功能：把信号机设置为开放状态
	解封信号	取消在关闭状态下的信号机的封锁

（续）

命令		描述
信号机操作命令	自排单开	条件：信号机具备自排功能且追踪全开功能没有被打开。功能：命令执行后，可以把单架信号机设置为自动排列进路状态（根据目的地码排列进路）
	自排单关	关闭进路自动排列，把单个信号机设置为人工排列状态
	追踪单开	条件：信号机具备追踪功能且自排全开功能没有被打开（只有追踪功能信号机除外）。功能：把单个信号机设置为联锁自动排列进路状态（由联锁机调用唯一的进路）
	追踪单关	设置追踪进路时，把单个信号机显示取消，由联锁系统自动排列进路状态
	设置保护区段	把信号机后一区段设置为保护区段
道岔操作命令	单独锁定	锁定该道岔（电子锁定），阻止该道岔通过电操作转换
	取消锁定	取消对该道岔的（电子）锁定，道岔可通过执行转换道岔命令自由转动
	转换道岔	道岔没有被锁闭；道岔没有被挤岔；道岔没有被锁定；进路区段没有被占用。功能：把该岔转换到另一个位置
	强行转岔	道岔没有被挤岔；道岔没有被锁定；道岔没有被锁闭；道岔非空闲。功能：强行转换道岔到另一个位置
	封锁道岔	禁止通过该道岔排列进路，但道岔可通过转换道岔命令进行位置转换
	解锁道岔	取消对该道岔区段的封锁，允许通过该道岔区段排列进路
	强解道岔	解锁进路中的道岔区段，如果接近区段及进路无车时，道岔区段立即解锁，有车将会延时解锁（30s）
	计轴预复位	使轨道区段设置为预复位，即将一段计轴区间的状态设置为“零轴”。执行该命令后，计轴器仍会为这个区间提供一个占用指示
	挤岔恢复	道岔没有被锁闭；挤岔显示；道岔没有被锁定；功能：可以取消挤岔逻辑标记，并且道岔转换一个位置
区段操作命令	封锁区段	命令执行后，不能通过该轨道区段排列进路，如果该轨道区段已存在进路，只对下一条进路生效
	设置限速区	对通过该区段的列车的最高速度设置限制，只能在没有进路的情况下执行，如果有进路的情况下执行，只对下一进路有效。设置限速只能由高往低设置。如果需要由低往高设置则需要取消原限速才能设置新的限制
	解封区段	取消对该区段的封锁，允许通过该轨道区段排列进路
	强解区段	解锁进路中的轨道区段，如果接近区段及进路无车时，区段立即解锁，有车将会延时解锁（30s）
	计轴预复位	能使轨道区段设置为预复位，即将一段计轴区间的状态设置为“零轴”。执行该命令后，计轴器仍会为这个区间提供一个标记指示
	取消限速区	取消已设置的限速区
联锁操作命令	自排全开	把本联锁区全部的信号机设置为自动排列进路状态（根据目的码自动排列进路）
	自排全关	为所有信号机关闭进路自动排列
	追踪全开	把本联锁区全部的信号机设置为自动排列追踪进路状态（根据接近区段，自动排列固定方向的进路）
	追踪全关	关闭进路自动追踪功能
	交出控制	交出控制权
	接受控制	在控制方已执行交出控制权后，车站值班员进行接受控制权的操作
	强行站控	在控制方未执行交出控制权时，车站值班员可强行取得控制权

（续）

命令		描述
联锁操作命令	激活标记	主窗口显示虚拟区段分区编号
	减活标记	主窗口不显示虚拟区段分区编号
	重启令解	SICAS 重新启动后，解除全部命令的锁闭
	重启令解	ATP 系统重新启动后恢复功能

表 6-6 区段颜色显示

序号	颜色	意义
1	黄色	常态、空闲、没有被进路征用
2	绿色	空闲、被进路征用
3	淡绿	空闲、被进路征用为保护区段
4	红色（IXL）	在 IXL 控制级别下的物理占用
5	红色	ATP 有效状态下进路被装备车占用
6	紫色	ATP 有效状态下进路被非装备车占用
7	轨道中部淡粉色	计轴预复位状态（中部淡粉色闪烁则该区段在预复位状态下被封锁）
8	轨道中部深蓝色	表示该区段已被封锁，拒绝通过该区段排列进路。（两端绿色，中间深蓝色闪烁表示该区段已封锁操作，但对下一进路有效）
9	灰色	无数据

6.5 无线通信信号设备简介

1. 信号系统常见名词

（1）信号系统 城市轨道交通信号系统是保证列车运行安全，实现行车指挥和列车运行现代化，提高运输效率的关键系统设备。信号，是指挥列车运行的信息。运用技术手段按照联锁要求、运用闭塞原理，自动完成对列车进路的安全防护，指挥列车运行保证列车之间的安全间隔，提高行车效率的系统叫做信号系统。

（2）进路 车站内及区间线路上有许多线路，它们用道岔联结着，按各道岔的不同开通方向可以构成不同的进路。在 LOW 上显示的进路包括始端信号机、终端信号机区段及道岔区段。

（3）联锁 联锁设备能够响应来自 ATS 的命令进行联锁逻辑运算，在满足安全的前提下，控制进路、道岔和信号机，并将进路、计轴区段、道岔和信号机的状态信息提供给 ATS 和 ATP/ATO。

（4）闭塞 它指按照一定的规律组织列车在区间内运行的方法。“闭塞”一般是指与外界隔绝的意思。这里说的闭塞是铁路信号的专用名词，是指列车进入区间后，使之与外界隔离起来，区间两端车站都不再向这一区间发车，以防止列车相撞和追尾。闭塞设备即为实现一个区间（闭塞分区）内，同一时间只允许一列车占用而设置的铁路区间信号设备。基于无线通信信号系统的闭塞，按闭塞布点方式可分为移动闭塞和固定闭塞。

（5）连续式通信 使用无线进行轨旁和列车间的通信。

（6）点式通信 不依赖于连续通信通道，可以采用基于应答器的点式通信通道从轨旁向车上传输数据。

（7）移动闭塞运行 配合连续通信通道，列车根据移动闭塞原理分隔，提供最小运行间隔，列车受ATP/ATO控制，运行在此状态的列车称为CTC车（装备列车）。列车凭车载信号行车。

（8）固定闭塞运行 列车根据固定闭塞原理，信号机进路作为列车安全分隔的最小闭塞分区。列车凭地面信号显示行车。若点式通信通道可用，配合点式通信通道列车受车载ATP/ATO控制，运行在此状态的列车称为ITC车。固定闭塞运行也是移动闭塞运行的后备模式。

（9）联锁站 它是指有SICAS ECC（设备控制单元）、ODI（操作显示接口）设备的车站。可通过LOW对联锁区内的联锁设备进行控制。

一般每条线设两个或三个联锁站。

（10）设备站 它是指有微机联锁系统、元件控制计算机的设备控制单元（SICAS ECC）与现场信号机、道岔、屏蔽门、计轴等设备有联锁接口的设备，无ODI设备的车站。可通过LOW对本站所管辖线路上的联锁设备进行操作。

（11）无线通信系统

1）无线通信系统（RailCom Wireless）使列车控制系统可以在轨旁、中央和车载设备之间进行通信，该通信使用标准网际协议（IP）寻址机制。

2）系统使用基于宽带通信平台派生出的无线局域网（WLAN）技术。此系统同时也是在车—地通信综合管理概念（ITTCOM）的基础上形成的。ITTCOM提供多程序并行应用的无缝集成，包括安全相关的应用程序（列车自动保护等）、自动化应用程序（列车自动运行、列车自动监督等），以及维护应用程序（远程诊断等）。

基于无线通信系统，与轨旁设备建立连续式通信，受连续式ATP保护的列车的空闲占用检测以虚拟区段为单位显示。

2. 站务人员对信号设备的操作和监控

站务人员对于信号系统的操作主要是对LOW的操作。通过LOW的显示界面对所属范围的列车运行、联锁设备情况进行监控。根据现场情况需要，通过LOW提供的控制命令对线路上的道岔及信号机等信号设备进行控制以配合列车运行的组织和施工调试的需要。LOW的操作人员必须经过培训，考试合格，并持有地铁有限公司颁发的操作证方可上岗操作。

LOW操作员在结束操作或临时离开站控室时，应将LOW退回到进入登录状态。严禁中断LOW系统，或进行与LOW无关的操作。LOW的设备管理人员或维修人员需操作LOW时，应征得车站行车值班员报告给行调的同意，取得LOW控制授权，以其自己的名字和口令录登系统后，方可操作。

LOW局域操作员工作站：用于控制和监督信号机、道岔、进路及列车的运行。

室内无线服务器：处理车—地双向通道数据给ATP，它也监控着轨旁无线天线的状态，由4台高性能计算机实现。

3. 基于无线通信信号系统的主要设备介绍

（1）室内设备 SICAS联锁计算机：实现联锁功能，主要工作为进路建立和进路解锁（SICAS：是西门子计算机辅助信号联锁系统）。

（2）室外设备

1）转辙机：它是指可转换道岔至左位或右位的装置。其用于列车换线、换向行驶。

2）信号机：它用于指挥列车的运行，信号开放时允许列车通过进路，信号关闭时禁止列车通过进路。

3）计轴器：计轴器是轨道空闲检测系统的基础。通过对进入轴和离开轴的计算来确定一条轨道的占用。

4）地面应答器：某些线的应答器分为4种，每种应答器中都含有预先根据在线路上精确测量写入的位置报文。应答器有两项任务：用于定位和提供移动授权（用于点式ATP）。

5）列车应答器天线：它安装在驾驶室驾驶员控制台上方，用于与轨旁信号系统的数据交换，将数据（信号显示、速度曲线等）从轨旁设备传送到车辆。车载查询器接收信息后，通过数据总线传输给车载计算机单元。

6）雷达（Radar）：它安装在车底，用于检测实际列车速度和行驶距离，并且几乎不受车轮空转/打滑的影响。

7）里程表脉冲发生器（OPG）：它安装在列车前进方向的左四轴上，测量转速和转向。

8）轨旁AP箱：它分布在轨道旁边，通过同轴电缆最多连接8个无线天线；它与室内无线服务器相连。这样，车→地双向数据通过列车天线→无线天线→无线服务器来传输。

9）轨旁无线天线：它安装在线路上平均500m一个（地面线路在外侧天线杆上），通过车载天线负责传输ATP信息。

4. 移动闭塞及固定闭塞

1）不同的通信方式决定了不同的运行方式。按闭塞布点方式划分，基于无线通信信号系统的闭塞方式可分为固定式和移动式两种。

系统可以根据列车与轨旁设备不同的通信方式，单独或同时对线上的列车提供基于固定闭塞原理或移动闭塞原理的列车安全分隔。

2）对于非装备无线通信信号系统的列车（含ITC车及无ATP保护的列车）采用固定闭塞的运行方式进行列车的安全分隔。

3）对于装备无线通信信号系统的列车采用移动闭塞的运行方式进行列车的安全分隔。只有具备连续式通信，处于连续式ATP保护下的列车才能具备按照移动闭塞的方式运行的条件。

4）固定闭塞。固定闭塞的闭塞分区一旦划定将固定不变。固定闭塞的闭塞分区是按信号机的布置点划分的，相邻两个同一显示方向的信号机之间为一个闭塞分区。在采用固定闭塞原理作为列车安全分隔的时候，列车凭地面信号机的开放占用闭塞分区，一个闭塞分区只能有一列列车占用。已开放的信号机作为列车移动授权的起点，以列车运行方向的下一个信号机作为列车移动授权的终点。闭塞分区划分的密度直接影响线路的使用效率。

如图6-50所示，B车已经出清S1～S2信号机间的闭塞分区B1，所以S1信号机可以显示通过信号允许A车占用B1分区，A车的移动授权终点为S2信号机前，S2信号机实现A车与B车的安全分隔。B车则因为C车的尾部尚未越过S4信号机，致使B3分区处于占用状态，限制了B车移动授权的延伸，虽然S3信号机至C车尾部之间还有较长的距离，但根据固定闭塞的分隔方式（一个闭塞分区只能一列列车占用），不能允许B车越过S3信号机向前运行，这个例子充分说明了固定闭塞的安全分隔方式制约了线路使用效率的充分发挥。

5）移动闭塞。在使用移动闭塞分隔原理对列车进行安全分隔的时候，闭塞分区是不固定的。移动闭塞的闭塞分区划分是根据列车运行的实际位置实时发生变化的。后车的移动授权位置是前车实时实际位置的后26m。后车根据移动授权的距离、前车的运行速度、线路情况等条件，经过计算确定，在最不利条件下，可以在距前车26m距离的后面，安全停稳为

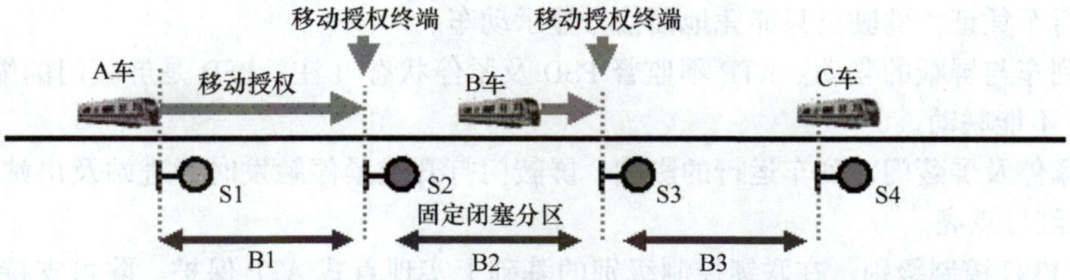

图 6-50　固定闭塞列车分隔原理图

前提条件下得出目前列车自身的运行速度。

为保证列车的精确停车、准确的位置监督、准确的速度监督、移动授权变更信息能及时传递到列车，所以列车与轨旁设备间实现连续式通信，列车被连续式 ATP 保护是实现移动闭塞方式运行的必要条件。如图 6-51 所示，采用移动闭塞分隔原理组织列车突破了固定闭塞分区的限制，大幅地提高了线路使用效率，有效地缩短了行车间隔。

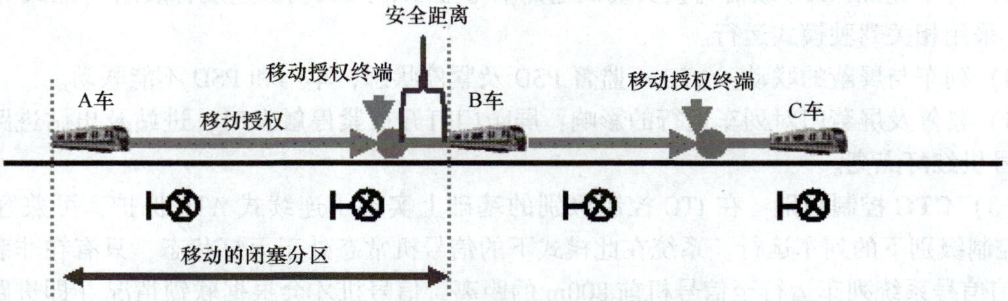

图 6-51　固定闭塞列车分隔原理图

5. 列车控制级别

无线通信信号系统根据系统不同的功能状况，ATC 系统可分为三个控制级别，分别是联锁控制级别（IXL）、点式控制级别（ITC）和连续式控制级别（CTC）。不同的控制级别可实现不同的 ATP 保护功能和列车自动控制功能。

列车各控制级别功能的实现的前提：ATC 系统已经开启相应的控制级别功能，且列车的车载设备对应的功能也处于该控制级别的状态，并且相互之间已经建立连接。若只有列车单方面具备功能，但是 ATC 系统不提供支持，该列车也不能工作在该控制级别。

例如：

1）当一个列车信号系统正常达到连续式控制级别的列车（装备列车），由甲联锁区往乙联锁区运行，此时乙联锁区 ATP 系统故障，不具备 ATP 功能。当列车由甲联锁区运行至乙联锁区的时候就会由 CTC 控制级别降为 IXL 控制级别。

2）当一个处于 CTC 控制级别的列车从丙地往丁地方向运行，因为猛烈的阵风把轨旁的 AP 天线吹歪，列车与轨旁设备的通信中断，该列车将降至 IXL 控制级别运行。

（1）IXL 联锁控制级

在这个模式下信号系统只能实现联锁功能，不能实现列车自动保护。

1）地车通信：此控制级没有地—车通信，采用计轴系统进行列车对线路的空闲占用检测。

2）ATP 功能：不能实现 ATP 保护，此控制级下只有 RM、URM 驾驶模式。

3）行车凭证：驾驶员只能凭地面信号显示动车。

4）列车与屏蔽的联动：ATP 不监督 PSD 及紧停状态（注：PSD 是屏蔽门的缩写），车门和 PSD 不能联动。

5）紧停及屏蔽门对列车运行的影响：屏蔽门打开或紧停触发时，进站及出站进路的防护信号机红灯点亮。

（2）ITC 控制级别 在联锁控制级别的基础上实现点式 ATP 保护，除可支持没有地—车通信的列车运行外，额外对可实现点式通信的 ITC 列车提供点式 ATP 保护的支持。

1）地车通信：通过应答器建立地—车点式通信实现点式 ATP 保护，此控制级是列车单向的从轨旁设备接收移动授权实现点式 ATP 保护（速度码），没有相关信息发送回给轨旁设备。采用计轴系统进行列车对线路的空闲占用检测。

2）驾驶模式：驾驶模式可实现 ATP/ATO 驾驶，是连续式通信移动闭塞模式的降级模式，此控制级下有 SM-I 和 AM-I 两种驾驶模式。

3）行车凭证：ITC 级需驾驶员确认地面信号显示，人工确认速度释放后（点式 ATP 保护），采用相关驾驶模式运行。

4）列车与屏蔽的联动：ATP 不监督 PSD 及紧停状态，车门和 PSD 不能联动。

5）紧停及屏蔽门对列车运行的影响：屏蔽门打开或紧停触发时，进站及出站进路的防护信号机红灯点亮。

（3）CTC 控制级别 在 ITC 控制级别的基础上实现了连续式 ATP 保护，可兼容 ITC、IXL 控制级别下的列车运行。系统在此模式下的信号机常态处于灭灯状态，只有在非装备无线通信信号系统列车运行至信号机前 800m 的距离，信号机才会根据联锁情况（即进路的监控级）给出有效显示（允许进入进路时显示绿灯或黄灯，不允许进入进路时显示红灯）。

1）地车通信：通过无线通信建立车—地之间的双向连续通信实现连续式 ATP 保护，它与轨旁设备双向通信，通过车载无线设备与轨旁无线设备之间交换数据获得移动授权和进行列车对线路的空闲占用检测。

2）驾驶模式：驾驶模式可以提供 ATP/ATO 驾驶，有 SM-C、AM-C 和 XAM-C 三种驾驶模式。

3）行车凭证：列车凭车载信号显示行车，地面信号显示灭灯。

4）列车与屏蔽的联动：ATP 监督 PSD 及紧停的状态，车门和 PSD 可以联动，PSD 打开时 HMI 上有 PSD 图标。

5）紧停及屏蔽门对列车运行的影响：屏蔽门打开或紧停触发时，列车会在其相应的有效保护范围内因 ATP 作用停车。

6. 无线通信信号系统列车的驾驶模式

1）联锁控制级：表 6-7 所示的是无线通信信号系统联锁控制级列车的驾驶模式。

表 6-7 无线通信信号系统联锁控制级列车的驾驶模式

驾驶模式	RM-IXL	URM-IXL
解释	限速人工驾驶模式	不限速人工驾驶模式
功能描述	无轨旁 ATP 保护，最高速度为 18km/h	无轨旁 ATP 保护，无限速

2）点式控制级（可兼容IXL的所有驾驶模式）：其详细介绍见表6-8。

表6-8　点式控制级（可兼容IXL的所有驾驶模式）

驾驶模式	SM-ITC	AM-ITC
解释	点式ATP监督下的人工驾驶模式	点式ATP监督下的ATO自动驾驶模式
功能描述	ATP会给出对应站台侧的门释放 列车车门和PSD不能联动	ATP会给出对应站台侧的门释放 列车车门和PSD不能联动 不论门模式开关处于哪个位置，列车车门只能手动开关

3）连续通信级（可兼容IXL、ITC的所有驾驶模式）：其详细介绍见表6-9。

表6-9　连续通信级（可兼容IXL、ITC的所有驾驶模式）

驾驶模式	SM-CTC	AM-CTC	XAM-CTC
解释	连续ATP监督下的人工驾驶模式	连续式ATP监督下的ATO自动驾驶模式	连续式ATP监督下的扩展ATO驾驶模式（无人驾驶模式）
功能描述	ATP会给出对应站台侧的门释放 列车车门和PSD可以联动开关 无论门模式开关处于哪个位置，车门只能是手动开关	ATP会给出对应站台侧的门释放 列车车门和PSD可以联动开关 门模式开关处于哪个位置，便可以实现该位置对应的功能（如自动开门）	将门模式开关打到AA位，列车可以实现自动驾驶 在各个运行中的各站自动对标，车门和PSD联动打开，停站时间倒数完后，列车自动启动驾驶，启动后会要求驾驶员确认保持XAM模式，如果10s内不确认，则列车自动转为XAM-CTC驾驶

7. 进路的组成及征用

在无线通信信号系统中，进路的建立是由SICAS计算机负责通过逻辑计算，按照联锁的要求检测各个联锁元件的状态是否满足建立进路的条件。若条件满足，系统会将该元素锁闭，建立进路，进路建立后联锁系统会对进路中的各个元素进行持续的监督。

（1）进路的组成　进路的基本要素有信号机、道岔及轨道区段。进路一般由三部分组成：主进路、保护区段及侧面防护。

1）主进路是列车位移过程中必须经过的路径，是进路的最基础部分。主进路由始端信号机、终端信号机及区段（含道岔区段）组成。

2）保护区段是指终端信号机后方的一个轨道区段，设置保护区段的目的是为了避免列车由于某种原因不能在信号机前方停车而冲出信号机导致危及列车安全的事故的发生。保护区段由轨道区段及其侧防元素组成。保护区段不是列车位移的必要部分，是为了对列车提供高进路的安全性而被征用的。

3）进路的侧防元素可由道岔、信号机及轨道区段的单个元素或组合元素组成。

当排列进路后，为了防止其他列车进入该进路，联锁系统设置了侧防。侧防是进路侧面防护的简称。进路可能有多个防护点，侧防的任务就是要切断所有通向已排进路的路径，即切断企图排列其他进路（敌对进路）进入该进路的所有路径。侧防不是列车位移的必要部分，是为了对运行列车的保护，提高进路的安全性而被征用的联锁元件，如图6-52所示。

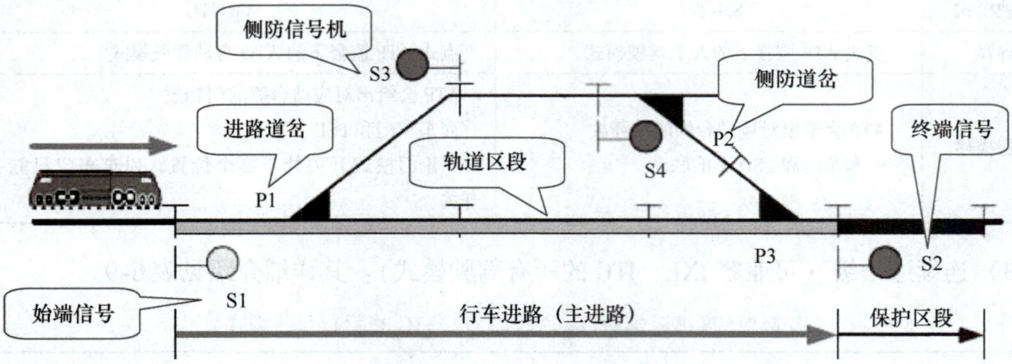

图6-52　进路侧面防护的组成示意图

（2）侧防与保护区段的征用

1）侧防的描述。侧防的要素和要求是，一般进路上的道岔都会有其相应的防护点，防护点会由相应的侧防元素提供防护。能够提供侧防的元素有：道岔、信号机及轨道区段。侧防共有两级，一级侧防和二级侧防。第一级包括侧防必需的元素，即每一个防护点所有的防护元素。第一级中的每个道岔元素可以定义多个，第二级元素与之对应。

2）道岔：具有优先级、一般用于一级侧防。如果使用道岔作为一级侧防，则该道岔将被进路锁闭在进路要求的侧防位置上。在LOW上显示侧防道岔编号被一个白色（道岔被电子锁定时为红色）长方形框框住。如图6-53所示，为了确保S0809～S0903进路不被来自存车线方向的列车冲突，W0805道岔会被征用为侧防锁闭在右位。

3）道岔能被进路征用为侧防的条件：（见图6-53，附彩图）。

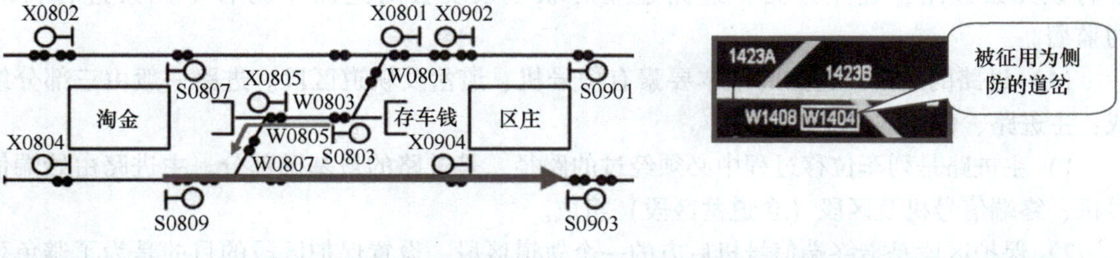

图6-53　道岔能被进路征用为侧防的示意图

注：左图为S0809～S0903为进路时，W0807、W0805被征用为侧防。右图为W1404被征用为侧防的道岔和在LOW屏幕上的显示。

① 道岔显示正常，位置表述正确（没有道岔转辙机转不到位故障、挤岔故障、道岔机械、道岔转辙机电路连接中断等故障）。

② 道岔没有被单独锁定或被其他进路锁闭在不允许位置。

4）信号机侧防也可以用信号机来实现，但要求用于侧防的信号机的红灯显示正常，且信号机要位于进路要求侧防的方向。提供侧防的信号机可以办理与本进路无敌对的进路。进路的侧防一般先考虑用道岔来做一级侧防，然后保护区段及通过特定道岔的主进路可用信号机来做二级侧防。在无道岔防护的路径采用信号机来做一级侧防。

5）轨道区段：属于侵限区段的轨道区段会被选作侧防元素。根据线路的设计情况，有的进路只用一个轨道区段作为该进路的侵限区段，有的进路需要用两个及以上的轨道区段作为该进路的侵限区段。

（3）侧防的选用

主进路对侧防的征用：

1）主进路只有一级侧防。当主进路的一级侧防失效的时候，进路只能到达引导层。但有些主进路在设计上有二级侧防，在一级侧防失效时，系统可自动轮选二级侧防。只要二级侧防正常，进路的始端信号机就会自动开放。但如果二级侧防也失效时，则进路只能达到引导层。

2）具备二级侧防的特定进路。例如，广州四号线通过黄阁存车线W2206、W2208、W2210、W2212道岔的进路。五号线除通过W0309、W0307、W1408、W1410道岔的进路外其余情况有待补充。如图6-54所示，W1406道岔不具备同时担任上行线和下行线正线进路侧防的条件，且附近没有其他符合担任此侧防条件的道岔，所以W1406在同一时间里，只能被上行或者下行线的进路征用为侧防。所以会出现以下两种侧防的征用情况：

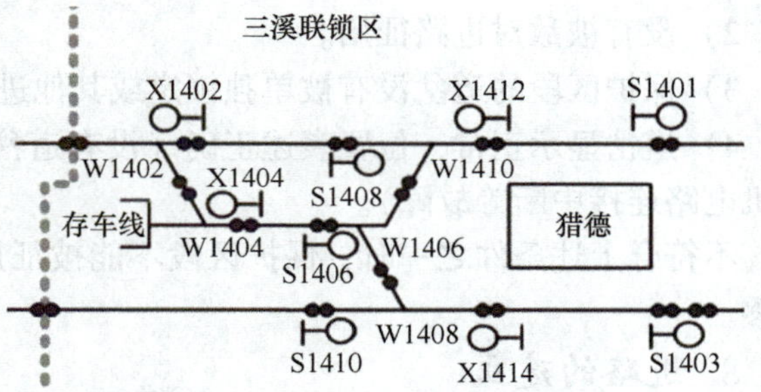

图6-54　具备二级侧防的特定进路示意图

① 当W1406空闲时，上行/（下行）正线进路在建立的时候征用其为侧防。

② 在W1406被征用或被锁定在不允许的侧防方向时，采用信号机S1406担任二级侧防，防止正线进路受到来自存车线的列车冲突。

（4）保护区段对侧防的征用

1）保护区段有二级侧防。进路建立后，当一级侧防失效时，联锁系统自动选用二级侧防，只要二级侧防正常，进路的始端信号机就会自动开放。但如果二级侧防也失效时，则进路只能达到移动闭塞层。

2）二级侧防的征用。当进路排列后，一级侧防的道岔因故障不能满足侧防条件时，联锁系统会自动选用二级侧防。在提供二级侧防期间，该故障道岔恢复正常后也不再被选作侧防元素。只有在进路已解锁，且再办理该进路时，恢复正常后的道岔才再次被选作侧防元素。

如图6-55所示，排列S2～S4进路，W2、W4、W5会被主进路征用为进路道岔，W7会被征用会保护区段道岔，相应的道岔W1、W3、W6均会被征用为主进路的侧防道岔，W8会被征用为保护区段的侧防道岔。若此时W1、W3、W6任一道岔故障，进路的联锁条件不能维持，则进路只能到达引导层。若只是W8故障，系统会自动选用X5信号机作为进路的二级侧防，若此时X5信号机故障，则进路只能到达移动闭塞层。

(5) 保护区段的描述 保护区段也有侧防保护，当保护区段的侧防失效时，即使保护区段已被征用，但在ATP系统的防护作用下，该进路的停车点将前移。例如：该进路的保护区段为车站站台后方相邻的区段时，列车在SM或ATO驾驶模式的保护下进站，则列车将在站台前或中部自动停稳。

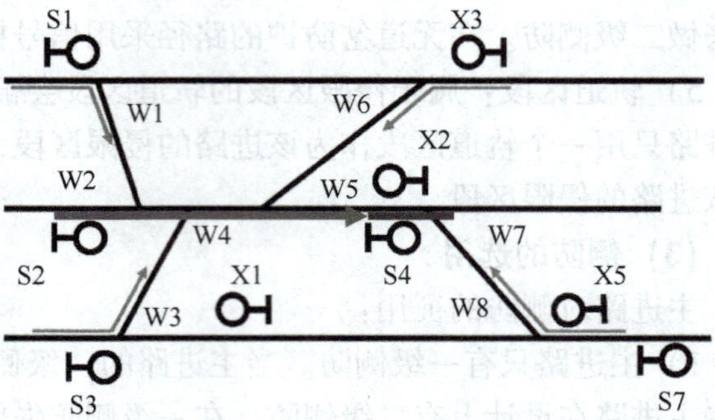

图 6-55 二级侧防的征用示意图

保护区段被征用的条件：

1）保护区段没有被封锁（封锁指一个区段命令，功能：禁止通过该区段排列进路）。

2）没有被敌对进路征用。

3）保护区段的道岔没有被单独锁定或其他进路锁闭在不允许的位置。

4）道岔显示正常，位置表述正确（没有道岔转辙机转不到位故障、挤岔故障、道岔转辙机电路连接中断等故障）。

不符合上述条件之一时，保护区段不能被征用，在ATP的作用下该进路的停车点也将前移。

8. 进路的建立

进路元素的可行性检查由联锁计算机完成。在排列进路时，该计算机首先检查所选进路的始端、终端信号机构成的进路是否为设计的进路；然后检查所选进路中的元素，检查顺序为从终端信号机开始，一个元素接一个元素的检查到始端信号机。

(1) 进路中区段（含道岔区段）被征用的条件

1）区段（含道岔区段）没有被封锁。

2）区段（含道岔区段）没有被敌对进路征用。

3）区段没有连接中断故障。

4）保护区段的道岔没有被单独锁定或其他进路锁闭在不允许的位置。

5）道岔显示正常，位置表述正确（没有道岔转辙机转不到位故障、挤岔故障、道岔转辙机电路连接中断等故障）。

(2) 进路的监控及开放信号 当进路已排列，且满足了进路建立的前提条件后，信号将进入监控层，联锁系统将持续对进路中的元素进行监督。进路的信号根据达到的监控条件可分为三种监控层次：主信号层、移动闭塞层、引导层。

主信号层一旦达到，只要始端信号机正常，信号机将自动开放。移动闭塞层、引导层则不能自动开放信号，必须人工执行“开放引导”这个命令才能开放引导信号。

LOW以信号机机脚不同的显示，表示信号处各种不同的监控级。

1）非监控层。信号处在非监控层时，在LOW上显示信号机机脚为红色。

信号处在非监控层有以下两种情况：

① 不在进路状态，即进路还未排列。

② 在进路排列前或进路排列后，因主进路的道岔有挤岔、转不到位或连接中断的故障，从而不满足进路的建立条件。信号处在非监控层时，为保证列车运行安全，联锁系统不允许开放信号（含引导信号）。

2）主信号层。在IXL、ITC控制级别下排列进路时优先建立主信号层进路。在CTC控制级别则在非装备无线通信信号系统列车接近的时候，若满足主信号层的建立条件，则进路达到主信号层。

信号处在主信号层时，在LOW上显示始端信号机机脚为绿色，进路上可以开放主信号或引导信号。

满足进路主信号层的条件为

① 主进路的道岔位于正确的位置且被进路锁闭（此处道岔征用的条件与保护区段征用道岔的条件相同）。

② 主进路中所有轨道区段被进路征用（此处区段的征用条件与保护区段的区段征用条件相同）。

③ 防淹门打开且不请求关闭（只适用于排列通过防淹门的进路）。

④ 与车厂联锁照查功能正常（只适用于排列回厂的进路）。

⑤ 进路的侧防条件已满足。

⑥ 终端信号机的红灯信号能正确显示。

⑦ 进路的所有区段（含道岔区段）空闲。

⑧ 保护区段被进路锁闭，并指示空闲。

3）移动闭塞层。在IXL、ITC控制级别下，当进路的主信号层⑦或者⑧条件不能满足时，信号将自动建立移动闭塞层。列车只能凭引导信号越过信号机。

在CTC控制级别下排列进路将不考虑“进路所有区段（含道岔区段）空闲”和“保护区段被征用”这个两个条件，优先建立移动闭塞层的进路，以满足装备列车的运行需求，提高线路的通行效率。

信号处在移动闭塞层时，在LOW上显示始端信号机机脚为深绿色。

CTC控制级别下装备列车，在满足移动闭塞运行模式的安全条件下，可凭车载信号直接进入移动闭塞层进路。当有非装备无线通信信号系统列车接近始端信号机约800m的时候，ATP系统会要求联锁系统对进路的联锁条件进行检测，若主信号层⑦和⑧这个两个条件满足，则进路到达主信号层，给列车显示主信号。若条件不能满足，则进路维持在移动闭塞层，现场信号机显示红灯。进路处于移动闭塞层时，若满足引导信号的开放条件则可人工开放引导信号。

（3）满足进路移动闭塞主信号层的条件为

1）主进路的道岔位于正确的位置且被进路锁闭。

2）主进路中所有轨道区段被进路征用。

3）防淹门打开且不请求关闭（只适用于排列通过防淹门的进路）。

4）与车厂联锁照查功能正常（只适用于排列回厂的进路）。

5）进路的侧防条件已满足。

6）终端信号机的红灯信号能正确显示。

满足上述6个条件，当发生下列任何情况，建立的进路达到移动闭塞层：

1）进路区段有占用（含保护区段、道岔区段）。

2）保护区段不能被进路征用。

3）系统处于 CTC 控制级别，且进路始端信号机无非装载无线通信信号系统列车接近。

（4）引导层 引导层是主信号层及移动闭塞层的后备，当进路移动闭塞主信号层的条件5）或条件6）条件不能满足时，信号将自动降为引导层，引导层也不能满足时，信号自动降为非监控层。

信号处于引导层时，在 LOW 上显示始端信号机机脚为黄色。

进路处于引导层时，若满足引导信号的开放条件则可人工开放引导信号。

列车只能凭 RM 或 URM 通过进路。

1）进路满足引导层的条件为

① 主进路的道岔位于正确的位置且被进路锁闭。

② 主进路中所有轨道区段被进路征用。

③ 防淹门打开且不请求关闭（只适用于排列通过防淹门的进路）。

④ 与车厂联锁照查功能正常（只适用于排列回厂的进路）。

2）满足上述4个条件前提下，当发生下列任何情况，建立的进路达到引导层：

① 进路的侧防条件不满足。

② 终端信号机的红灯信号不能正确显示。

9. 信号机在 LOW 上的显示及现场开放

现场信号机的开放与进路的监控级别是一个联锁关系，只有建立了相应的进路监控级别才能开放相应的现场信号显示。

（1）地面信号机各灯位显示的含义 对其详细介绍见表6-10。

表 6-10 地面信号机各灯位显示的含义

现场显示	LOW 显示	含　义
红灯	灯头、机柱显示红色或蓝色	禁止越过
绿灯	灯头、机柱显示绿色	绿灯：开通直股，允许越过
黄灯	灯头、机柱显示绿色	进路道岔中至少一个开通弯股，允许越过
黄灯＋红灯	机柱显示黄色	引导信号，允许越过。但表示前方进路未完全开放
灭灯	灯头打叉	现场信号机三个灯位均没有显示，列车运行处于移动闭塞有效状态；根据车载信号显示行车

（2）主信号层 当始端信号机正常，在没有被封锁或重复锁闭的情况下，进路可以自动开放主信号。当现场开放主信号时，LOW 上灯头及机柱显示绿色。

“主信号”表示绿灯或黄灯：

1）若始端信号机处于封锁状态，则只能人工开放引导信号。

2）若信号机处在重复锁闭状态，则只能人工开放信号（可以是主信号或引导信号）。

注解：

1）封锁信号（灯头蓝色）：

车站值班员是对信号机操作的 LOW 命令，作用是把关闭状态下的信号机封锁（如果信号机为开放状态，执行“封锁信号”命令后，信号机将会被关闭并封锁）。信号机被封锁后，将不能开放主信号，但可以开放引导信号，且在人工解封后，（即使信号机为关闭状态，执行了“封锁信号”命令后）信号都不会自动开放，只可以人工再次开放信号。

2）重复锁闭（机柱蓝色）：

信号机处于开放状态的情况下，因为人工操作或联锁条件不能维持等原因，信号机关闭，在信号机关闭后，机柱会出现蓝色的重复锁闭的状态显示，若在此情况下，联锁条件恢复到主信号层信号不能自动开放，需要人工操作开放信号。此种情况是在办理进路时，信号机曾经开放，但现在处于关闭状态，重复锁闭显示会在进路解锁后或重新开放后消失。

（3）移动闭塞层、引导层　信号不能自动开放，只能在满足引导信号的开放条件后人工开放引导信号（引导信号开放时机柱显示黄色）。

（4）引导信号的开放条件

1）引导层的条件已满足（含移动闭塞层、主信号层）。

2）信号未开放。

3）列车已占用始端信号机的接近区段（接近区段：始端信号机前方的轨道区段）。

4）始端信号机红灯和黄灯正常。

10. 信号的关闭

1）列车越过始端信号机进入进路后，信号机会自动关闭。

2）信号相应的联锁条件不能维持时信号会自动关闭。

3）对始端信号机操作“单关信号”命令后信号会马上关闭。

4）操作“取消进路”命令或者对进路区段操作“强解区段”命令后信号机会马上关闭。

5）引导信号开放30s后列车没有进入进路，信号自动关闭。

11. 进路的解锁

进路建立后，显然不可能一直建立而不将它释放，进路建立后再将它释放的手段称之为进路的解锁。进路解锁可分为列车正常解锁、人工取消进路及区段强行解锁。

（1）列车正常解锁　是指列车通过了进路中的轨道区段后，使进路自动解锁。

检查区段是否空闲以及列车是否已通过该区段的基本技术手段是计轴系统。但仅用一段计轴系统轨的动作，又不能确切反映列车已通过了该区段，因而有必要采用多段计轴区段的顺序动作来反映列车的实际运行情况。原则上采用三段计轴区段的动作状态并配以时间参数作为解锁的条

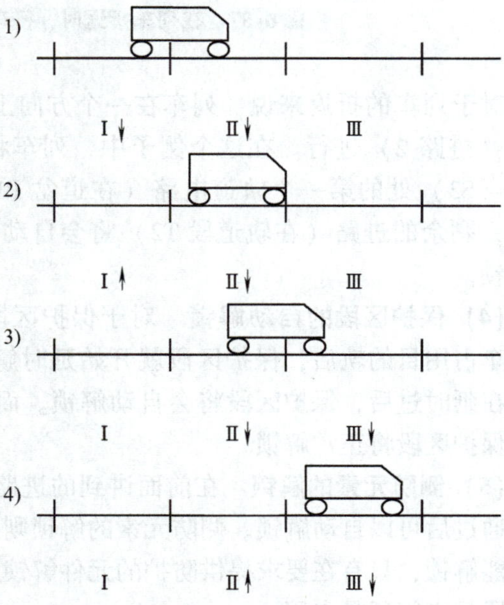

图6-56　列车正常解锁三点检查法示意图

件，就能确切知道列车已通过该区段，这就是我们常称的三点检查法。联锁系统利用三点检查法来自动解锁进路，如图 6-56 所示。

（2）进路中单个区段的解锁条件 如图 6-56 所示，以区段Ⅱ为例。

1）上一区段的计轴区段（Ⅰ↓）和本区段的计轴区段（Ⅱ↓）必须同时被物理占用过。

2）上一区段的计轴区段（Ⅰ↑）物理空闲时，本区段的计轴区段（Ⅱ↓）继续被物理占用。

3）本区段的计轴区段（Ⅱ↓）和下一区段的计轴区段（Ⅲ↓）必须同时被物理占用过。

4）本区段的计轴区段（Ⅱ↑）物理空闲时，下一区段的计轴区段（Ⅲ↓）必须被物理占用。

5）上一区段的计轴区段（Ⅰ）已解锁。

如果满足上述条件，本区段的计轴区段（Ⅱ）将自动解锁。同理，进路的其他区段也将逐个自动解锁。但对于进路的第一个区段（Ⅰ），将不检查条件 2）和条件 5）。

（3）行车进路残留区段的解锁 在列车折返时，行车进路残留区段的解锁，如图 6-57 所示。

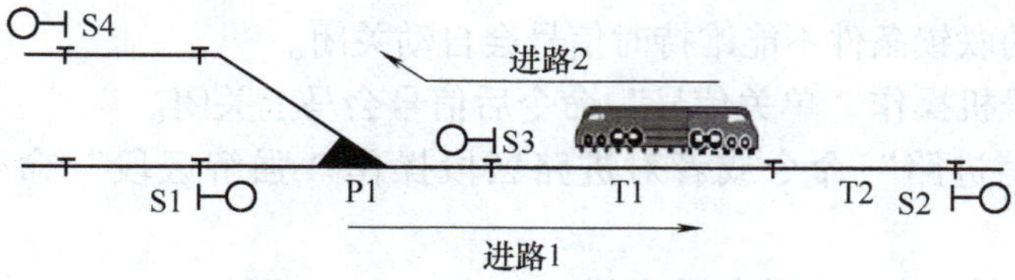

图 6-57 在列车折返时，行车进路残留区段的解锁示意图

对于列车的折返来说，列车在一个方向上（如图 6-57 所示）的运行会继续在敌对方向上（进路 2）进行。在这个例子中，列车将仅仅占用第一个轨道区段 T1。当位于折返信号（S3）处的第一个轨道电路（在道岔 P1 处）被占用，同时折返轨道（T1）主动解锁时，剩余的进路（在轨道段 T2）将会自动解锁。如存在保护区段，会延时一段时间后被解锁。

（4）保护区段的自动解锁 对于保护区段的解锁，可分为延时解锁及通过解锁两种。当列车占用目的轨后，保护区段就开始延时解锁，但在延时中，保护区段必须保持逻辑空闲，在延时过后，保护区段将会自动解锁。而当列车占用保护区段，且通过出清保护区段后，保护区段将正常解锁。

（5）侧防元素的解锁 在前面讲到的进路和保护区段的解锁均属于主动解锁，即均在列车通过后可以自动解锁。侧防元素的解锁则属于被动解锁，即列车通过该防护元件后，元件不能解锁，只有在要求提供防护的元件解锁后，该防护元件才能解锁。此时，不需理会侧防区段是空闲还是占用。

12. 人工解锁

人工解锁有取消进路及单个区段强行解锁两种。其中取消进路可分为立即取消进路和延时取消解锁进路。

1）取消进路是对进路操作的命令，在满足进路为完整进路的条件下，车站值班员可以对进路操作取消进路的命令，若整段进路空闲，则车站值班员可对整段进路的锁闭进行解锁，若进路中有占用则只可以解锁到距始端信号机最近的一段占用区段后方的一个区段。

2）强解区段是在进路不能满足使用取消进路命令的时候，车站值班员使用按压“总人解”和“始端”按钮，将进路的始端取消的命令，对单一一个区段或者道岔的锁闭进行解锁。在强解道岔后，其相应的侧防元素同步解锁。

【实践操作】

1. 操作练习

实际训练在LOW上对信号机的操作。

2. 书面练习

1）简述LOW上对进路的操作。

2）简述LOW上对道岔的操作。

3）简述IBP盘对信号系统的操作。

【评价跟进】

1. 教师的评价

由教师在完成本章的教学任务后填写，在相应表格中画“√”

评价项目		教师的评价			
序号	题　目	好	较好	一般	较差
1	对本章教学过程的控制				
2	在本章教学过程中，学员的参与情况				
3	学员对本章知识学习后的效果反馈				
教师对本章教学的总结评价意见及跟进措施					

2. 学员的评价

由学员在完成本章的教学任务后填写，在相应表格中画“√”

评价项目		学员的评价			
序号	题　目	好	较好	一般	较差
1	在本章教学执行过程中教师的表现				
2	本章教学内容与社会实际需求的联系情况				
3	自己在本章学习过程中的表现				
学员对本章教学的总结评价意见及跟进措施					

3. 知识跟进

1）从互联网上了解城市轨道交通车站何时对局域操作员工作站（LOW）进行操作，何时只是监视。

2）从互联网上了解城市轨道交通车站不同闭塞情况下局域操作员工作站（LOW）的操作方法。

第 7 章

施 工 组 织

【问题导入】

城市轨道交通是一个综合系统，也是一个大联动机，只有所有的关键设备系统都运作正常，才能保证列车的安全、有序。

城市轨道交通运营区域行车设备的养护、检查和维修施工等因受运营时间的限制，需要统筹计划安排，以便在有限的时间里完成最大的施工作业。

【学习目标】

1. 能掌握施工计划分类。
2. 能说出《施工作业令》的使用。

【教学建议】

1. 教学场地：在普通教室、能连接互联网的多媒体教室及城市轨道交通系统的各种模型实训室中进行，课后可实地参观。

2. 设备要求：各种城市轨道交通车站的车站、隧道、接触网仿真模型各 1 套，或能播放视频投影的设备及相关课件、视频。

3. 课时要求：共 6 课时，其中课堂讲授 6 课时。

【理论知识】

7.1 施工计划

确保行车设备、设施维修保养符合技术要求，才能使城市轨道交通顺利开展运营，也才能为城市轨道交通的安全运营打下良好的基础。运营单位应针对各个系统按轻重缓急的不同制订严谨详细的计划，以便维修工作有序、安全的进行。因此，施工计划的制订是城市轨道交通运营的重要组成部分。

1. 施工计划分类

1）按时间分为：施工计划按时间不同可分为月计划、周计划和临时计划。

线路开通初期先采用周计划，待施工计划管理水平提升后采用月计划。

2）按施工作业地点及影响程度分类见表 7-1。

表 7-1　施工计划分类表

施工类别	施工影响的范围	施工代号	施工地点及所需要的施工设备
A 类	影响正线、辅助线行车的施工	A1	在正线、辅助线，需要开行工程列车、电客车的施工
		A2	在正线、辅助线，不需要开行工程列车、电客车的施工
		A3	在车站、主变电所、控制中心范围内，影响正线、辅助线行车设备运行的施工
B 类	影响车辆段行车施工	B1	开行电客车、工程列车的施工（不含车辆中心电客车、工程车检修）
		B2	不需要开行电客车、工程列车，但需要进入车辆段线路限界内，或影响接触网、信号等设备运行，或在车辆段线路限界外 3m 内种植乔木、搭建相关设施，或需要动火等影响行车的施工
C 类	在车站、主变电所、控制中心、车辆段等范围内不影响行车的施工	C1	大面积影响客运、影响消防设备正常使用、需要动火及设备设施检修维护等施工
		C2	局部影响客运但经采取措施影响不大、不影响设备运行中的巡视、动用简单设备（如动用 220V 及以下的电力、钻孔等，不违反安全规定）等施工

说明：1. 属于正常修程内的 A1、A2、A3、B1、B2、C1 类作业应纳入周计划。周计划应结合分公司月度设备检修计划编制。

2. 因设备检修、维修需要，临时对周计划进行补充增加、变更调整的作业计划纳入临时计划。

3. 外单位进行的 C 类施工全部申报为 C1 类。

4. C2 类作业不需提报计划，施工人员直接与车场调度员、线路调度所相关调度员、车站值班员联系，登记后即可进行施工作业。

5. 遇影响行车的故障、事故，必须经抢修来恢复行车条件时安排为临时抢修。

2. 正线、辅助线施工计划编制的时间准则

（1）允许的施工计划开始时间　最后一列列车（含运营电客车及出场工程车、调试车）通过作业影响区域后 10min，需要停电或停电配合挂地线的施工作业需要考虑接触网停电的时间和挂地线时间。

（2）允许的施工计划结束时间　运营时刻表第一列电客车出场时间前 1 个小时，其中开车作业及工程车、调试车回场路径上的作业必须预留足够的工程车回场时间，需要配合挂拆接地线的施工必须预留足够的拆地线时间。

3. 施工计划申报

（1）施工计划申报基本规定

1）施工计划以《施工计划申报单》的格式进行提报，见表 7-2。

表 7-2　施工计划申报单

日期	作业部门	作业时间	作业内容	作业区域	主站	供电安排	防护措施	配合要求	申报人	备注

（续）

日期	作业部门	作业时间	作业内容	作业区域	主站	供电安排	防护措施	配合要求	申报人	备注

注：备注栏填写工程车编组、出场时间、防护区域等需要特别说明的内容。

2）原则上每周星期一、四只能安排非开车作业。

3）属于环调或电调管辖设备的施工作业，在申报施工计划时必须注明“作业前联系环调（电调）”。

4）作业区域同时包含正线及车场线路时，按A类施工计划提报。

5）施工作业需要其他部门配合时，作业部门必须将相关配合要求（方案）发配合部门征求意见，只有配合部门同意后作业部门才能申报施工计划。

6）是否需要监管部门参与施工作业需要在提报计划时注明，外单位施工必须有监管部门参与。

（2）外单位获施工计划申报要求

1）外单位按照《外单位施工进场管理规定》办理《外单位施工作业许可单》，见表7-3。

表7-3　外单位施工作业许可单

外单位名称：

工程负责人：　　　　　　　　　　　　　编号：

<table>
<tr><td>工程名称</td><td colspan="2"></td><td rowspan="2">施工作业内容</td><td rowspan="2"></td><td rowspan="2">施工所属类别</td><td rowspan="2"></td><td rowspan="6">第
联
（交
）</td></tr>
<tr><td>作业期限</td><td colspan="2"></td></tr>
<tr><td colspan="2">许可单有效期限</td><td colspan="5"></td></tr>
<tr><td colspan="2">监管部门</td><td colspan="5">要求</td></tr>
<tr><td colspan="2"></td><td colspan="5" rowspan="2">1. 施工单位和监管部门严格按照相关规定做好现场安全防护措施和施工安全监督工作，文明规范施工，不得损坏其他设施
2. 施工单位严格按照施工技术方案进行施工，监管部门跟进、协调，相关配合部门按照要求提供配合
3. 详细施工内容参见施工方案，施工联系电话
4. 其他要求</td></tr>
<tr><td colspan="2">配合部门</td></tr>
</table>

填单说明：

① 此单分多联，第1联交外单位；第2联由签发部门留存；第3联以后各联交各监管（配合）部门。

② 外单位名称栏应填写该施工作业单位的全称，不得以简写替代。

③ 施工领导人栏应如实填写施工单位负责该工程实施的负责人。

④ 作业期限栏：C2 类作业期限为一至两个月，其他类作业期限为三至四个月，到期后可办理延期，直至工程结束。

⑤ 施工作业内容栏：应简要描述作业的内容，并明确施工作业的范围、地点，且注明相应的施工作业防护要求。

⑥ 施工所属类别栏：由签发部门注明该作业的具体类别。

⑦ 监管部门栏：填写监管部门的名称。

⑧ 配合部门及配合要求栏：填写施工工程涉及的相关配合部门名称，并简要描述配合作业的要求，包括提供水、电源和挂接地线等。

2）外单位凭《外单位施工作业许可单》向监管部门提报施工计划。

3）监管部门审核施工安全措施、影响情况和提供配合情况，并向总调度所申报。

4）外单位施工作业管理流程如图 7-1 所示。

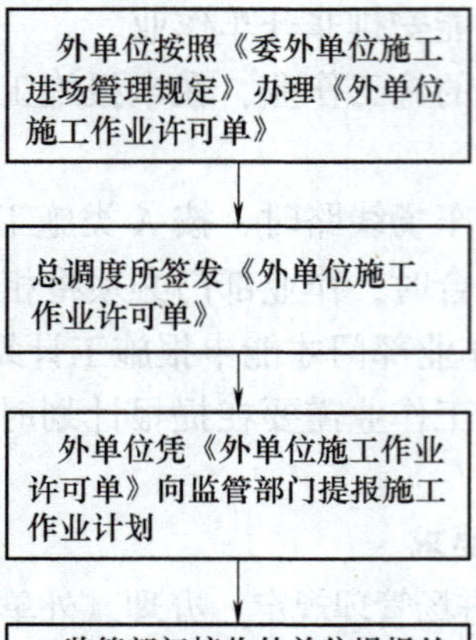

图 7-1　外单位施工作业管理流程图

4. 周计划申报程序

1）各施工部门于每周一 14：00 前将核心计划（开车作业及重大施工作业）提交至总调度所

施工管理工程师处，由施工管理工程师协调、审批并发布，必要时组织召开施工计划协调会。

2）各施工部门根据已发布的核心计划于每周二17：00前将核心计划以外的普通计划提交至总调度所施工管理工程师处。

3）遇周六日外的法定节假日时，按照总调度所临时通知执行。

4）临时计划申报程序：

① 临时计划由施工部门根据实际需要提前向相应线路调度所设修调度提报。

② 提报前施工部门应落实好施工配合情况，并配合线路调度所设修调度做好受影响施工计划的协调。

5. 施工计划的审批

(1) 周计划

1）施工管理工程师汇总各施工部门提报的核心计划后，进行协调、批准，于周一17:00前发布。

2）施工管理工程师汇总各施工部门提报的普通计划后，结合核心计划进行统筹安排、协调和审批，必要时于周三下午14:00组织施工计划协调会进行协调，在每周四17:00前完成所有施工计划的审批并编制《施工行车通告》。施工行车通告见表7-4、表7-5。

表7-4 施工行车通告封面

××市轨道交通运营分公司

施 工 行 车 通 告

时间范围：__________

审核人：__________ 审核日期：__________

签发人：__________ 签发日期：__________

表7-5 施工行车通告

年 月 日

第一类：A类作业

作业代码	作业部门	作业时间	作业内容	作业区域	供电安排	配合要求	申报人	防护措施	备注

第二类：B类作业

作业代码	作业部门	作业时间	作业内容	作业区域	供电安排	配合要求	申报人	防护措施	备注

第三类：C类作业

作业代码	作业部门	作业时间	作业内容	作业区域	供电安排	配合要求	申报人	防护措施	备注

3）编制好的《施工行车通告》交施工管理工作小组组长审核，由施工管理领导小组组长签发。

4）计划内涉及在其他线路或影响其他线路管辖设备的作业必须在相关线路《施工行车通告》中体现。

（2）临时计划

1）线路调度所设修调度接到临时计划后，根据实际情况进行协调安排，并报线路调度所车场调度、环控调度、电力调度、行车调度按专业审核，值班调度长最终审批。审核通过的临时计划由设修调度以《施工行车通告补充说明》的形式发放给相关车间，见表7-6。

表7-6 施工行车通告补充说明

年 月 日

第一类：A类作业

作业代码	作业部门	作业时间	作业内容	作业区域	供电安排	配合要求	申报人	防护措施	备注

第二类：B类作业

作业代码	作业部门	作业时间	作业内容	作业区域	供电安排	配合要求	申报人	防护措施	备注

第三类：C类作业

作业代码	作业部门	作业时间	作业内容	作业区域	供电安排	配合要求	申报人	防护措施	备注

补充说明：注明施工计划变更、取消等详细修改情况。

发布日期：

（盖章）

2）涉及故障维修的临时计划应及时优先安排，不受周计划限制。

3）临时计划如涉及在其他线路或影响其他线路管辖设备作业时，要经过相关线路的线路调度所里各调度员和值班调度长的审批。

6. 施工行车通告发放

1）发放办法：运营分公司内部各部门由总调度所提供电子版本（PDF格式），外单位由监管部门提供给施工单位。

2）发放时间：原则上每周五11：30前。

3）发放范围：总调度所，各车间及相关部门（中心）。

7. 施工作业命令

1）在运营分公司所辖范围内，编入月施工计划、周施工计划、临时计划的施工作业，任何施工作业部门、单位都必须持《施工作业令》见表7-7，方可进场作业。

表7-7 施工作业令

<table>
<tr><td colspan="2">作业代码</td><td colspan="3"></td><td colspan="2">作业令号</td><td colspan="2">[ ]字（ ）- 号</td></tr>
<tr><td colspan="2">作业部门（单 位）</td><td colspan="3"></td><td colspan="2">申报人及联系方式</td><td colspan="2"></td></tr>
<tr><td colspan="2">作业名称</td><td colspan="3"></td><td colspan="2">作业区域</td><td colspan="2"></td></tr>
<tr><td colspan="2">作业日期</td><td colspan="3"></td><td colspan="2">作业时间</td><td colspan="2"></td></tr>
<tr><td colspan="2">主要作业内容</td><td colspan="7"></td></tr>
<tr><td colspan="2">封锁线路</td><td colspan="7"></td></tr>
<tr><td colspan="2">接触网供电要求</td><td colspan="7"></td></tr>
<tr><td colspan="2">配合部门及要求</td><td colspan="7"></td></tr>
<tr><td colspan="2">主站</td><td colspan="3"></td><td colspan="2">领导人及联系方式</td><td colspan="2"></td></tr>
<tr><td colspan="2">辅站及责任人</td><td colspan="3"></td><td colspan="2">作业人数</td><td colspan="2"></td></tr>
<tr><td colspan="2">备注</td><td colspan="7"></td></tr>
<tr><td colspan="2">签发人</td><td colspan="3">（施工作业令签发专用章）</td><td colspan="2">发放人</td><td colspan="2">（车间施工作业令发放专用章）</td></tr>
<tr><td colspan="2">完成情况</td><td colspan="7"></td></tr>
<tr><td rowspan="2">请点</td><td>时间</td><td></td><td rowspan="2">销点</td><td>时间</td><td></td><td rowspan="2">销令</td><td>时间</td><td></td></tr>
<tr><td>批准人</td><td></td><td>批准人</td><td></td><td>批准人</td><td></td></tr>
</table>

说明：

① 作业代码：是指此项作业在《施工行车通告》中的作业代码。例如：1A1-01-01，1B1-01-02 等。

② 作业令号：由总调度所在签发时填写，格式规定为［YYYY 运营 L］字（MMDD）-X 号。其中 YYYY 表示四位年份；L 表示线路号；MMDD 是月份和日期的四位组合；X 为当日签发作业令的流水号，以阿拉伯数字顺序填写。例如：［2012 运营 1］字（0812）-1 号，表示 2012 年一号线 8 月 12 日第 1 个作业令。

③ 作业部门（单位）、申报人及联系方式、作业内容、作业区域、作业日期、作业时间等栏必须按照施工计划如实填写。

④ 主要作业内容：应简要描述具体作业的内容、作业的防护措施（不包括封锁、接挂地线）等。

⑤ 封锁区间、接触网供电要求：它是指该项作业时需要进行线路封锁、接触网停电、挂接地线等特殊要求的，在描述时应清晰、准确。

⑥ 配合及其他：它是指作业过程中需分公司内相关部门进行配合的要求，包括提供水、电源等需求，配合部门则按此栏内容进行配合。

⑦ 签发人、发放人：签发人是指总调度所签发该《施工作业令》的人，此栏应盖分公司作业令签发专用章；发放人是指车间发放该《施工作业令》的人，此栏应加盖车间施工作业令发放专用章。

⑧ 主站、领导人、辅站及责任人、作业人数：如果一项作业有多组人从不同地点进入作业区域进行施工的，应分别如实填写主站、施工领导人，辅站及责任人，并由施工领导人负责按规定统一办理相关施工手续；如果作业只有一组人员作业，则只需在主站、领导人栏如实填写。此四栏由作业部门或监管部门填写。

⑨ 完成情况：它指作业完成情况，包括销点情况、防护撤除情况等。此栏由施工领导人（或施工责任人）填写作业完成情况、施工点的防护撤除情况。

⑩ 请点、销点：指作业正式办理请点、销点时的时间与审批人。

2)《施工作业令》是在运营分公司管辖范围内进行施工作业的凭证，由总调度所统一签发。

3)《施工作业令》签发与发放。

① 月、周计划《施工作业令》由总调度所施工管理工程师在计划作业日期前一天16:00前签发，临时计划《施工作业令》由线路调度所设修调度在当天计划作业开始时间 2h 前签发。

② 施工管理工程师或设修调度签发的《施工作业令》以 PDF 文档格式（加盖分公司施工作业令签发专用电子章）发放给施工部门、监管部门所在车间。

③ 各车间按要求填写好相关内容，打印并加盖施工专用章后发放给施工部门（单位）、配合部门。外单位凭《外单位施工作业许可单》领取《施工作业令》。

④ 对于节假日（含周六、日），从放假第一天起至上班后第一个工作日的施工作业令，由总调度所预先签发，于放假的前一天发放。

⑤ 受临时计划影响而调整的施工计划，按临时计划重新办理《施工作业令》。

8.《施工作业令》的使用

1)《施工作业令》一经签发，如无特殊情况（指抢修、调试等）不得更改或取消。如果因特殊原因确需取消相关作业时，必须在《施工作业令》规定的作业开始时间前 2h 向线路调度所设修调度提出申请，得到批准后方可取消，并由设修调度将调整情况通报相关部门。

2）在主站请点，必须使用《施工作业令》原件；在辅站请点，只用《施工作业令》复印件或传真件。

7.2 施工安全管理

1. 施工安全管理

(1) 施工管理 每项属于 A 类、B 类、C 类（C2 类除外）作业需设立 1 名施工领导人，辅站另设施工责任人，两者需经过培训后取得施工领导人证，并实行持证上岗制度。属于 C2 类的作业，不需设立施工领导人（外单位除外），但必须指定 1 名人员负责施工组织及施工安全管理。

1）施工领导人/施工责任人（含 C2 类作业的指定人员）职责：

① 负责作业人员/设备的管理。

② 办理请/销点手续。

③ 作业过程的组织指挥。

④ 及时与车站、车辆段联系作业有关事项。

⑤ 作业安全防护措施的落实或确认。

⑥ 出清作业区域/设备状态恢复正常的确认。

2）施工领导人/施工责任人任职条件：

① 熟知《行车组织规则》及本规则的有关规定。

② 熟悉该项作业的性质、内容、方法、步骤、要求等。

③ 具备该项作业相关的安全知识和技能。

④ 持有施工领导人证。

（2）施工防护

1）开行工程车、电客车的防护区域：

① 组织工程车和电客车出场、回场时，在工程车、电客车运行前方必须保证至少有两个站台区域和两个站间区间空闲作为防护区域。

② 在开车作业的封锁作业区两端必须保证一个站台区域和一个站间区间空闲作为防护区域。

③ 原则上两个封锁作业区不能共用同一个防护区域。

④ 防护区域需要在施工计划备注中注明。

2）接触网带电、停电及地线防护：

① 电客车调试作业区域及其防护区域的接触网必须带电。

② 作业人员包括所持的机具、材料、零部件等与接触网之间至少保证 1m 的安全距离，否则接触网必须停电并挂接地线防护。

③ 在未挂接地线的停电区域作业视作接触网带电。

④ 供电车间接触网施工作业由其自身负责挂（拆）接地线。

⑤ 车辆检修作业由车辆中心人员负责挂（拆）接地线。

⑥ 其他部门（单位）施工作业需要挂（拆）接地线时，由供电车间专业人员配合挂（拆）接地线。

⑦ 接触网挂好接地线后，如果地线处于轨道中央，则应在作业区两端的地线绝缘杆离地面 1500mm 处悬挂红闪灯，或在作业区两端的线路中间设置红色防护灯。

3）施工作业红闪灯防护：

① A1 类施工作业由车站在作业区域两端及防护区域端点的轨道中央并排（与轨道方向垂直）放置两盏红闪灯。施工作业请点批准后，由请点车站通知作业区两端车站及防护区域端车站值班员设置红闪灯防护。施工单位作业结束后，销点车站通知相关车站撤除红闪灯防护后办理销点手续。下列情况除外：

- 行调组织出/回厂列车、列车转线组织时，运行线路两端可不需要设置红闪灯。
- 工程车及调试列车作业的区域，如果一端属于尽头线时，车站不需在尽头线端设置红闪灯。
- 全线开行工程列车、电客车作业时，车站不需在作业区域两端设置红闪灯防护。

② A2 类施工作业由施工人员在施工过程中实施必要的防护。设置红闪灯时，必须在作业现场两端轨道中央各设置一盏红闪灯，遇多个作业需要在同一地段设置红闪灯时，相邻两个红闪灯之间至少有 1m 以上的距离。

③ 红闪灯设置方案，如图 7-2 所示。

4）车辆段内的施工防护按车辆段（停车场）运作手册有关规定执行。

2. 施工安全

1）开行工程车、调试车施工作业的防护区域不允许安排其他施工作业。

2）凡进入线路施工的施工作业人员必须按要求穿荧光衣，并根据作业性质及作业要求使用其他安全防护用品。

3）施工作业过程中如果要进行动火作业，必须按照《消防安全管理制度》办理动火令，严禁在无动火令的情况下进行动火作业。

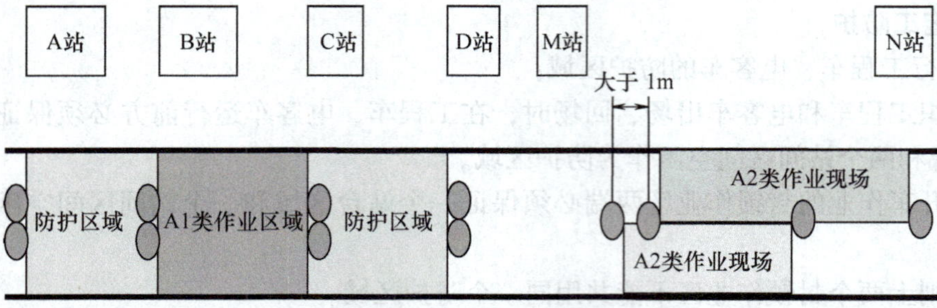

图 7-2　红闪灯设置示意图

4）安全防护要求和配合要求必须由各施工单位、部门在申报施工计划时提出。在施工作业过程中，施工单位、部门应严格遵守以上安全规定和施工作业令中的要求。

5）车站应在上下行屏蔽门端墙门及站台区间分界点处设置醒目的上下行线路及方向标示，防止车站及施工人员错进作业区域。

6）正线及辅助线线路封锁、开通的安全规定：

① 施工作业先请点再发布封锁命令，施工销点后发布线路开通命令。

② 行调发布线路封锁命令前，必须确认工程车、调试车在作业区内正确的地点待令，并准备一条完整、安全的运行进路。行调发布线路开通命令前必须确认工程车或调试车在指定地点待令。

③ 线路封锁和开通命令必须同时发给作业区域相关的信号设备集中站。

④ 封锁作业区内工程车、调试车指挥权：

● 在封锁作业区内，工程车、调试车的列车、车组、单机运行由施工领导人指挥。

● 施工领导人原则上不能与工程车或调试车分开，保持列车、车组、单机正常地运行。

⑤ 同一作业人、工程车在同一区域作业时，按以下原则执行：

● 按施工前进方向，列车在前，人员在后，原则上不得颠倒或列车运行前后皆有作业。

● 非随车施工人员与列车应有 50m 以上的安全间隔距离，原则上列车不得随便后退。

● 作业人员应在自己现场作业区来车方向设置红闪灯防护。

● 如果需要动车时，驾驶员根据施工领导人要求安全动车。

7）运营期间进入站台或靠近站台的第一个区段线路的施工安全措施：

① 施工领导人视情况放置红闪灯进行防护。

② 行车值班员（值班站长）设置紧急停车进行施工防护，并通知站务人员。

③ 行调把列车扣停在前一个站。

④ 人员进入轨道时，应通过站台端墙的上下轨道楼梯进出。站务人员要监督施工作业人员进入作业区域是否正确。

8）工程车在车站装卸物料时，物料必须整齐堆放，稳固在距站台边缘 1m（在距屏蔽门边缘 0.5m）以外的地方，车站要负责监控，查看是否有物品侵限。

9）施工作业人员必须严格遵守国家、行业、运营分公司相关的安全管理制度、规则、规定等。

7.3 施工组织实施

1. 正线及辅助线施工组织时间规定

1）在正线、辅助线，当最后一列列车（含客运列车、工程车、调试车等）离开作业影响区域两站两区间，且其他施工条件达到后，即可安排该施工作业。

2）各施工部门、单位原则上必须在批准的作业结束时间内完成施工作业及线路出清，如果因故需要延长作业时间，由施工领导人于批准的作业结束时间前30min向行调申请，由值班调度长进行批准。一般情况下，延点不得超过15min；若延长后的作业结束时间距离作业影响区域实际运营开始时间小于45min，必须按照抢修办理。

2. 工程车或调试车出场、回场组织

1）工程车或调试车出场、回场按电话闭塞法或调度命令规定的方法组织。

2）工程车或调试车必须严格按调度命令规定的运行路径、运行方式运行。

3）工程车或调试车在进入正线前必须保证无线通信畅通、技术状态良好。

4）按照电话闭塞法组织工程车或调试车出场、回场时，运行进路通过信号系统进行排列，信号系统无法排列进路时通过人工办理。

3. 施工请、销点程序

（1）A1类施工组织程序

1）请点登记：施工领导人、责任人提前到主站、辅站进行登记《车站施工登记簿》，见表7-8。

表7-8 车站施工登记簿

车站施工登记簿（第一页）

施工登记内容								
月 日	作业代码	施工单位	施工领导人	施工内容	施工地点	施工时间		行值同意签认
						起	止	

车站施工登记簿（第二页）

施工登记内容				施工注销内容						
行调承认时间	行调承认号码	行调代码	备注	注销时间	注销人签名	施工结果	行值同意签认	行调销点时间	行调代码	备注

2）主站向行调请点：当施工条件达到后由主站向行调请点。

3）行调批准请点：行调确认符合条件后批准请点，需要封锁作业区时及时发布线路封锁命令。

4）辅站请点：主站确认行调批准请点后，通知辅站向主站办理请点。

5）车站设置防护：主站确认所有辅站的请点后，组织相关车站设置红闪灯防护，确认红闪灯设置完毕后，由主站和辅站分别通知施工领导人和责任人可以开始施工，并负责引导施工人员进入正确的作业区域，需要交付线路封锁命令时由主站及时交给工程车、调试车驾驶员。

6）销点登记：施工结束后施工领导人、责任人确认线路出清、设备恢复正常后，分别到主站、辅站进行销点登记，主站、辅站分别负责核实线路出清及设备恢复情况。

7）辅站销点：主站通知辅站向主站销点，确认所有辅站销点后，按规定组织相关车站撤除红闪灯防护。

8）主站向行调销点：主站确认施工作业区域线路出清及防护撤除完毕后向行调销点。

9）行调批准销点：行调与主站确认施工结束、线路出清后批准销点，需要解除作业区封锁时及时发布线路开通命令。

10）施工结束：主站确认行调批准销点后通知各辅站，由主站、辅站分别通知施工领导人、责任人施工结束。

（2）A2、A3 类施工组织程序

1）请点登记：施工领导人、责任人提前到主站、辅站进行登记。

2）主站向行调请点：当施工条件达到后由主站向行调请点。

3）行调批准请点：行调确认符合条件后批准请点。

4）辅站请点：主站确认行调批准请点后，通知辅站向主站办理请点。

5）开始施工：所有辅站请点完成后，由主站和辅站分别通知施工领导人和责任人可以开始施工，并负责引导施工人员进入正确的作业区域。

6）销点登记：施工结束后施工领导人、责任人确认线路出清、设备恢复正常后，分别到主站、辅站进行销点登记，主站、辅站分别负责核实线路出清及设备恢复情况。

7）辅站销点：主站通知辅站向主站销点。

8）主站向行调销点：主站确认所有辅站销点、施工作业区域线路出清和设备恢复正常后向行调销点。

9）行调批准销点：行调与主站确认施工结束、线路出清后批准销点。

10）施工结束：主站确认行调批准销点后通知各辅站，由主站、辅站分别通知施工领导人、责任人施工结束。

（3）B类施工组织程序 属于B类的作业，施工领导人到车场指挥调度室请点，经车场调度员批准方可施工，具体程序按车辆段（停车场）运作手册规定执行。

（4）C1类施工组织程序

1）请点登记：施工领导人、责任人提前到相关车站、车场和控制中心进行清点登记。

2）批点：由车站值班员（值班站长）、车场调度员根据需要向电调（环调）请点或直接批准销点。在控制中心由线路调度所电调（环调）直接批准销点。

3）进场：请点完成后，施工人员自行进入正确的作业区域。

4）销点登记：施工结束后，施工领导人、责任人确认施工区域出清后，分别到车站、车场和控制中心进行销点登记。

5）批准销点：确认施工区域出清后，由车站值班员（值班站长）、车场调度员根据需要向电调（环调）销点或直接批准销点。

（5）C2类施工组织程序

1）登记：施工人员到车站、车场指挥调度室和线路调度所进行施工登记。

2）批准：经车站、车场指挥调度室和线路调度所同意后开始施工作业。

3）注销：施工结束后施工人员确认设备恢复正常后，到车站、车场指挥调度室和线路调度所注销登记。

4）结束：经车站、车场指挥调度室和线路调度所确认后结束施工。

（6）施工作业区域同时包含正线及车场线路的特殊施工的组织规定

1）遇到此类施工时，将车场视为车站，按A类请销点程序执行。

2）需要正线和车场接触网停电（带电）时，批准请点前必须确认正线和车场的接触网状态均符合施工要求。

3）如果有工程车或调试车需要反复进出车辆段时，工程车或调试车驾驶员在进入车辆段区域前必须得到信号楼调度员的授权，进入正线区域前必须得到行调的授权。

4. 接触网供电分区停送电

（1）接触网供电分区停电、送电条件的确认要求 正线及辅助线接触网供电分区停电、送电条件由行调和值班调度长共同确认，正线与联络线相关的接触网供电分区停电、送电条件需要相关线路行调共同确认，正线与出入段线相关的接触网供电分区停电、送电条件需要车场调度员共同确认；车场接触网供电分区停电、送电条件由车场调度员和信号楼调度员共同确认。

(2) 正线及辅助线接触网供电分区停（送）电程序

1）行调及值班调度长共同确认准备停（送）电的接触网供电分区符合停（送）电条件后，由行调通知电调可以停（送）电。

2）电调核实停（送）电条件的确认符合要求后，进行停（送）电操作。

3）电调操作完成并确认按要求停（送）电后，通知行调和值班调度长。

4）行调和值班调度长共同确认已经停（送）电后，由行调向相关车站发布停（送）电通知。

(3) 车辆段接触网供电分区停（送）电程序

1）车场调度员与信号楼调度员共同确认准备停（送）电的接触网供电分区符合停（送）电条件后，由车场调度员向电调申请停（送）电。

2）电调核实停（送）电条件的确认符合要求后，进行停（送）电操作。

3）电调操作完成并确认按要求停（送）电后，通知车场调度员。

4）车场调度员确认已经停（送）电后，通知信号楼调度员。

5. 接触网挂（拆）接地线程序

(1) 在正线及辅助线供电车间接触网施工作业、接触网自挂（拆）接地线程序

1）作业区域接触网供电分区停电后，行调确认条件满足，批准该项施工作业的请点。

2）施工人员确认与电调办理好相关手续后，进行挂接地线，接地线挂好后开始施工作业。

3）施工作业完成后，施工人员拆除接地线，确认设备恢复正常、线路出清、与电调办理好相关手续后向行调销点。

4）行调批准销点后施工作业结束。

(2) 在正线及辅助线施工作业需要供电人员配合接触网挂（拆）接地线程序

1）行调及值班调度长共同确认符合挂拆接地线条件，由行调通知电调可以挂（拆）接地线。

2）电调核实挂（拆）接地线条件的确认符合要求后，通知供电人员可以操作挂（拆）接地线。

3）供电人员完成挂（拆）接地线操作后，通知电调。

4）电调确认后，通知行调和值班调度长挂（拆）接地线已完成。

(3) 车辆段接触网需供电专业人员配合挂拆接地线程序

1）车场调度员和信号楼调度员共同确认符合挂（拆）接地线条件后，由车场调度员通知电调可以挂（拆）接地线。

2）电调核实挂（拆）接地线条件的确认符合要求后，通知供电人员可以操作挂（拆）接地线。

3）供电人员完成挂（拆）接地线后，通知电调。

4）电调确认后，通知车场调度员挂（拆）接地线已经完成，由车场调度员通知信号楼调度员。

5）车辆段其他类型挂（拆）接地线按照车辆段（停车场）运作手册规定执行。

(4) 有关作业配合基本要求

1）配合部门必须严格按配合要求提供配合，并按作业开始时间的要求提前做好准备，按时到场，对于监管外单位作业的，必须协助办理请销点手续。

2）需其他部门配合作业的作业部门在进行相关作业时应服从配合部门的监护。

（5）施工作业中车站人员、配合人员的职责 车站人员的职责：

1）负责核实施工作业人员和施工领导人的相关证件，查验外单位施工人员相关证件。

2）负责办理施工作业登记、请销点手续。

3）负责设置和撤销红闪灯防护。

4）负责监督施工领导人和配合人员清点进出作业区域的施工作业人员。

5）负责监督车站施工作业安全。

6）负责与施工领导人、配合人员确认施工区域线路出清、设备恢复情况。

（6）外单位作业时监管人员的职责

1）协助外单位办理施工请销点，检查外单位人员施工防护、劳动保护情况。

2）负责清点进出作业区域的施工作业人员。

3）负责监督外单位的施工作业安全。

4）负责检查外单位人员、物品（工器具、材料、施工垃圾等）出清线路，并向车站反馈。

5）检查、确认施工所动用的运营设备恢复到正常使用状态且已加固不会侵入行车限界，并向车站反馈。

6）检查监督所配合作业的外单位人员的保卫综治问题（盗窃、抽烟等）。

6. 运营期间特殊情况的施工规定

（1）正线及辅助线发生设备故障、事故，需封锁区间抢修的规定

1）抢修的程序。

① 行调负责组织故障、事故情况下的降级运行，需要开行工程车或救援车时按设修调度的要求执行。

② 行调向设修调度及有关车站发布线路封锁命令。

③ 行调根据需要通知电调停相关接触网分区的供电。

④ 设修调度收到线路封锁命令后发布抢修命令，组织封锁区间内的抢修工作，并记录现场指挥的姓名和联系方式。

⑤ 抢修、救援人员进出封锁区间，应在车站登记。

⑥ 现场指挥变更时需要及时报告给设修调度。

⑦ 故障、事故处理完毕，现场指挥将线路出清、设备及行车条件恢复情况报告给设修调度。设修调度在《设修调度故障抢修处理记录表》上记录恢复行车时间。

⑧ 行调发布线路开通命令，组织受影响区域恢复正常行车。

2）工程车、救援列车进出封锁区间的组织。

① 设修调度负责向行调提出使用工程车的计划，由行调向车场调度员发布加开命令。

② 车场调度员按行调的要求组织在10min内把工程车开行到车辆段内指定地点。

③ 负责抢修的部门原则上在工程车到达后10min内完成装载设备、物品等工作，并安排跟车人员上车。

④ 行调负责组织工程车或救援列车从车辆段至封锁区间前一站的运行，在封锁区间前一站把工程车或救援列车交给设修调度，并命令该站向工程车或救援列车交付封锁命令。

⑤ 设修调度通知车长与现场指挥联系动车计划，由车长按现场指挥要求指挥工程车或救援车进入封锁区间。

⑥ 如果封锁区间内有道岔、辅助线时，由车长与车站联系调车进路计划，车站排列好进路后通知车长，由车长指挥动车。

⑦ 工程车或救援列车使用完毕后返回原交接站，由设修调度向行调交出。

(2) 运营时间正线、辅助线发生各类设备故障需短时间进行临时抢修的规定

具体的规定如下：

1）进入隧道前，需先到车站办理请点手续，在得到行调批准并落实安全防护措施后，方可进入。

2）运营时间到区间泵房抢修的程序。

① 抢修领导人到车站向行调办理请点手续。

② 设修调度组织抢修人员携带无线电台到站台待令。

③ 设修调度与行调协商好运送抢修人员的列车车次后，通知抢修领导人。

④ 抢修人员登乘指定的列车（驾驶室内以 3 人为限，如果超过 3 人时，其余人员到客室乘车），并指引驾驶员在区间泵房前停车，进入区间泵房后用手信号灯（白色灯光作圆形转动）通知驾驶员可以动车。

⑤ 抢修人员只能在区间泵房内作业，严禁侵入限界。

⑥ 抢修完毕后报告给设修调度，设修调度与行调协商好接载抢修人员的列车车次后通知抢修领导人，行调通知列车驾驶员。

⑦ 抢修人员使用手信号（红色灯光）向列车显示停车信号，列车停车后上车并返回车站。

⑧ 抢修领导人到车站向行调销点。

(3) 运营期间正线及辅助线行车设备故障，需要利用行车间隔边运营边抢修的规定

具体的规定如下：

1）是否实施边运营边抢修，由值班调度长最终批准。

2）抢修人员到相关车站办理完请点手续后，按行调命令并由车站值班站长引导进入抢修现场安全避让区域。

3）车站值班站长携带行车专用电台，专门负责向行调报告现场出清、避让情况及向抢修人员传达行调命令。

4）行调负责开往故障区域列车的扣停和放行，行调放车进入抢修区域前必须通知现场人员进行避让，并确定人员进入安全区域及出清设备限界，同时通知现场人员下一次列车已经扣停。

5）列车驾驶员在故障区域运行过程应加强瞭望、注意安全。

6）抢修人员接到行调命令后必须迅速出清设备限界并避让到安全区域，抢修人员确认列车通过抢修区域且后续列车已经扣停后即可进行抢修工作。

7）故障处理完毕，现场人员经行调批准并确认安全后原路返回车站，销点后抢修结束。

8）在车站或线路两旁发生设备故障或事故，但不影响到列车正常运行时，由设修调度统筹处理。

7. 车辆段内发生各类设备故障或事故需要抢修时

具体的规定如下：

1）由车场调度员负责封锁相关线路。

2）如果为行车事故、事件，由车场调度员统筹组织处理，检修调度、设修调度配合。

3）属车辆中心管辖设备故障，由检修调度统筹组织处理。

4）属供电机电中心、工务通号中心所管辖设备故障，由设修调度统筹处理。

8. 针对动火作业的施工的规定

车站在登记时需把好审批关，施工负责人必须出示《临时动火许可证》方可允许施工，车站在对动火作业令进行登记时，必须检查防护措施落实情况和验收手续，核对动火环境是否与动火令描述的环境一致，在《值班人员登记本》上注明验证时间以及施工负责人的姓名、联系方式等相关信息。

9. 其他规定

1）正线、辅助线、车场线路巡道按照《轨道检修规程》规定执行，巡道计划列为周计划。

2）正线或车辆段调试作业，要编制《调试、试验作业任务书》，施工领导人和调试负责人合设，请点时需要出示经过审批的《调试、试验作业任务书》。《调试、试验作业任务书》的格式、编制和使用要求见表7-9。

表7-9 调试、试验作业任务书

一、调试、试验安排____________

1. 调试、试验方案：__________车到①试车线□ ②正线□（______至______区间）进行动态调试。

2. 调试、试验时间：____年___月___日___时 至 ____年___月___日___时

3. 调试、试验成员：驾驶员____名，监护驾驶员____名，调试、试验作业组成员____名。

二、调试、试验前车辆状态：

1. 隔离开关是否断开 ［□是 □否］
2. 是否挂接地线 ［□是 □否］
3. 转轨道是否侵限 ［□是 □否］
4. B05 状态 ［□关 □开］
5. 制动系统是否正常 ［□是 □否］
6. 悬挂系统是否正常 ［□是 □否］
7. 是否放置了铁鞋 ［□是 □否］

［铁鞋号： ］

［摆放位置： ］

备注：

注：1. 在“□”内画“√”，“□”内不作其他任何标记，其他项目和线别不填。

2. 本栏由检修调度填写。

三、调试、试验成员职责：

1. 调试、试验负责人（施工领导人）：负责调试方案的制订与落实，是调试任务的总负责人。

2. 监护驾驶员：负责监督驾驶员安全行车，如果发现有异常或紧急情况，按下车上的紧急按钮或施加停车制动实施紧急制动。

3. 驾驶员：负责确认轨道、接触网、信号等与行车相关的设备状态，确保行车安全，同时按照调试、试验负责人提出的调试内容进行客车调试，并将调试期间出现的客车故障记录在调试故障报告单上。

4. 调试、试验作业组成员：负责调试、试验作业相关数据记录和状态确认；可由调试负责人兼任。

（续）

四、调试内容（可根据实际调试、试验情况增加内容或增加附件）：

1. 调试性质：新车调试□　　年检□　三月检□　　故障□　　其他□

2. 调试、试验期间驾驶模式：ATO □　　SM □　　RM □　URM □

3. 列车最高行车速度：按 ATP 推荐速度□ 80km/h□ 60km/h□ 40km/h□ 30km/h□ 20km/h 及以下□

五、注意事项（可根据实际调试、试验情况增加内容）：

1. 调试方案及内容必须要遵守公司的各种行车、安全等相关规定，不得违章作业。

2. 任何情况下，客车速度不允许超过轨道及线路的最高行车速度及规定行车速度。

3. 调试、试验负责人（施工领导人）、驾驶员、监护驾驶员在调试期间不得离开调试车，缺少任何一人，调试必须暂停或终止。

4. 驾驶员、监护驾驶员必须要精神状态良好，精神状态不佳的驾驶员不得上车参与调试。

5. 驾驶员、监护驾驶员有权拒绝调试负责人提出的不合理的行车要求。

6. 在下雨天气的地面调试时，行车速度需要进行限制，最高行车速度不得超过40km/h，同时为了避免出现空转/滑行，在制动时尽量做到提前施加制动和尽量施加较少的制动力，即少施加 90% 制动、快速制动以及紧急制动。

调试、试验负责人：＿＿＿＿＿＿＿＿　　　　时间：＿＿年＿＿月＿＿日＿＿时

检修调度：＿＿＿＿＿＿＿＿　　　　车场调度员：＿＿＿＿＿＿＿＿

时　　间：＿＿月＿＿日＿＿时　　　　时　　间：＿＿月＿＿日＿＿时

本人已学习列车调试方案，已掌握调试过程中需要注意的各项安全事项，在不违反公司、总部、部门相关安全规章制度及相关行车安全规章制度的前提下，配合调试、试验负责人（施工领导人）完成调试作业。

调试、试验作业组成员签名：

驾驶员：

调试、试验作业组成员：

列车调试故障报告单

序　号			车辆状态	故障描述
1	车卡号		牵引□	
	故障时间		制动□	
	故障等级		惰行□ 停车□	采取的措施：　　驾驶员：＿＿＿＿＿＿
2	车卡号		牵引□	
	故障时间		制动□	
	故障等级		惰行□ 停车□	采取的措施：　　驾驶员：＿＿＿＿＿＿
3	车卡号		牵引□	
	故障时间		制动□	
	故障等级		惰行□ 停车□	采取的措施：　　驾驶员：＿＿＿＿＿＿

（续）

<table>
<tr><th>序 号</th><th colspan="2"></th><th>车 辆 状 态</th><th>故 障 描 述</th></tr>
<tr><td rowspan="3">4</td><td>车卡号</td><td></td><td rowspan="3">牵引□
制动□
惰行□
停车□</td><td rowspan="3">采取的措施：　　　　驾驶员：________</td></tr>
<tr><td>故障时间</td><td></td></tr>
<tr><td>故障等级</td><td></td></tr>
<tr><td rowspan="2">5</td><td colspan="2">列车制动功能是否正常</td><td>牵引□
制动□
惰行□</td><td>采取的措施：　　　　驾驶员：________</td></tr>
<tr><td colspan="2">列车制动状态显示设备是否正常</td><td colspan="2">采取的措施：　　　　驾驶员：</td></tr>
</table>

调试结束：

调试、试验负责人（施工领导人）：____________　　时间：_____年____月____日____时

车场调度员：____________　　检修调度：____________

时　间：____月____日____时　　时　间：____月____日____时

12. 施工统计分析

总调度所负责对相关施工作业的完成情况进行统计、分析，对施工管理工作进行改善和提高。

（1）施工统计项目

1）周计划件数、调整件数及原因、实际完成件数。

2）临时计划申报原因、临时计划件数、实际完成件数。

3）未按周计划、临时计划完成的施工件数及原因。

4）施工开始、结束延点件数及原因。

（2）施工统计指标

1）临时计划（不含因设备维修申请的）要求不超过计划总量的10%。

2）周计划兑现率要求达到90%，临时计划兑现率要求达到100%。

【实践操作】

1. 操作练习

在课余时间，结合所在城市轨道交通公司参观学习，了解城市轨道交通施工作业的工作状态。

2. 书面练习

1）简述车站施工登记簿的内容。

2）简述正线及辅助线施工组织时间的规定。

3）简述施工请销点的程序。

【评价跟进】

1. 教师的评价

由教师在完成本章的教学任务后填写，在相应表格中画“√”

评价项目		教师的评价			
序号	题　　目	好	较好	一般	较差
1	对本章教学过程的控制				
2	在本章教学过程中，学员的参与情况				
3	学员对本章知识学习后的效果反馈				
教师对本章教学的总结评价意见及跟进措施					

2. 学员的评价

由学员在完成本章的教学任务后填写，在相应表格中画“√”

评价项目		学员的评价			
序号	题　　目	好	较好	一般	较差
1	在本章教学执行过程中教师的表现				
2	本章教学内容与社会实际需求的联系情况				
3	自己在本章学习过程中的表现				
学员对本章教学的总结评价意见及跟进措施					

3. 知识跟进

(1) 从互联网上了解城市轨道交通施工作业的现状如何。

(2) 从互联网上了解城市轨道交通施工作业的改进方法。

第8章 车站突发事件应急处理

【问题导入】

在某些特定情况下，城市轨道交通车站设施遭到损坏，正常的营运秩序被打乱，乘客的出行时间被扰乱或人身安全遭到威胁，此时要求客运服务人员保持清醒的头脑，在站长的领导下，按照应急处理办法有步骤地解决问题，在最短时间内恢复车站正常的乘降秩序。

【学习目标】

1. 能掌握非正常行车组织措施。
2. 能说运营事故（事件）调查处理规则。

【教学建议】

1. **教学场地**：在普通教室、能连接互联网的多媒体教室及城市轨道交通系统的各种模型实训室中进行，课后可实地参观。

2. **设备要求**：各种城市轨道交通车站、隧道仿真模型1套，或能播放视频投影的设备及相关课件、视频。

3. **课时要求**：共6课时，其中课堂讲授6课时。

【理论知识】

8.1 非正常行车组织措施

1. 列车晚点

列车大幅度晚点调整模式的重点是放弃原有的列车运行计划，通过调整沿线列车的运行时间、运行速度和停站时间等因素，逐步恢复列车运行的正常秩序，尽快均匀在线运行列车的间隔。在此过程中，采取相应的列车运行模式、车站运行模式、调度运行模式和设备运行模式。

（1）列车运行模式 前行列车尽量提高站间运行速度，根据情况减少列车停站时间，必要时进行终止站停或跳站运行；后续列车逐次降低站间运行速度，以逐渐加大与前行列车间的距离。

（2）车站运行模式 当列车晚点时间较多而导致车站站台积压乘客较多时，将进一步延长列车停站时间，使晚点现象更加严重。为此，相关车站应根据情况启动“站台乘客过度拥挤”的运行模式。

(3) 调度运行模式 出现列车大幅度晚点时，控制中心行车调度员应对列车晚点的原因、程度、堆积列车数量、发生的地点作出正确的判断，确定前行和后续列车的站间运行时间和停站时间，随时调整运行参数，编制临时运行图。

(4) 设备运行模式 列车大幅度晚点，造成车站乘客拥挤、区间列车堆积，并导致地下车站和区间温度升高。因此，对设备运行的首要要求是采取加强通风的运行模式，并根据晚点的具体原因采取相应的模式。

2. 站台乘客过度拥挤

列车密集到达或客流突然大量激增时的隐患及措施：

1）站台乘客过度拥挤，对系统的正常运行和乘车环境造成极为不利的影响，成为发生事故的隐患。

2）此时车站的运营模式为乘客信息系统向乘客通告车站所处状态和列车运行情况、进站闸机挤程度限制或停止乘客进入付费区、开放乘客出站通道、关闭进站方向的自动扶梯、加强“通风制冷”，并为出站乘客创造更好的出站条件。

3）行车调度员应了解列车的满载情况，避免超载列车进入该站停车，从而造成进一步拥挤。

3. 线路堵塞

1）地铁在运营过程中，线路上发生的任何意外情况（如钢轨折断、接触网落地等）都有可能导致线路堵塞中断行车。

2）如果堵塞在短时间内不能解决，正常的运行交路无法实现，列车运行将采用临时交路分段运行的模式。

3）如果线路堵塞区段距离较长，则利用堵塞区段的另一条线路，组织列车绕过堵塞区域穿梭运行，此时信号系统应具备单线双向运行功能（反向 SM 模式）。在安排临时交路时，应考虑以下基本原则：

地铁走廊经过的城市区域的客流性质、地理特点等因素：

① 与其他地铁线路的联络和换乘关系。

② 线路敷设和道岔配置方式、运行条件等因素。

③ 分段运行只在极个别的情况下采用。

④ 某些线初期不考虑分段运行，但在条件许可时可以采用单线双向运行。

⑤ 列车分段运行后，列车运行、车站运行、调度指挥和设备运行将按各自实物模式运行。

列车运行模式：

1）在区间长期堵塞的情况下，处于堵塞区域，不能被临时交路范围包含的列车，应根据控制中心调度员的指令，改为人工驾驶，尽可能在就近前方停车，并疏散乘客。

2）如果列车无法进站，则可将列车退回前一个车站，让乘客在车站下车。

3）当列车被迫停在区间中无法开动时，可以在控制中心的统一指挥下，让乘客从列车的紧急疏散门下到区间，沿区间走到车站。

4）处于或能够驶入临时交路覆盖的列车，仍可以正常的驾驶方式运行，并根据安排在规定的折返站折返。

车站运行模式：

1）临时交路覆盖范围以外的车站，由于没有列车通行，车站应对乘客关闭。

2）对于临时交路范围内的车站，应通过乘客信息系统向乘客通报列车运行的情况，并根据具体情况，限制车站乘客数量。

调度指挥模式：

1）在确定以临时交路模式运营后，应根据交路长短、在线列车数量等因数，安排临时计划，并将信息下达给车站和列车。

2）对于被堵塞在区间的列车，应首先安全疏散乘客，再处理引起堵塞事件。

3）在堵塞现象消除以前，调度系统在指挥临时交路的列车运行同时，又要指挥处理堵塞事件。

设备运行：

在进行临时交路运行时，沿线设备将根据造成堵塞的具体原因和处理要求而采用相应的运行模式。

4. 列车故障

列车故障分类：

1）列车发生故障，但不影响运行。此时列车仍可以继续按运营计划运行，直至列车退出服务，车辆段才开始修理。

2）列车发生故障，不宜长时间持续运行。为维护正常的运营秩序，此类列车可继续运行到折返站，待乘客全部下车后，进入临时停车线停留，并在适当时机回段修理。

3）列车发生故障，无法继续运行。此时，列车必须尽快在前方站停车清客，然后驶入最近的停车线，并在适当时机回段修理，如果列车在区间或车站无法开动，则需采取救援措施。

5. 沿线设备系统故障

（1）供电系统故障

1）主变电系统故障。

① 每条线设有两个主变电所，如果一个主变电所故障，不能向地铁供电时，另一个主变电所将负责向全线供电。

② 供电的范围应以保证列车安全运行，为乘客提供安全的乘车环境为前提，适当减少与运营关系不密切的设备供电，该项操作由控制中心完成。

2）牵引供电系统故障。

① 牵引供电系统由牵引变电所和接触网系统组成。

② 当沿线布设的其中一个牵引变电所故障无法供电时，这一区段的供电模式将由正常的双边供电改为故障牵引变电所两侧的牵引变电所同时向该区段供电的大双边供电模式。

③ 如果接触网系统的某一部分断裂，在恢复正常工作以前，列车运行采用线路堵塞模式。

3）降压供电系统故障。

① 降压供电系统包括降压变电所及其下属的配电系统。

② 如果是降压变电所下属的配电系统故障，因作用范围有限，不会对正常运营造成大的影响，供电系统的运行模式将不会改变。

③ 如果是一个降压变电所发生故障，不能继续供电，则利用两侧的降压变电所为该区段供电。

(2) 通信设备故障 通信系统设备的故障分为直接影响列车运行指挥的故障和间接影响系统运营管理的故障。

1) 直接影响列车运行指挥的故障。这些设备主要包括传输通道及中心无线设备的故障，由于这些设备与列车运行密切相关，所以要求在故障情况下具有自动切换到备用状态的能力，以保证继续为列车运行服务。

2) 间接影响系统运行管理的故障。它主要指通信系统可以由其他设备暂时替代，还不会立即导致列车运行状态发生变化和降级的改变。在此情况下，应保证通信系统故障发生时有可替代的设备或其他管理方式继续维持系统的运营。

3) 沿线信号设备故障。沿线信号设备故障分为轨道电路故障、道岔故障以及车载ATO/ATP设备故障。

(3) 轨道电路故障

1) 区间轨道电路故障。列车在故障轨道电路区段停车后，驾驶员向行车调度员报告，行车调度员通过其工作站了解情况后，换为人工限速驾驶模式，列车重新启动并运行出清故障区段若干轨道电路区段后，由驾驶员手动恢复为ATO驾驶模式。

2) 车站道岔分区段轨道电路故障。此类故障将直接影响中央ATS自动和手动设置列车进路，行车调度员应及时授权区域联锁工作站以单独操作的方式，将进路中的道岔转换到规定位并锁闭，然后开放有关防护信号机的引导信号。

停在信号机外方的列车驾驶员根据引导信号的指示，启动列车以人工驾驶模式运行，出清故障区段若干轨道电路区段后，列车自动转换为ATP限速人工驾驶模式，此时驾驶员可手动恢复为ATO驾驶模式。

(4) 道岔故障

1) 正线道岔故障。正线道岔故障正常的交路无法实现，区间车站必然引起堵塞，此时，列车运行转为线路堵塞模式，采用临时交路运行。

2) 折返线道岔故障。终点折返站拥有两条以上折返进路，如果由于道岔故障引起一条进路不能实现折返，可利用其他进路折返，以维护全线列车的运行。

3) 联络线道岔故障。两条线设有联络线，如果联络线道岔故障，其中一条线的正常运行将会受到影响，若列车无法有车辆段进入该线，则线路瘫痪。

(5) 车载ATO/ATP故障

1) 车载ATO故障。车载ATO设备故障，列车将紧急制动并报警。

驾驶员应将列车转为ATP监督下的人工驾驶模式并报告给行车调度员。列车到达终点站后，在行车调度员的指令下重新启动车载ATO设备，如果仍未成功，行车调度员应安排此故障列车回段检修和备用列车出段投入服务。

2) 车载ATP故障。车载ATP设备故障，列车将紧急制动并报警。

列车可按限制人工驾驶模式运行并在就近车站清客，空车返回车辆段或进入故障车停留线停放。

如果限制人工驾驶模式故障，则以非限制人工驾驶模式运行，在就近车站清客后退出服务。

3) 通风/排烟系统设备故障。通风/排烟系统设备的沿线设备分为车站通风/排烟系统、区间隧道通风/排烟系统，以及车站隧道通风/排烟系统。

该系统某一设备发生故障，应有相应的替代系统暂时替代该系统的功能，以保证车站和列车在短时期内能维持正常的运行。

6. 控制中心设备故障

(1) 信号控制设备故障　采用多级控制的运行模式，当最高一级控制失灵后，系统可以自动转换到第二级的控制，并具有第一级控制的主要功能。

(2) 供电控制设备故障　供电系统仅为中心级监控，因此中心电力监控系统在部分设备故障的情况下能依靠备用系统继续运行。

(3) 环控系统设备故障　环控设备的控制以控制中心为主，因此要求环控控制设备具有很高的可靠性，在部分控制设备发生故障的情况下，能够利用备用设备继续维持运行。

一旦中心环控设备因故障而失去控制功能，沿线的通风/排烟设备将由车站来控制。

由于车站只能控制本车站管辖范围内的设备，所以控制中心将担负协调各车站来控制的职责。

(4) 自动售票系统设备故障　自动售检票系统的中心控制设备主要用于系统的计划管理，包括数据采集和监视车站设备状态等。

如果该系统发生故障时间较长，不会影响自动售票系统的运行。

如果故障时间较长，则应通知车站进行相应的数据统计和收集，以便中心系统恢复正常后能进行相应的管理操作。

(5) 防火系统控制设备故障　防火系统由中心和车站两级控制，当中心系统发生故障时，可将控制权下放到车站。

当发生火灾时，将由车站进行监视操作，在控制中心的协调下，由车站防灾计算机控制车站设备的运行。

7. 列车出轨

一旦发生列车出轨事故，驾驶员应及时向控制中心报告，中心行车调度员中断事故区段后续列车的运行，并暂时终止全线列车的运行。

该事故的处理模式为

1）乘客疏散：行车调度员在确认事故列车后方没有其他列车进入后，将故障列车上的乘客通过区间疏散到两端的车站。

2）列车及沿线设备运行模式：列车及设备运行模式改变为区间堵塞模式。

3）出轨列车救援：出轨列车的救援需要特殊的设备，这些设备将由道路车辆运到出轨列车相邻的车站，从车站进入区间进行救援。

8.2 车站火警应急处理办法

根据火灾发生时间、地点不同，车站火灾可分为车站在运营期间、非运营期间失火，站台失火，站厅失火，设备用房失火，车站外失火，邻站失火，列车在车站失火，列车在区间失火等多种情况。

1. 车站失火应急处理办法

(1) 火警的处理原则　火警处理的首要原则是保障乘客及工作人员的生命安全。一旦生命安全受到威胁，所有人员必须立即撤离至安全的范围。任何员工若发现城市轨道交通范围内发生火灾，必须立即通知有关车站的值班站长，并通知行车调度员要求消防部门协助，在确保个人安全的情况下，可尝试将烟火扑灭。

(2) 车站（在运营期间）**发生火灾的一般应急处理程序**　见表8-1。

表 8-1 车站（在运营期间）发生火灾的一般应急处理程序

事故阶段		操作步骤	处理程序	负责人
事故发生		1.1 确认火警的真实性	火警警报响起时，迅速从 FAS、BAS 系统确认报警位置，派 1 名携带无线电对讲机的站务人员前往现场确认，通知值班站长	行车值班员
			立即到达现场查看，找出响起警报的原因，确属火警，向值班站长汇报一下内容：火警的详细位置，火势如何（冒烟、明火），尽可能查出原因，初步估计车站设备、人员受影响的程度及范围	站务人员
		1.2 火警属实	启动 FAS 系统，监控 FAS 系统设备的联动情况	行车值班员
			立即赶到事发现场，视情况只是行车值班员向行车调度员汇报以及是否召唤紧急服务	值班站长
		2. 立即向行车调度员汇报	报告人的姓名、职务及联系电话；火警发生的时间、地点；火势大小、烟的浓度；可能起火的原因，火势是否可以控制；估计受影响的人数；是否影响乘降；是否有人受伤；是否有设备损毁	行车值班员
		3. 召唤紧急服务	通过行车调度员召唤紧急服务（110、120 等）	行车值班员
事故处理	火势可以控制	1. 现场人工灭火	火势较小，在确保安全的情况下，立即人工启动灭火系统或使用灭火器灭火	值班站长、现场员工
		2. 操纵环控系统	启动车站排烟模式，设定紧急通风安排，监控环控系统的运转，如果模式不能正常运转，应立即通知行车调度员	行车值班员
		3. 疏散现场乘客，维持车站秩序	立即到达现场，在确保人员安全情况下进行灭火，准备组织疏散乘客	站务人员
			开启相应 PA、乘客信息系统 PIS，使乘客远离起火地点，宣传并稳定乘客情绪	行车值班员
			根据情况，实施车站大客流管理措施	站务人员
			必要时关闭车站控制室内部空调，避免烟雾弥漫	行车值班员
		4. 恢复正常运营	火势扑灭后，与事故负责人确认具备运营条件后，恢复正常运营	值班站长
	火势无法控制	1. 车站紧急疏散	立即通过手持电台向车站所有人员下达车站紧急疏散指示	值班站长
			在车站控制室 IBP 盘上按压紧急停车按钮	行车值班员
			通过 PA、PIS 通知乘客并进行疏散	行车值班员
			通知所有工作人员撤离，并报告集合地点	行车值班员
			向其他临近车站的值班站长请求人力支援	行车值班员
			在车站控制室 IBP 盘上启动紧急模式，按压 AFC 紧急按钮，打开所有闸机扇门	值班站长
		2. 关闭车站	立即引导乘客安全离开站台，从各出入口出站，并阻止乘客进站	行车值班员
			确保所有乘客安全离开后，关闭车站出入口并张贴“车站关闭”通知	站务人员
		3. 等待救援人员抵达现场	担任临时事故处理责任人	值班站长
			在指定出入口等待救援人员，并带他们到达事发地点	站务人员
			撤离后，检查站台、站厅是否还有尘颗，并将结果上报给事故负责人	站务人员、值班站长
		4. 火灾扑灭后，恢复运营	在火灾扑灭后，应根据上级命令和列车、车站的毁损情况，经消防部门同意后全部或局部重新开站	值班站长

2. 站外失火应急处理办法

当车站外发生火灾时，因为空气的自然流动、车站通风设备的运作和列车移动的活塞效应都会使站外产生的烟气通过通风井、车站出入口而扩散至站内，给车站内的乘客带来巨大的威胁，所以，车站员工应正确操作车站环控系统，确保车站内乘客的生命安全。

1）一旦发现烟气由通风井进入站内，必须执行相关程序，阻截烟气继续进入。值班站长应做好以下工作：在行车调度员处取得该车站环控设备的控制权；通知行车调度员将有关的通风设备关掉，关闭相应的风闸。

行车调度员应指示环控调度员操作有关环境控制系统设备。

2）一旦发现有烟经由车站入口扩散到公众范围，应执行下列程序：

值班站长应做好以下工作：通知行车调度员，说明烟的浓度；关闭有关的入口；取得该车站环控设备的控制权，操作环控设备。

行车调度员应指示各邻站的值班站长做好以下工作：取得所管辖车站的环控设备的控制权；将车站公共范围的通风设备关掉；操作环境控制系统设备，降低车站烟的浓度。

行车调度员应指示环控调度员操作有关环境控制系统设备。

3）列车失火应急处理办法。

列车在车站发生火灾或列车在区间发生火灾时，列车驾驶员或站务人员必须迅速将下列详情通知值班站长或行车调度员。详情包括列车的位置及列车编号、列车起火或冒烟的车卡编号、火势大小、是否有人受伤、是否有设备损毁等情况。

4）列车在站台失火应急处理办法。

列车在车站发生火灾时，驾驶员应迅速打开站台侧所有车门，使用车内灭火器进行扑救，对乘客进行广播疏散，并配合车站工作人员的引导将乘客疏散到安全区域。

列车在站台失火的应急处理程序见表8-2。

表8-2　列车在站台失火的应急处理程序

事故阶段	操作步骤	处理程序	负责人
事故发生	1. 确认火灾真实性	向值班站长汇报：在站台停靠列车有起火冒烟现象	驾驶员或站台监控人员
		立即通过CCTV进行查看，确认现场情况	值班站长
	2. 向行车调度员汇报	列车的位置、编号（车次）；列车起火位置或冒烟的车卡编号；是否有伤亡情况（大概人数）；火情的大小（冒烟、明火等）；初步判断火灾性质；设备损毁情况	行车值班员
	3. 召唤紧急服务	通过行车调度员召唤紧急服务（119、120等）	行车值班员
事故处理：火势可以控制	1. 确认火警属实，按下紧急停车按钮	在车站控制室按下起火列车所在站线的紧急停车按钮，设法阻止另一侧的列车进站或使其尽快开车	行车值班员
	2. 监控操纵环控设备	监控环控系统的运行；如果设备不能正常运行，应及时通知行车调度员；确认站台安全门是打开的	行车值班员、值班站长、站台岗员工

（续）

事故阶段		操作步骤	处理程序	负责人
事故处理	火势可以控制	3. 进行清客作业	通知站务人员对起火列车进行清客	值班站长
			对起火列车进行清客，对受伤乘客进行救助，并维护现场秩序，阻止乘客接近火源	站务人员
		4. 扑救现场火势	就近取用灭火器并对列车火源进行扑灭；站台员工扑灭火势后，应向驾驶员显示一切妥当的信号	站务人员、驾驶员
		5. 向行车调度员汇报火警处理结果	列车火势扑灭后，应向行车调度员汇报列车损害程度、是否需要救援；等待行车调度员的下一步指示	值班站长
		6. 做好乘客疏导工作	做好站内人流的控制工作，避免乘客受伤	全体人员
	火势无法控制	1. 对起火列车应立即清客	协助驾驶员打开车门，并立即对起火列车进行清客作业	值班站长、站务员
		2. 车站紧急疏散	立即通过手持电台向所有人员下达车站紧急疏散命令	值班站长
			通过 PA、PIS 通知乘客进行疏散	行车值班员
			向控制中心请求人力支援	值班站长
			在车站控制室 IBP 盘上启动紧急模式，按压 AFC 紧急按钮，打开所有闸机扇门	行车值班员
			引导乘客离开站台	站务人员
			接到紧急疏散的通知后，收好钱款与票卡，关闭客服中心电源，将应急疏散门打开，疏导乘客出站	票务岗员工
		3. 阻止乘客进站	立即引导乘客从各出入口出站，并阻止乘客进站	站务人员
		4. 关闭车站	确保所有乘客安全离开后，关闭车站出入口并张贴“车站关闭”通知	站务人员
		5. 等待救援人员抵达现场	担任临时事故处理负责人	值班站长
			在指定出入口等待救援人员，并带他们到事发地点	站务人员
			撤离前，检查站台、站厅是否还有乘客，撤离后将结果上报给事故负责人	站务人员、值班站长
		6. 火灾扑灭后，恢复运营	在火灾扑灭后，应根据上级命令，同时根据列车、车站的毁损情况，经消防部门同意后全部或局部重新开站	值班站长

5）列车在区间失火应急处理办法。

列车在区间发生火灾时，地下线路运行的列车应尽一切可能运行到前方车站，驾驶员应及时向行车调度员报告，请求前方车站协助；若无法运行到前方车站，驾驶员应及时向行车调度员报告并进行初期灭火扑救，同时将起火车厢的乘客疏散到其他车厢，确认灭火器不能抑制火灾时，请求行车调度员接触网（轨）停电，就地疏散乘客。列车在区间失火的应急处理程序见表 8-3。

表8-3 列车在区间失火应急处理程序

事故阶段		操作步骤	处理程序	负责人
事故发生		1. 行车值班员通知列车在区间起火，向行车调度员报告确认	列车的位置、编号（车次）；列车起火位置或冒烟的位置；是否有伤亡情况；疏散的大概人数；初步判断火灾性质，估计起火的原因，火灾的大小（冒烟、明火等）；设备损毁情况	行车值班员
		2. 召唤紧急服务	通过行车调度员召唤紧急服务（119、120等）；当无法与行车调度员取得联系时，则通过外线电话直接拨打119、120等急救电话	行车值班员
事故处理	火势可以控制	1. 监控、操纵环控设备	监控环控系统的运行；如果设备不能正常运行，应及时通知行车调度员，执行隧道起火模式	行车值班员
		2. 准备进行清客作业	与行车调度员确认列车是否可以继续运行至车站，若可以，则立即做好到站列车的清客准备工作	值班站长
		3. 现场扑救火势并清客	立即到达站台，对到站起火列车进行扑救；进行列车清客作业，对受伤乘客进行救助；等待行车调度员的下一步指示	值班站长、站务人员
		4. 做好乘客疏导工作	宣传远离起火列车，维持站台秩序；做好站内人流控制工作	站务人员
	火势无法控制	1. 接到行车调度员通知；在区间协助驾驶员急救疏散	如果列车在区间无法继续运行，接到行车调度员指示后，在区间协助驾驶员急救疏散	值班站长
		2. 与行车调度员确认下车安排	确认列车准确的停车地点；确认接触网（轨）已停电；进行疏散准备	值班站长
		3. 监控环控系统的运行	提醒行车调度员相关运行模式是否运行	行车值班员
		4. 做好车站紧急疏散准备	立即通过手持电台向所有人员下达车站紧急疏散命令；在车站控制室IBP盘上启动紧急模式，按压AFC紧急按钮，打开所有闸机扇门	值班站长
		5. 进行区间疏散作业	通过PA、PIS通知乘客进行疏散；向相邻车站值班站长请求人力支援；若区间失火列车无法到达站台，应根据行车调度员命令组织区间疏散；所有进入区间人员应佩戴好呼吸器，穿好反光背心、绝缘鞋等防护用品；站台人员应打开疏散端安全门的端门；在确认接触网（轨）已断电、区间照明开启后，立即前往现场；与驾驶员联系，组织列车乘客向车站疏散；随时与值班站长和行车调度员保持密切联系，及时将事件最新进展情况向行车调度员汇报；到达现场后，与驾驶员协商并对列车上乘客进行疏散；到达现场后，在岔口、洞口处指引乘客疏散，防止乘客走错方向；在保证自身安全的情况下，确认乘客从列车上疏散完毕；跟随最后一名乘客疏散到站台，并确认无乘客遗留在区间；引导乘客离开站台	站务人员
		6. 关闭车站	接到执行疏散的通知后，客服中心停止售票并进行票务处理	票务岗员工
			确保所有乘客安全离开后，关闭车站出入口并张贴“车站关闭”通知	站务人员

（续）

事故阶段		操作步骤	处理程序	负责人
事故处理	火势无法控制	7. 等待救援、善后处理	担任临时事故处理负责人	值班站长
			在指定出入口等待救援人员，并带领他们到达事发地点；撤离后，检查站台、站厅是否还有乘客，并将结果上报给事故负责人	站务人员
			在火灾扑灭后，根据上级命令，同时根据列车、车站的毁损情况，经消防部门同意后全部或局部重新开站	值班站长

8.3 水灾、恶劣天气、地震的处理办法

1. 水灾应急处理办法

（1）车站工作人员 当给水管道破裂、地下车站和隧道进水等危及运营的情况发生时，车站有关人员应按下列程序进行处置。

1）任何员工一旦发现水灾，应立即报告给值班站长的情况为水灾发生的位置、流量，水源来自哪里？哪些设备可能会受到影响。

2）值班站长向行车调度员报告：本站发生水淹事故，本站受到影响的区域、是否影响乘降及受影响设备的情况。

3）值班站长携带防洪装备赶往事发位置，命令站务人员和保洁人员前往水灾区域。

4）值班站长到达现场后评估情况，向行车调度员汇报最新进展，视情况需要请求机电等部门人力支援。

5）站务人员尝试用防洪板、沙包或其他填充物阻断水源，或抑制流量，在周边用提示牌和警戒线布置禁行区。

6）车站值班员通过 PA、PIS 向乘客进行宣传解释。

7）若水灾可能导致车站设备出现危险或影响运营时，则视情况需要封闭车站部分区域。

（2）机电抢险人员

1）对水灾地点及时采取断水、堵水措施，开启全部排水泵排水。

2）随时向值班站长和行车调度员报告水情。

3）按照抢险预案要求，进行紧急处置。

（3）行车调度员

1）随时了解水情变化。必要时，通知电力调度接触网（轨）停电。

2）组织具备运行条件的区段维持运营。

（4）列车驾驶员

1）列车在运行中发现积水漫过道床排水沟时，如接触轨能正常供电，驾驶员以能随时停车的速度运行，并及时将情况报告给行车调度员或车站值班员。

2）因水灾造成路基塌陷、滑坡等危及行车安全时，应立即停车，将情况如实报告给行车调度员，按其指示行车。

2. 恶劣天气应急处理办法

大风、雨雪等恶劣天气发生时，一方面会对线路、道岔等设备及地面行车带来不利影

响，另一方面，会引起车站客流的增加，车站工作人员应按照恶劣天气应急处理办法及时采取疏导、限流等措施，消除各种隐患，确保乘客的乘车安全。

（1）大风、沙尘天气的危害及应急处理办法　当风力超过7级时可对车站运营造成影响，接到控制中心发布的有关恶劣天气的消息后，车站需检查悬挂物，以免脱落物砸伤乘客及员工；指派专人对站台上的可移动物品进行加固；督促保洁人员清理车站卫生；针对露天段车站应做好停运、客流疏散准备；如果有其他异常，应立即上报给控制中心。

当列车遇大雾、暴风、沙尘天气，瞭望困难时，驾驶员应及时将情况报告给行车调度员或车站行车值班员，必要时开启前照灯，适时鸣笛，适当降低速度。当看不清信号、道岔时，要停车确认，严禁臆测行车。列车进入车站时，驾驶员要适当降低列车速度，确保对标停车。运行中严禁盲目抢点。

（2）雪天的危害及应急处理办法　城市轨道交通运营线路出现大范围降雪时，钢轨冰冻会影响车辆的牵引制动，尖轨与基本轨无法紧密贴合，接触轨冰冻而无法与受流器接触造成机车无电，还会造成乘客摔伤等后果。值班站长应通知所有工作人员，通报恶劣天气的相关情况，做好雪天应急处置工作。

1）站务人员应在出入口、楼梯口铺设防滑垫和提示牌，同时组织人力及时清扫出入口积雪。

2）值班站长应通知保洁人员注意出入口、楼梯口等区域的卫生状况。

3）站务人员应在客流量较大的出入口疏导乘客进出站。

4）行车值班员应通过PA、PIS向进站乘客宣传安全、防滑的事项。

5）行车值班员应通过CCTV系统密切关注进出站客流变化，并随时向值班站长汇报。

6）值班站长应随时掌握运营现场和天气情况，并随时做好延长运营时间的准备工作。

7）地面线路有道岔的车站，应做好道岔的清扫及融雪工作。

列车驾驶员在运行中遇大雪、霜冻等恶劣天气时，应及时向行车调度员报告，并采取相应措施，运行中要严格控制列车速度，制动时要适当延长制动距离，制动力要尽量小，防止滑行，视其速度，根据情况追加或缓解，确保对标停车。

（3）雨天应急处理办法

1）如果遇突降大雨，值班站长应立即组织有关人员到出入口等处查看降水情况。

2）站务人员应在各出入口铺设防滑垫，设立警示标志。

3）地势较低的车站应立即放置防洪板、沙包，防止雨水灌入车站，若遇雨水较大而有可能发生倒灌事故时，应及时通知机电部门做好排水准备。

4）值班站长应通过BAS查看雨水泵开启情况，如有异常立即保修。

5）行车值班员应通过PA、PIS向进站乘客宣传安全、防滑的事项。

6）站务人员应加强巡视，确保车站出入口、站厅和站台的客流秩序。关注出入口客流情况，向乘客发放一次性雨衣、伞套，宣传疏导其快速出站，不要在出入口停留。

7）值班站长应立即准备雨天设备故障、长时间无车等特殊情况下的应对措施；根据现场情况，适当调配人员，做好限流准备，并及时挂出提示牌、张贴通告。

8）针对露天段车站应加强站台巡视，督促保洁员做好地面清理工作。

3. 地震应急处理办法

地铁隧道及建筑物结构的设计能够承受烈度为Ⅺ级（毁灭性——房屋大量倒塌，路基堤岸大段崩毁，地表产生很大变化）的地震。等级较强的地震会导致轨道交通车站邻近建筑物、车站建筑物的损毁及倒塌，轨道线路位移或严重扭曲，列车出轨，车站、列车的电力中断等事故，从而引起沿线乘客的恐慌以及难以控制的地铁人潮，为应对这些严重后果，车站工作人员应严格执行地震应急处理办法。

1）地震发生后，值班站长立即向行车调度员汇报是否影响行车；是否有人员、设备、线路、车辆受损；是否需要召唤紧急服务（公安、急救、消防）。

2）一旦发生Ⅳ级（多有感——室内大多数人、室外少数人有感，悬挂物摆动，不稳器皿作响）以上强度地震，值班站长必须安排车站员工：

① 亮起所有隧道灯。

② 检查所有系统是否运作正常，特别是供电、通信、信号及环境控制系统的运作状况。

③ 在确保自身安全的前提下，巡视车站建筑、设施，入口及站外情况，发现有任何异常情况，立即通知值班站长。

④ 值班站长接列车站巡视结果后，立即向行车调度员、故障报警中心报告设备、结构损毁情况。

⑤ 如果站台有列车停车，按照行车调度员指示立即对列车进行清客作业。

⑥ 停止所有作业，查看是否有故障人员或乘客受伤。若发现有人受伤，则立即展开救助工作。

⑦ 如果发现建筑物损毁或阻塞，应立即疏散、封锁危险区域，安排人员驻守，制止他人接近。

⑧ 如果地震强度较大，建筑物、设备设施损毁严重，则应立即执行车站紧急疏散程序。

地震发生后，列车驾驶员应立即采取停车措施，打好止轮器，防止溜车，并迅速查明周围情况，组织乘客自救、互救工作。行车调度员应立即通知电力调度全线接触网（轨）停电，发布全线停运命令，采取一切手段了解人员、设备、设施损毁情况，迅速上报值班经理及公司领导。

8.4 运营事故（事件）调查处理规则

1. 行车事故有关术语

1）向占用区间或区段错发出列车：指在采用站间电话联系法、电话闭塞法、区段进路行车法等人工组织行车法行车时，向占用区间或区段发出列车。开行救援列车、抢险列车时除外。

2）未拿或错拿行车凭证发出列车：指已办理完行车手续，应凭行车凭证发车的但没交或没拿，或者行车凭证有日期、区间、车次错误的，并且已经发出列车。

3）在实行站间行车法等人工组织行车时，未办或错办行车手续发出列车：指在采用站间电话联系法、电话闭塞法、区段进路行车法等人工组织行车法行车时，未办理行车手续发出列车，或办理手续后的区间或区段与列车运行的区间不一致。

4）耽误列车：指列车在始发站或停车站，因违章作业、违反劳动纪律造成列车晚开或超过运行图规定的停车时间。

2. 事故（事件）分类

（1）特别重大事故构成条件　在运营生产中，造成下列后果之一的为特别重大事故：

1）死亡30人（含失踪）以上。

2）重伤100人以上（包括急性工业中毒，下同）。

3）直接经济损失1亿元（人民币，下同）以上。

4）一条或多条线路全线停运48h以上。

（2）重大事故构成条件　在运营生产中，造成下列后果之一的为重大事故：

1）死亡10人以上，30人以下。

2）重伤50人以上，100人以下。

3）直接经济损失5000万元以上，1亿元以下。

4）一条或多条线路全线停运24h以上，48h以下。

（3）较大事故的构成条件　在运营生产中，造成下列后果之一的为较大事故：

1）死亡3人以上，10人以下。

2）重伤10人以上，50人以下。

3）直接经济损失1000万元以上，5000万元以下。

4）一条或多条线路全线停运12h以上，24h以下。

（4）一般事故构成条件　在运营生产中，造成下列后果之一的为一般事故：

1）死亡1人以上，3人以下。

2）重伤3人以上，10人以下。

3）直接经济损失100万元以上，1000万元以下。

4）一条或多条线路全线停运6h以上，12h以下。

3. 调查和处理程序

发生一般事故及以上事故的，由公司总部安全委员会负责组织调查处理；若上级部门组织调查处理的，由公司总部安全委员会负责组织相关配合工作。

4. 事故（事件）责任判定

1）全部责任：负有事故（事件）损失及不良影响100%的责任。

2）主要责任：负有事故（事件）损失及不良影响70%～90%的责任。

3）次要责任：负有事故（事件）损失及不良影响20%～30%的责任。

4）一定责任：负有事故（事件）损失及不良影响10%的责任。

5）同等责任：各方均负有事故（事件）损失及不良影响的相同比例的责任。

6）若事故（事件）由多方原因造成，按各责任方承担责任比例进行划分。

5. 案例

案例1：屏蔽门与车门间滞留乘客

某年7月15日下午3时34分，某站下行站台上，一名青年男性乘客在上车时被夹在屏蔽门和已开动的列车之间，跌入隧道当场死亡。某地铁运营有限公司表示，当时，列车蜂鸣器与屏蔽门灯光已经发出警示，列车即将开动。在这种情况下，这名乘客仍强行上车，由于车内拥挤，他未能挤进车厢。这时，屏蔽门已经关闭，列车正常启动，这名男子遂被挤压坠落隧道。事故发生后，车站立即拨打急救电话，将这名男子送往医院，不过，这名男子在送往医院前已经死亡。目前，该地地铁方面正在调查事故的具体原因（据网上的评论），该地地铁站台尾端也装了软灯管方便驾驶员瞭望缝隙。

1）根据新事规条例此案例定性为一般事故。

2）定性根据：死亡人数：1≤死亡<3；或重伤人数：3≤重伤<10。

3）整改措施：

① 车站出现大客流时，严格做好客流控制，及时增派人员到各关键点，同时站台岗与驾驶员做好关门前的联控，清开关门时还挤在门口的乘客。

② 站台岗严格执行“站台接车三部曲”作业规定，防止关门时乘客抢上而被夹在车门屏蔽门之间，发现异常及时通知驾驶员或采取紧急措施。

案例2：车站设备区发生水管破裂

某年1月10日18：30分行车调度员通知某站值班站长接到驾驶员报告下行头端墙2m处排水管漏水。值班站长和机电人员马上赶到现场确认。值班站长到下行头端墙看到下行头端1m外的排水管漏水严重，此时，A端变电所工作人员告诉值班站长变电所天花板也在漏水，但不影响变电所设备。随后值班站长马上和A端售票员进入A端站厅设备区确认，看到A端环控机房地下门缝有积水，打开环控机房门后看到环控机房右侧一个消防栓门打开，消防水管口喷出约2m高的水，地上已经积水约3cm。随后赶到的机电人员试图关闭该水阀但无法关闭，值班站长马上通知车控室A端环控机房内消火栓爆裂，行车值班员马上通知行车调度员、维修调度员、环控调度员、机电轮班值班员、站长、部门安监，行车值班员尝试在控制计算机EMCS上关闭相应的消防蝶阀，并通知现场的值班站长，值班站长反映现场仍在喷水。

同时，值班站长安排车站所有男员工和机电、迅达电梯驻站人员协助搬沙包在A端环控室门口堵塞漏水，以防水流到A端其他设备房。行车值班员马上在控制计算机EMCS把所有消防电动蝶阀关掉，只有生活消防电动蝶阀关不了。这时有一名机电人员来到车控室，解释说水势太猛蝶阀关不了，随后行车值班员通知值班站长，值班站长马上指引机电人员到风室手动关闭A端消防和生活用水总阀，因总阀离地面约5m高，车站没有这样高度的梯子，无法关闭水阀。后来赶到车站的另一机电人员花费了十多分钟才攀爬到风机上关闭了A端消防和生活用水总阀。总阀关闭后消防栓仍然喷水严重，机电人员告之水阀无法关紧。值班站长要求机电人员关闭地面风亭总水阀和B端水阀，机电人员说关闭总水阀没用，必须等到车站水管内的水排光才能关紧。后来机电人员关闭了B端站厅两个电动蝶阀，A端站厅4个电动蝶阀后，水流才减少了一半。机电人员接着用消防水管接驳至机房排水口处将水排到站台排水沟，再由排水沟经雨水泵排至地面。20：00供电人员确认变电所设备未受影响，机电人员确认A端环控电控室和机房的设备无受漏水影响。20：45机电人员通知消防栓已修复。

此案例因没有造成人员和设备的损失，所以无需定性。但如果车站没有及时处理而导致其他设备损坏，则会触犯到“事件苗头”中的相关条款：

如果运营时间，运营线路积水满过轨面；或因房屋、隧道漏水，没在规定时间内处理，影响变电、通信、信号设备正常使用，将会造成行车事故。

整改措施：

1）各站对照《车站管理细则》确认水阀位置，对水阀过高没有合适梯子的隐患及时在日况上反映，由综合室负责采购。

2）各站利用交接班会对本站员工重新进行消防蝶阀和市政水阀位置的培训，保证每位员工熟悉本站的蝶阀位置并要求现场确认过水阀的位置。

3）值班站长要加强对设备区的巡视，行车值班员要定时通过主控系统或 EMCS 检查设备状态，发现异常及时采取措施，防止影响范围扩大，将损失程度降到最小。

4）发生爆水管时，各岗位要做好配合，及时通知机电、保洁人员到现场支援。

案例 3：设备区发生火警

2008 年 1 月 11 日 10:27，某站 33kV 开关柜室一湿度控制器着火，事件中车站方面处理经过如下：10:27 该站车控室 FAS 报警，行车值班员通过 FAS 确认该站站台 33kV 开关柜室火警。10:28 值班站长赶到现场，33kV 开关柜室旁报警铃声已响，现场有较大异味并伴有少量烟，值班站长随即用手试摸房门并不烫手。10:28 车站确认火灾模式已执行（自动执行）并报给环控调度。10:29 值班站长用钥匙打开 33kV 开关柜室门，开门后见房内有浓烟，并且发现 104B 馈线柜着明火（刚好此柜正对门口），此时巡视护卫经过现场，护卫打开旁边灭火器箱拿出灭火器在门口对着 104B 馈线柜灭火，后发现不能完全灭掉，随即徒手拉开柜门进行灭火。10:30 车控室报给站长及行车调度员、环控调度员、119、部门安监。10:34 护卫将火扑灭。10:36，值班站长确认火已扑灭后报给车控室。10:38车控室确认灭火后报给 119，取消报警。10:41 ~ 10:54 分别报给公安、站长、环控调度员、行车调度员、维修调度、部门安监火已扑灭。11:21 恢复照明、大小系统的正常模式。

1）根据新事规条例此案例定性为事件苗头。

2）定性根据：车辆、设备、机房、办公用房、车站发生起火冒烟险情。

3）整改措施：

① 组织员工学习《车务安全应急处理程序中车站设备区火灾应急处理程序》（包括气体保护房间和无气体保护房间），尤其要注意高架站无气体保护的供电用房报火警的处理方法（包括制动控制室、33kV 高压开关柜室、400V 低压开关柜室、整流变压室、隔离开关柜室、直流开关柜室）。

② 若确认为是办公、生活用品、明敷低压电线着火，车站立即用二氧化碳灭火器进行灭火并按规定报告。确认火势不可控制时，按规定程序处理。

③ 若确认为是供电用房内设备发生火灾时，立即报告给控制中心 OCC，离开该房并关好防火门（无需灭火），等待专业人员处理。特别注意：站务人员进入供电用房，严禁打开房内防护栏或开关柜门。

④ 火灾处理时，现场人员注意做好个人防护，要正确、合理地使用防毒面具、空气呼吸器；在处理电气火灾时，注意佩戴绝缘防护用品。

⑤ 质安室牵头在所有高架站无气体保护的供电用房房门上张贴火灾处理提示。

案例 4：未出清线路

某年 11 月 21 日 5:47 左右某城市轨道交通某线 30203 次驾驶员报告给行车调度员在某地下行尾端墙对应钢轨左侧发现一个约 10cm 高的红色圆柱体，行车调度员通知后续 30701 次以 PM 模式进站并确认该情况。30701 次驾驶员在该地下行进站前发现站台屏蔽门尾端墙门下方钢轨左侧 10cm 外有一个红色灭火器。行车调度员组织驾驶员拾起该灭火器并出清线路。后经调查，该灭火器为20日晚某铁路局的施工人员遗留下来的灭火器。

1）根据新事规条例此案例定性为事件苗头。

2）定性根据：轨行区内应撤除的设施、设备、物料未及时撤除，影响行车。

3）整改措施：

① 当施工负责人在施工完毕后向车站销点时，车站要提醒施工负责人是否人员、物料全部出清，得到肯定的答复后方可为其销点。

② 车站在进行运营前检查时，要认真落实运营前的各项检查工作，尤其是影响行车安全关键部位的检查，例如要注意站台对应的线路、接触网是否有异物，发现问题及时上报并处理。

③ 各中心站、乘务分部组织员工学习该事件，车站加强运营前的安全检查，驾驶员集中注意力驾驶，瞭望不间断，及时发现轨行区的异常情况。

案例5：扶梯故障

某年3月18日下午17:20左右，某地三号线5号扶梯突然发出一声巨响后停止了运行，站台岗赶到现场，并从下往上检查该扶梯，当时该扶梯没有故障码，也没有发现有异物卡住梯级，站台岗经询问车控室同意与另一名站台岗做好防护后，重新开启扶梯。在启动后几秒内，扶梯移动了大约10cm，就发出响声并停止运行，并有5个梯级移位，一个扶梯梳齿板断裂，同时显示故障码为4A。随后车站将该扶梯设置防护后停用，并向机电人员电话报修。

1）该案例无进行定性，但如果设备损坏造成的损失超过10000元则可定性为事件苗头。

依据：直接经济损失1万元以上，10万元以下。

2）如果因扶梯故障而造成乘客受伤，而医疗费用达到1000元，则可定性为事件苗头。

依据：操作不当或客运列车客室、车站设备设施不良造成人员受伤。

3）整改措施：

① 各站组织员工认真学习此次扶梯故障事件，并重新组织学习“关于吸取‘3.4’北京地铁乘客踩踏事故教训的通知”，吸取教训。此次事件所幸没有造成乘客受伤，梯级移位时扶梯上有乘客，后果将不堪设想。

② 车控室值班人员要通过IBP盘和主控系统做好对扶梯的监控，将主控系统的其中一个界面设为扶梯界面。车控室值班人员要注意观察扶梯的运行情况，绿色代表扶梯运转正常，红色代表紧停，黄色代表停止。发现扶梯停止后及时查看报警记录并安排人员到现场确认故障情况。

③ 各岗位要加强对扶梯的巡视，扶梯有异响或异常振动时，很可能是机械损伤，不管是否有故障码，都要马上停止扶梯运转，做好防护，通知扶梯专业人员检查后再投入使用。扶梯自动停止并伴有异响或异常振动时，车站人员必须做好防护，报给专业维修人员处理，严禁擅自开启。

④ 当扶梯因不明原因停止后，车站人员应立即对扶梯进行检查，逐级查看故障扶梯的踏板是否良好，缝隙是否有异物，查看时要注意自身安全。对于有明显故障码的必须将扶梯做好防护后报给机电专业人员进行维护处理，车站不得擅自开启扶梯。

⑤ 扶梯损坏程度较为严重时，出现梯级移位、断裂等情况，应及时做好防护和围蔽，防止被其他乘客或媒体拍照，并按故障报修程序上报。

⑥ 扶梯发生故障停用时，要摆放“正在维修”服务牌，禁止设置“暂停服务”告示牌，同时要在故障扶梯的上下方摆放栏杆作为防护。

⑦ 扶梯故障对客流组织影响较大时，车站及时安排专人进行引导，避免造成乘客拥挤带来安全隐患。

⑧ 车站管理人员要提高对设备故障处理的敏感度，确认故障设备的状态，并与车控室做好沟通，同时提醒车控室值班人员及时报修。在现场确认时要对故障可能造成的影响做好预想，对车站的处理情况把关。车站管理人员要向员工明确《运营事故（事件）调查处理规则（1.0）》中关于车站设备设施操作不当造成乘客损失1000元以上的将列为事故苗头处理的相关规定，对车站的设备故障要引起足够的重视。

【实践操作】

1. 操作练习

在课余时间，结合所在城市轨道交通公司参观学习，了解城市轨道交通车站突发事件应急处理办法和相关规章。

2. 书面练习

1）简述车站站台乘客过度拥挤的处理办法。

2）简述车门在车站发生故障的处理办法。

3）简述事故（事件）分类。

【评价跟进】

1. 教师的评价

由教师在完成本章的教学任务后填写，在相应表格中画“√”

评价项目		教师的评价			
序号	题　目	好	较好	一般	较差
1	对本章教学过程的控制				
2	在本章教学过程中，学员的参与情况				
3	学员对本章知识学习后的效果反馈				
教师对本章教学的总结评价意见及跟进措施					

2. 学员的评价

由学员在完成本章的教学任务后填写，在相应表格中画“√”

评价项目		学员的评价			
序号	题目	好	较好	一般	较差
1	在本章教学执行过程中教师的表现				
2	本章教学内容与社会实际需求的联系情况				
3	自己在本章学习过程中的表现				
学员对本章教学的总结评价意见及跟进措施					

3. 知识跟进

（1）从互联网上了解城市轨道交通车站应急处理预案。

（2）从互联网上了解城市轨道交通车站各类应急处理方法。

附　录

本书英文缩写对照表

英文缩写	英文全称	含　义
FAS	Fire Alarm System	火灾报警系统
EMCS	Equipment Monitoring Control System	车站设备监控系统
ATS	Automatic Train Supervision	列车自动监控
ATO	Automatic Train Operation	列车自动运行
AR	Automatic Reversal	列车自动折返
ATP	Automatic Train Protection	列车自动防护
SM	Supervised Manual Mode	监督模式下的人工驾驶模式
RM	Restricted Manual Mode	受限制的人工驾驶模式
URM	Unrestricted Manual Mode	非限制的人工驾驶模式
OCC	Operated Control Center	城市轨道交通控制中心
CCTV	Closed Circuit Television	闭路电视监控系统
MMI	Man Machine Interface	人—机界面
TRB	TCC Restricted/Back-UP Mode	TCC 受控/备用模式
WTB	Wired Train Bus	绞线式列车总线
VTCU	Vehicle Tracking and Control Unit	车辆及列车控制单元
DTRO	Driverless Train Reversal Operation	无人驾驶列车折返运行
DTI	Departure Time Indicator	发车倒计时器
LOW	Local Operator Workstation	车站操作员工作站（局域操作员工作站）
C-LOW	Operating Control Center Local Operator Workstation	中央车站操作员工作站
SC	Station Computer	车站计算机系统
PIS	Passenger Information System	乘客信息系统
MCP	Main Control Panel	主控制盘
AFC	Auto Fare Collection	自动售检票系统
BOM	Booking Office Machine	人工售票机
BAS	Building Automation System	环境自动控制
TVM	Ticket Vending Machine	自动售票机
PSL	Psd Local Control Panel	就地控制盘

（续）

英文缩写	英 文 全 称	含 义
PECU	Passenger Emergency Communication Unit	乘客报警器
IBP	Integrated Backup Panel	综合后备盘
DCC	Depot Control Center	车厂控制中心
TTP	Time-Triggered Protocol Class	时刻表处理器
HMI	Human-Machine Interface	人机界面
SICAS	Siemens Computer Aided Signaling	西门子计算机联锁系统
MOCS	Mobile Operation Control System	车辆运行控制系统
TRC	Time Ratio Control	列车排路计算机
CTC	Centralized Traffic Control System	调度集中控制系统
TMT	Train Monitoring and Tracing	列车监控与追踪功能
TSR	Temporary Speed Restriction	临时速度限制

参 考 文 献

[1] 牛凯兰，牛红霞. 城市轨道交通行车组织 [M]. 北京：机械工业出版社，2009.
[2] 李建国. 城市轨道交通系统概论 [M]. 北京：机械工业出版社，2009.
[3] 徐新玉. 城市轨道交通运营管理规章 [M]. 北京：人民交通出版社，2011.
[4] 孙章，蒲琪. 城市轨道交通系统概论 [M]. 北京：人民交通出版社，2010.
[5] 裴瑞江. 城市轨道交通客运组织 [M]. 北京：机械工业出版社，2009.
[6] 张国宝. 城市轨道交通运营组织 [M]. 上海：上海科学技术出版社，2006.
[7] 范文毅，殷锡金. 城市轨道交通车站设备 [M]. 北京：中国铁道出版社，2010.

职业教育城市轨道交通专业系列教材

城市轨道交通系统概论 第3版	李建国
城市轨道交通机械基础 检修方向	徐 坚 柴鹏飞
城市轨道交通车辆构造 检修方向	连苏宁
城市轨道交通车辆电气控制 第3版	唐春林 华 平
城市轨道交通车辆检修 第2版	阳 东 卢桂云
城市轨道交通运用与管理 驾驶方向	阳 东
城市轨道交通专业英语 第2版	李建民
城市轨道交通通信与信号 第3版	贾毓杰
城市轨道交通客运组织 第3版	裴瑞江
城市轨道交通行车组织	牛凯兰 牛红霞
城市轨道交通电工电子	于 涛
城市轨道交通车站机电设备 第2版	朱济龙
城市轨道交通供变电技术 第2版	徐亚辉
城市轨道交通站务工作组织	朱济龙
城市轨道交通运用与管理	阳 东 甄东生
城市轨道交通车辆制动系统维护与检修	李益民 阳 东

机工教育微信服务号

上架指导 城市轨道／站务组织
ISBN 978-7-111-43748-2
策划编辑◎曹新宇

ISBN 978-7-111-43748-2

定价：39.00元